テキストブック
# 政府経営論

ヤン=エリック・レーン［著］
Jan-Erik Lane

稲継裕昭［訳］

勁草書房

Copyright © 2009 Jan-Erik Lane
All Rights Reserved.
Authorized translation from English language edition published
by Routledge, a member of TAYLOR & FRANCIS GROUP.
Japanese translation rights arranged with TAYLOR & FRANCIS GROUP
through Japan UNI Agency, Inc., Tokyo.

# 訳者はじめに

本書は，Jan-Erik Lane, *State Management: An Enquiry into Models of Public Administration and Management*（Routledge, 2009）の全訳である。原著は191頁とコンパクトな分量に収まっているが，伝統的な官僚制モデルにはじまり，その批判，限定合理性モデルや合理性モデルなどの政策モデル，ミッシングリンクといわれてきた実施の問題，本人＝代理人モデルを使った政府経営モデルの分析，独立エージェンシーや市場化，企業化をはじめとしたNPM（ニュー・パブリック・マネジメント）の諸議論，規制，そしてネットワーク論に至るまで，政府のマネジメントに関する議論を幅広く取り上げており，手頃な入門書となっている。また政策を考える際の環境保護の議論に1章を割くとともに，EUに見られるような多次元ガバナンス，社会保障の問題，法と国家，発展志向国家，比較政府経営論をもカバーしている。

本書において「政府経営論」とは「公共部門におけるサービス提供組織に関する理論」（p. 1）と定義されているが，本書でレーンが一貫して主張しているのは，(1)公共サービス提供のためには必ずしも公共機関が必要というわけではなく民間との契約を通じても提供できること，またその選択肢も増えてきていること，(2)しかしながら他方，政府経営というものは民間経営と明確に異なること，である。(2)は，政府経営では政治が支配的役割を果たすこと，（民間企業の株主のような）本来の意味での政府の所有者が存在しないこと，つねに何らかの税金で事業がまかなわれていること，公法による規制があることといった特徴から来るものである。

政府経営という概念は半世紀前には意識されることはあまり多くはなかったが，英国のサッチャー政権下で政府部門改革がスタートした1980年代前半からいくつかの国で注目され始め，その後，NPMの潮流にのって研究者も多く参入していった。

日本政府におけるマネジメントというと，従来，総定員法のもとでの定員管

理や，行政機関の数の管理，特殊法人の改革が主なものとして取り上げられてきたが，政府経営という視点での取り組みというよりは行政改革という視点が主だった。本格的な政府経営改革が始まったのは 1990 年代末の橋本龍太郎内閣に置かれた行政改革会議以降のことである。ここでは，大括りの省庁再編，エージェンシー制度，評価の制度などが検討され，2001 年の省庁再編，独立行政法人制度の創設，政策評価制度のスタートなどへと結実した。またこの時期に並行して地方分権改革も進められた。2000 年代に入ってからもこういった政府のマネジメント関連の改革は続いている。

　日本において学界でかなり重点的に研究が進められてきたのは，地方分権の文脈においてであり，政府経営の他の項目についての研究は必ずしも十分進められてきたとは言えない。政府の「経営」や公共「経営」に関する入門書は日本ではほとんどなかった。多くの公共政策関連学部や大学院の設置にともない，また，実務家（主として中央省庁出身者）が大学教員となるケースが増えるのにともない，当該専門分野を（たとえば，厚生労働省 OB が福祉政策や労働政策を，財務省 OB が金融政策を，国土交通省 OB が交通政策や住宅政策などを）専攻する研究者の層が厚くなるとともに，公共「政策」論に関する入門書や教科書はある程度出版されてきた。しかし，そういった政策を作っている政府組織のマネジメント，政府経営に焦点を当てたものはほとんどなかった。

　本書はそのような間隙を埋める貴重な入門書である。レーンも記しているように，「読者がいずれかのテーマを選び，この入門書の範囲を超えてもっと掘り下げた分析に進んでいただければ幸いである」(p. 10)。そういったことを考え，やや煩瑣かもしれないが，原著にある参考文献はすべて各章末に掲げ，かつ，日本語訳のあるものはそれも記した。

　原著の出版は 2009 年であり，本翻訳書の出版とは時間的な開きがあるが，これはすべて訳者の責任である。勁草書房の上原正信さんから本書の翻訳依頼を受けたのは，2010 年のことであった。ドナルド・ケトルの『なぜ政府は動けないのか──アメリカの失敗と次世代型政府の構想』の翻訳出版を私のほうから持ち掛けた際に，逆に上原さんからも教科書の翻訳を提案された。ケトルの翻訳では私は監訳を務めたが，本書は教科書という性格から監訳ではなく，私自身が翻訳することとした。ケトルの本の翻訳出版を終え，本書の翻訳にと

りかかろうとした矢先に東日本大震災が発生した。日本学術振興会の東日本大震災学術プロジェクトの一員となり，現地調査に繰り返し行ったり研究会を頻繁に開催したりするなど研究生活は激変し，本書の翻訳に割く時間的余裕がなくなってしまった。ようやく取り掛かり始めたのは，2013年秋からのサバティカル（研究休暇）の時期だった。サバティカルをいただいた1年半の間，カリフォルニア大学バークリー校での研究の合間を縫って本書の翻訳をこつこつと進めた。この間，上原さんは根気よく待って下さった。

　本格的に作業を始めて実感したのは，翻訳は本当に時間のかかる大変な作業だということである。適当な日本語が見つからず，一文を翻訳するのに1時間考え込むこともあった。意訳をして逃げる方法はとらず，必ず逐語訳をするよう心がけた。しかもできるだけ読みやすい逐語訳を心がけた。一連の作業を進める中で，翻訳に必要なのは，英語力よりも日本語力だということにあらためて気づかされた。翻訳を業としている方々を本当に尊敬するようになり，帰国後，名翻訳といわれるものを原著と見比べて，その日本語の言い回しに唸ったりすることも少なくなかった。

　これまでに携わり出版した翻訳書では私はいずれも監訳者であった。翻訳者の原訳を原著と一文ずつ見比べて作業することで進めたが，原訳がすばらしかったので苦労は感じなかった。しかし，自分で翻訳するのは監訳に比べると数倍エネルギーが必要だった。作業が遅れ気味になりがちな訳者を上原さんはつねに励まして下さり，いつも絶妙のタイミングで進捗状況を尋ねてこられ，お送りする各章にはいつも的確なコメントをつけて返していただいた。この間，上原さんとのメールのやりとりは優に100通を超えている。訳者は稲継となっているが，実は上原さんとの共同作業である。あらためて上原さんに心から感謝申し上げたい。

　本書が幅広いエリアをカバーしているので当然といえば当然だが，訳者の専門と異なる専門用語も数多く登場した。訳語に悩んで早稲田大学3号館（政経学部棟）内をうろうろしていると，ばったり同僚の先生に出会い，立ち話でいろいろお聞きすることも多かった。迷惑な話だとも思うが，どの先生もこころよく応えてくださった。日本では行政学は法学部の中に置かれていることが多く，私も前任校までは同僚の先生は法律学の先生がほとんどであった。しかし，

早稲田大学では政治経済学術院に政治学と経済学の先生方が多くおられ，研究会に出ても法律の議論より政治学，経済学，政治経済学の議論に刺激される。こういった環境下で翻訳を進められたのは幸運だった。先に述べたサバティカルをとりやすい環境もそうだが，研究を進めようとする同僚をとても暖かく見守ってくださる雰囲気が最近の早稲田の政治経済学術院にはできあがってきているようだ。

本書の仮訳は，2016年度前期の早稲田大学公共経営大学院の「公共経営論」の授業でサブテキストとして使用し，また，その一部は早稲田大学政治経済学部の政治学演習（稲継ゼミ）でも教材として利用した。受講した院生やゼミ生から貴重なサジェスチョンをたくさんいただいたことが翻訳の改善につながっている。次代を担う彼らに感謝申し上げる。なお，客員教授として携わらせていただいた放送大学の卒業生を中心に持たれているガバナンス研究会においても輪読教材として取り上げていただき，貴重な示唆をいただいたことを記しておきたい。

本書が，行政学，公共政策，公共経営を学ぶ学部生や院生だけでなく，現実に政府（中央政府だけでなく地方政府も）の諸部門で働いておられる方々，NPOや民間企業などで働きつつ政府のあり方を考える機会を持つ方々，政府経営を見直す立場におられる政治家の方々，そして政治家を選ぶ国民すべての方々に幅広く読んでいただき，政府のあり方について考えるきっかけとなることを期待したい。

2017年2月<br>
早稲田大学3号館14階の研究室にて<br>
稲継　裕昭

# 目　次

訳者はじめに　i
序　文　1

## 序　章　公共経営は民間部門経営と異なるか？―――――3

1　はじめに　3
2　政府による決定――政策，法律，金　4
3　経済 VS 政治　7
4　重要な制限――法の支配　8
5　政府経営が抱える未解決の問題　9
6　公共圏――公と民を超えて　10
7　結　論　12

## 第1章　公式組織モデル―――――――――――――――16
　　　　――非公式な組織の重要性

1　はじめに　16
2　ウェーバー・モデルあるいはウィルソン・モデル　17
3　官僚制モデルの主張　18
4　官僚制モデルへの批判　20
5　行政学の反論　23
6　第三の見方――バランスをとる組織としての官僚制　24
7　重要な問題――どのような場合に官僚制組織が優れているのか？　25
8　公式組織の現代化――地方分権，地方分散，権限移譲　27
9　官僚制――次善の策としての組織形態？　28
10　e ガバナンス　29
11　フラットなポスト官僚制組織　30
12　地方政府の変容と官僚制　31

　　　　13　結　論　33

## 第2章　情報非対称性モデル ──────────37
　　　　──本人＝代理人の観点

　　　　1　はじめに　37
　　　　2　代理人との契約　38
　　　　3　エージェンシー関係におけるエフォート　39
　　　　4　チームおよびチーム生産　41
　　　　5　政府経営における本人＝代理人のフレームワーク　43
　　　　6　結　論　44

## 第3章　政策モデル ──────────────48
　　　　──公共経営はどれくらい合理的か？

　　　　1　はじめに　48
　　　　2　政策合理性──完全モデル　49
　　　　3　マクロ合理性──公共経営の計画立案の側面　50
　　　　4　限定合理性　52
　　　　5　組織化された無秩序　54
　　　　6　ミクロ合理性──公共選択モデル　55
　　　　7　最重要問題──合理性は政府内で実現可能か？　56
　　　　8　政策立案における合理性をこえて　57
　　　　9　結　論　58

## 第4章　実施モデル ──────────────63
　　　　──アウトカムを公共経営や公共政策へ持ち込む

　　　　1　はじめに　63
　　　　2　実施の問題　64
　　　　3　実施モデル　65
　　　　4　入れ子ゲームとしての政治　66
　　　　5　連合としての実施　67
　　　　6　鍵となる問い──実施は自己達成され得るか？　68

    7　実施が自然に沸き起こることは決してない　70
    8　結　　論　70

## 第5章　独立エージェンシー ―――――――――――――――――――73
　　　　　――効率性を最大化する

    1　は じ め に　73
    2　英国の経験――クアンゴ，NDPB，執行エージェンシー　74
    3　諸外国でのエージェンシー化　76
    4　「シーソー上でのテント生活」　77
    5　鍵となる問い――政策はサービス提供から分離できるか？　79
    6　同じ課題を抱えるさまざまなエージェンシー　79
    7　結　　論　81

## 第6章　政策ネットワークモデル ―――――――――――――――――84
　　　　　――官民パートナーシップの良い点と悪い点

    1　は じ め に　84
    2　官民パートナーシップの異なる様態　85
    3　ガバナンスにおけるネットワーク――賛成論と反対論　87
    4　重要な問い――政策ネットワークとインセンティブ　89
    5　結　　論　90

## 第7章　市場化モデル ―――――――――――――――――――――94
　　　　　――政府は内部市場と公共調達をどのように使い分けるべきか？

    1　は じ め に　94
    2　入　　札　95
    3　内部市場――買い手と売り手　98
    4　内部市場の強みと弱み　98
    5　公 共 調 達　101
    6　中核的問題――生産コスト対取引コスト　102
    7　結　　論　103

## 第8章　戦略としての企業化 ―――――――――――――― 106
　　　　　――公共企業を変革する

1　はじめに　106
2　古典的欧州モデルと米国モデル　107
3　公共経営における私法の適用　108
4　公共経営とコーポレート・ガバナンス　109
5　インフラ向けの新しい地域市場・国際市場　112
6　リスクと複雑化を減少させる――インフラにおける官民パートナーシップ　114
7　民営化――管理についての課題　115
8　結　　論　115

## 第9章　本人と代理人 ――――――――――――――――― 118
　　　　　――公的規制

1　はじめに　118
2　伝統的公的規制――参入規制　119
3　新しい公的規制――製品に関する規制　119
4　規制とリスク　120
5　規制の形態　123
6　規制における信頼と自律性　123
7　英国の規制国家――病理学？　125
8　規則とインセンティブ――公的規制の限界　126
9　結　　論　126

## 第10章　多次元ガバナンス ――――――――――――――― 129
　　　　　――地域の二側面を取り込む

1　はじめに　129
2　内部の地域化と外部の地域化　130
3　多次元ガバナンスの鍵となる要素　130
4　多次元ガバナンスの理論および概念　131
5　EU 地域主義――国内政治と国際政治の融合　137
6　規制メカニズムとしてのEU　140

7　地域または全世界レベルのガバナンス　141
　　8　多次元ガバナンス——権限委譲や積み荷降ろし以上のものか？　142
　　9　政策ネットワークとしての地域主義——ローズ氏の最終弁明？　143
　　10　結　　論　144

## 第11章　社会保障の管理　——————————————149
　　　　　　——支払い不能問題

　　1　は じ め に　149
　　2　ルールに焦点を当てた管理　150
　　3　ワークフェア——社会保障に努力と裁量を導入する　150
　　4　集権的または分権的管理　154
　　5　社会保障の大きな問題——支払い能力　155
　　6　年金の難問　156
　　7　分配——政府経営の基本的作業　157
　　8　結　　論　158

## 第12章　政治と法学　——————————————————161
　　　　　　——法と国家

　　1　は じ め に　161
　　2　法と経済学，法実証主義，実用主義　162
　　3　基本的な未解決問題——規範性とは何か？　163
　　4　法 の 定 義　164
　　5　国家イコール法　168
　　6　国家と裁判官　169
　　7　政治家としての裁判官　170
　　8　法の自律性　171
　　9　道徳と規範性　172
　　10　有力な正義論——ロールズ対ポスナー　173
　　11　新 制 度 論　173
　　12　結　　論　174

## 第 13 章　環境保護と政策 ——178
### ——どうやって結びつけるか？

1　はじめに　178
2　環境保護と政策　178
3　2つの環境保護政策原理　180
4　政策の環境保護的側面　182
5　環境汚染の主要タイプ　183
6　地域的または国際的な環境保護の処方箋　183
7　ピグーまたはコース　185
8　結　　論　187

## 第 14 章　発展志向国家 ——190
### ——第三世界から第一世界へ

1　はじめに　190
2　開発行政学　191
3　経済ナショナリズム　192
4　官僚制の例外　193
5　グッド・ガバナンス（良き統治）　194
6　法による支配あるいは法の支配　195
7　結　　論　196

## 第 15 章　比較を試みる ——199
### ——異なる国家モデルは存在するか？

1　はじめに　199
2　どの国も独自の政府経営スタイルを持つか？　200
3　政府経営モデル　201
4　ニュージーランド・モデル（NPM）　202
5　政府経営における収束？　203
6　比較政府経営　206
7　経路依存性 VS 組織モデルの波及　207
8　結　　論　208

## 終章　政府経営　　　　　　　　　　　　　　　　　　　　　　212
　　　　――経営戦略の妥当性

1 はじめに　212
2 政府経営の要素　212
3 公共部門における経営戦略の意味　213
4 経営戦略のマクロ的関連性　223
5 結　　論　224

事項索引　229
人名索引　237

#　序　文

　経営学は民間企業がどのように運営されているかをモデル化する学問分野だが，公共経営論や行政管理論は公共部門全体をターゲットにしており，すべてのレベルの政府，独立した規制のための委員会，公共企業をカバーしている。本書は，公共経営論や行政管理論に関するさまざまなモデルやアプローチを，すべて政府経営と密接な関係にあるものとしてとらえることを提唱している。市場と政府，公と民，経済と政治の区別を前提として，民間経営が公共経営と完全に異なるかどうかということが政府経営における主要問題である。

　政府は人々に対するサービス提供という仕事をどのように成し遂げるのだろうか？　これが政府経営論，すなわち，公共部門におけるサービス提供組織に関する理論の中核にある問いである。その答えはさまざまで，本書ではそれを概観しいくつかのモデルにまとめる。その目的は，政府のいわゆるアウトプット面，すなわち，公共サービスを提供する組織はその運営をどのように行っているのかに関するさまざまなモデルを確認することである。

　1980年代にニュー・パブリック・マネジメント（NPM）が登場して以来，学問分野としてのNPMと伝統的行政管理理論の間には緊張が存在してきた。これは，公共部門を編成する際に用いられるこの2つのアプローチの間でわれわれがギャップを感じることを意味する。政府経営には多様なモデルがあり，それぞれが政府のアウトプットやアウトカムを分析する際に用いられ得る。このことを示して，このギャップを橋渡しするときが来ている。

　本書は政府経営に関する主な諸理論を概観し，公共サービスの提供という視点から政府を組織するさまざまな方法を検討している。本書は筆者が1970年代後半からスウェーデンのウメオ大学，中国の香港中文大学，香港大学，復旦大学，そして北京で行ってきた行政学とNPMに関する講義を要約したものである。本書のタイトルは民間経営の専門家である経済学者のブリュゲンマイヤー氏に提案していただいた。最終章においては，*The British Journal of*

*Leadership in Public Services* (2008), Volume 2, Issue 3 に掲載された論文 "Strategic Management in the Public Sector: More than an Algorithm" を利用したことをつけ加える。

ヤン=エリック・レーン
2009年3月, ハイデルベルグにて

# 序章
# 公共経営は民間部門経営と異なるか？

## 1　はじめに

　経営学は経済学や社会科学の主要研究分野であり，経営管理論（Business Administration）や組織分析（Organization Analysis）にとってはなくてはならないものである。第二次世界大戦後，この分野で何千もの論文や本が「戦略論」「組織行動」あるいは「組織における文化とリーダーシップ」といった標題で出版されてきた。民間企業の運営，目標，構造，結果などを理解するためにそのような努力が費やされてきたことにかんがみれば，公共部門や政府の機能を分析するにあたって，経営学が役立つかどうかという問題は避けては通れない。

　経営学は，明確な構造とリーダーシップを持って財やサービスを生み出そうとするチームに，人々がいかに参加するよう動機づけられるかということを扱う。経営学の理論は，しばしば何千人もの社員をかかえて特定の私法上の機関（有限責任社会あるいは株式会社）として運営される近代的な企業に関するものとして発展した。経営学は大規模な民間企業の内部運営をモデル化したものなので，民間部門経営において「公式組織」が着目すべきものとされたことは当然で，これは政府における官僚制研究との基本的類似点であった。しかし，公共経営と民間経営との間には類似点よりも相違点のほうが多いかどうかという問いは，明確に提起しておく必要があるだろう。

この章では，政治や公的部門が，公共経営と民間経営との間にいくつかの相違点を生んでいるとする相違仮説（difference thesis）について私が賛成であることを述べる。公共経営は民間経営に多くの識見を学ぶことができるが，それらを同一視して公共経営が民間経営といかに異なる傾向にあるかということを無視するべきではない。

## 2 政府による決定——政策，法律，金

経済学者や政治学者は，政府の存在理由が公共財の提供や公益促進にとどまると考えているのでは，いまや公共政策や財政の課題は解決できないのだということを，よく理解するようになった。政府は，「政策のための市場」に参加する社会の主要組織の1つとして理解しなければならない（Breton, 2007）。公共部門内で競合している複数の目的に資源を配分する際に，何がその流れを左右し決定するかを説明していけば，政府の行動は単純な需給均衡の枠組みで表すことができる。人々の需要は，特定の公共政策や民間財に対する人々の欲求が最大化するところに生まれる。公共政策の供給は，政治家が再選可能性を最大化できるとき，官僚が予算規模を最大化できるときに決定される。

### 目的

公共経営が社会目的を達成するものであるのに対し，民間経営は企業所有者たちの利潤を最大化するものである。この社会目的と私的目的の相違はさまざまに表現することができるが，どのように表現されるにせよ，相違は確かに存在する。政府は一般に国家や地域共同体全体のために財やサービスを提供する。民間企業はお金儲けのためにビジネスをする。公共経営においては，組織の基本目標の定義や決定において，政治が決定的な役割を果たす。

国家や地域の目標に向けたガバナンスと，利潤最大化との区別を強調するからといって，民間企業は多様な目的を持つことができないとか，逆に，公共経営ではお金儲けはインセンティブにならないというわけではない。公企業や，利用料を徴収している公共組織は当然ながらお金を稼ぐことに関心を持っているし，近代的な巨大企業は，利益だけではなく従業員や環境にも配慮している

と繰り返し言っている。

　公共選択学派について言及すべき場合もあろう。彼らは，政治においても市場においてもインセンティブとなるのはどちらもお金を稼ぐことを含む私的利益の最大化であって同じであると主張している。しかし，ニュー・パブリック・マネジメント（NPM）[訳注1]が，政府運営における売買の重要性を初めて明らかにしたのだとしても，公共経営が民間経営とは異なる目標関数を持っていることは依然として真実である。

　政府の典型的な目標を説明するために，これまで，政治学，社会学，経済学の分野で数多くの概念が考案されてきた。たとえば，公益，国益，集団の利益，公共財，外部性，コモンプール財，規模の経済などである。私は，公共経営が大は国家から小は国家を構成する小さな単位までの集団に対して財やサービスを提供していることを強調するために「社会目的（social objectives）」という語を使用する。社会目的のために財とサービスが提供されるということは，画一的であること，税金でまかなわれること，必須のものであること，網羅的であることなどといった，共同体において考慮すべき事柄が重要な役割を果たすということを意味する。このため次のようなサービスが公共サービスとなる。すなわち，(1)法と秩序，(2)社会基盤整備，(3)教育と医療，(4)社会保障，である。

　公共サービスに関して，供給（provision）と生産（production）の区別は十分に心にとどめておく必要がある。公共サービスを提供するためには必ずしも公共機関が必要というわけではないからだ。民間供給者との契約を通じて提供することもできる。実際，公共経営のモデルの中には，公的供給を良しとするものもあれば外部委託を許容するものもあり，モデルによって相違が生じるところである。

### とりまく環境

　民間企業は最終的に市場に左右されるので，民間経営は市場志向である。市

---

訳注1　1980年代前半以降，英国，ニュージーランドなどで広まった公共部門改革の流れの総称。民間にできるものはできるだけ民間に任せ，官に残ったものについても民間の経営原理を導入するというもの。

場は民間企業の運命を多くの点で決し，収益見通しを少なくとも相当程度まで決定する。これに対して公共経営の環境は全く異なっており，政治，権力，国の主要な公的制度から構成される。政府は，国家レベル，地域レベル，地方レベルのいずれであれ，公共経営の主役である。これは，公共経営の運営を指揮し，資金を供給し，監視するのは，それら政府にかかっているということを意味する。そして政府は，株主が企業を所有しつつ民間経営の主役でもあるのと同じ意味での，「所有者」ではない。

　個々の株主は有限責任ルールの範囲内で当該企業の完全な財産権を有するが，政府の構成員は所有権を有しない。彼らは国や地域共同体といった集団のために信託されたもの，すなわち政府を経営する。この信託されたものがどのような目標に向かって進むかは，政治過程を通して決定される。目標の達成は政府の構成員にとって良いことかもしれないが，本質的に彼らは共同体が得た利益の配分を受ける権利は持たない。公共サービスを提供する個々の人間は，自らへの報酬を要求するだろうが——公共経営におけるインセンティブの問題はきわめて重要である——，所有権を請求することはできない。

　価値を正しく表すことが難しいために，公共サービスの多くは市場の外に置かれている。公共サービスはつねにコストをともなうが，その価格は完全にはわからない。公共サービスに対する消費者の選好をどうやって明らかにするかという問題は長い間議論されてきたが，簡単に適用できるような結論には至っていない。これは，公共サービスの価値が，民主的な選挙過程で判明する政治的選好を反映する傾向にあることを意味している。民間が公共サービスを提供するというパラドックスにともなう障害——フリーライダー，選好の歪み——は大変大きいので，政府は政治経路を利用して公共財やサービスを提供するのである。

　したがって，公共経営をとりまく環境においては，省庁，議会，裁判所といった政治組織が重要な役割を果たす。地域や地方で提供されるサービスも同様である。公共経営と政治の緊密な関連は，次の2つの明確な公共経営の特徴に表れている。

1　税金でまかなわれている

## 2　公法による規制

　公共経営において使用料徴収は一般的であるものの，最大の収入源は税金である。とりわけ義務的な社会保障費が税金として分類されている場合（そうあるべきだが）はそうなる。ほとんどの税金は，所得税，法人税，相続税のようにその目的を指定することなく徴収される。そして，公共サービスを提供するコストをまかなうために使われるが，その際，それらの公共サービスの価値は明らかになっていない。サービス提供にかかるコストをまかなう歳出予算を政治家が可決すれば，その公共サービスは価値があるとされたことになる。

　公共サービスの提供は市場環境の外で行われるため，その提供方法や，質，量に関する調整は公法によってなされることが多い。たとえば，各公共サービスにはそれぞれの法的枠組み，明確な目標，方法，財源などがある。このような一般行政法および特別行政法への依存は公共経営に一般的に見られ，公共経営が公式組織と官僚制に大きく依存している所以である。民間経営は基本的に契約法や会社法などの私法を通して規制されている。実際のところ，教育，消防，医療，警察など公共経営の各分野はそれぞれ独自の特別行政法を持ち，私法とは全く違うものである。

## 3　経済 VS 政治

　公共経営の本質を明らかにしようとすると，政府と市場，公共と民間，政治と経済といった政治経済学における古典的な区分が浮上する。かつては，官僚制や公法体系下で働く多くの職員を擁する大規模な公式組織が，ほぼ独占的に公共経営を行っていた。中央政府，地域政府や地方政府のもとで業務を行う政府機関や委員会における公的雇用は，労働力の 20 パーセントから 40 パーセントを占めた。社会保障が登場すると，社会保険基金を含んだ統合的な公的部門となった。そして，これは民間企業や家計からなる市場部門と競合させられた。

　2 つの全く異なる部門がそれぞれ独自の論理に従って運営されているというこの社会二分モデルは，今日では通用しない。市場メカニズムを導入した公共部門改革が非常に多くなされてきたため，いまや公共経営は政治と経済の両方，

政府と市場の両方の面を持っている。ただ，過去20年間に公的部門が空洞化してきたとはいえ，政府や公共経営は依然として存在し，多くのサービスを提供している。もちろん，鍵となる問いは，公共経営がもはや「官僚制」と呼ばれる一枚岩の公式組織ではない現在において，公共経営をどのようにモデル化するかである（Rabin *et al.*, 1997; Peters and Pierre, 2003）。

## 4  重要な制限――法の支配

政府経営を分析するには，法の支配の要請を考慮することが不可欠である。法の支配には，政府経営を制限する要素が数多くあり，それが，公共経営を民間経営とは全く異なるものに制限している。たとえば，政府が法の支配にのっとっているといえるためには，次のような条件が満たされねばならない（Lane, 2007）。

1　手続き上の説明責任（accountability）：決定は確立した周知の手続きに従ってなされなければならない。
2　合法性：決定は，行政の発動を許可しまたは義務づける国の法律に従わなければならない。
3　苦情と補償：市民に関するあらゆる決定について，市民は苦情を申し立てたり，不満を表明したり，補償や賠償を求めたりすることができなければならない。
4　調査と責任（responsibility）：公共サービスの提供者は，審査の対象とされ，自らの行為あるいは不作為について責任をとらなければならない。

民間経営においても，説明責任や責任という規範は存在しているものの，公的部門においては（とくに手続きと文書化に関して），法の支配の要請はさらに強い。

公的部門改革は，（唯一の例外である人権に関する改革を除き）政府経営に関して法の支配の意味することを無視する傾向がある。たとえば，NPMの哲学は効率性と市場化を重視するものであり，法の支配の要請にうまく適合しな

いと主張されてきた。

　法の支配は民主主義の必要条件である。政治参加と並んで立憲民主制の基本的要素を構成するからである。完全に民主制とはいえない国であっても，法の支配の要請にはしばしば配慮している（Lane, 2007）。

## 5　政府経営が抱える未解決の問題

　政府経営の理論を，その広がりや深さの点で民間部門の経営学理論に比較し得るものにしようとすると，公共組織や公的部門のガバナンスで生じるいくつもの難しい問題に直面することになる。

1　官僚制モデルはどれくらい適切か？　この問いへの答えは，官僚制モデルを肯定的に評価するか否定的に評価するか，そして官僚制モデルをどのような文脈で使おうとするかによる。
2　公共政策の立案はどれくらい合理的であるか？　この問題への答えは，社会科学における合理性の意味によっても異なるし，個人行動と集団行動のどちらを見るかによっても異なる。
3　実施をうまく行うことは可能か？　どうすればうまく行えるのか？　実施のギャップに関してはさまざまな答えが示されてきたが，いまのところどうやって実施を成功させるかについての決定的な答えはない。
4　実施の不足は克服できるか？　公共部門経営におけるこの難題が表に出ると，エージェンシー，ネットワークまたは公民協働，内部市場，公的株式会社など，多くの答えを検討することになる。
5　公共経営における最も深遠な問題について何かを示せるか？　ウェーバー（Weber）は公共資源を割り当てることの危険性を示唆したが，近年の研究はゲーム理論から持ち込んだ概念，とくに情報の非対称性の理論や本人＝代理人の相互関係といったものに焦点を当てている。これらによって，行政管理論や公共経営論の難問がどれほど説明できるだろうか？
6　最近出現した多次元ガバナンスの現象はどのように分析すべきか？　これを理解するためには分権や地域化の理論だけでなくネットワークの概念も必

要であると思われる。

7　政府経営における法の位置づけは何か？　この質問に答えるためには，権利，義務，権限など法律学の基礎概念についての識見が必要であるし，また，公共組織とガバナンスが規則に基づくものだという特性をよく考えることが必要である。

8　今日いちばん話題になっているのは環境保護と政策をどのように結びつけるかということである。この問題に答えるには，政策がいかにして公害を引き起こすかという経験則的な事柄と，政策がどのような環境原理に基づくべきかという規範的な事柄の両方を熟考しなければならない。

9　最後に，特定の国の政府経営のモデルがいくつかそろえば，新たに研究すべき興味深い分野が生まれる。すなわち，なぜある国々では公共組織がこのように構成され別の国では違うのかという問いである。制度の仕組みによって結果が異なるのであろうか？

本書はこうした未解決の課題に関する研究への入門となるものである。読者がいずれかのテーマを選び，この入門書の範囲を超えてもっと掘り下げた分析に進んでいただければ幸いである。

## 6　公共圏——公と民を超えて

政府経営か民間経営か，公共部門か民間部門か，政策か市場か，国有化か民営化か，これらは一見すると明確な二者択一に見える。しかし，哲学者ハーバーマス（Habermas）と彼の「公共圏」という理念や，「社会関係資本」という概念を唱える社会学者コールマン（Coleman）に従えば，政府経営は次のような分野の政策をもたらし始めている。それは，かなりの程度の私的所有権と私人による主導権があるものの，いくつかの重要な公的な特質をも有する分野である。

NPM 以後の学者によれば，公共と民間，政府と市場の間にあるこのグレーゾーンは，いわゆる「公共圏（public sphere）」の強化あるいは社会関係資本の維持を目指す新しい政府経営を必要としているという。たとえば，政府が文化

資産を自ら所有することを控えつつも，文化遺産を保護することや（身体障害者なども含む）さまざまな人々に文化行事を開放したりすることには熱心に取り組むということがあり得る。

しかし，政府はふつう，施設計画や都市政策において社会関係資本の価値をすでに考慮している，と反論する人もいるかもしれない。公共圏という新しいテーマは，政府の政策選択の幅を広げているようである。というのは，すでに市民社会，民間企業，個人など他のアクターが関与しているにもかかわらず，政府もまた，地域共同体のことについて関与することが求められるからである。

先進資本主義民主国家の中には，地方政府や地域政府が多くの公共サービスに責任を持つところもある。この 20 年間に行われた制度改革によって組織形態が多様化している。そのため，地方政府や地域政府の各部局は，多くの公共組織・民間組織と関係を持っている。それは協力関係でもあるが，競争関係でもある。

地方自治体におけるこの官僚制変容プロセスは「公共サービス提供の外部化」と呼ばれている（Thynne and Wettenhall, 2009）。この外部化は，地方政府や地域政府にとって経営上の利害を考えることと政治責任を果たすことの両立を難しくしている。外部化の過程で，いわゆる公的アクターと民間アクターとの間のネットワークが生じ，さまざまな利害関係者間の調整が必要となる。サインとウェッテンホール（Thynne and Wettenhall）は，「地域共同体」と「場所」の意味に関して誰が所有者かという重要な問題が浮上してくると主張する。確かなのは，新しい形の公的事項の経営，すなわち公共の場のガバナンスがいくつかの国に生まれているものの所有者が誰かという問題との関連は明らかでないということだ。

先進諸国における公的部門改革の先駆的な流れは，中央政府の権威の低下，地方政府や地域政府への権限と責任の移譲，マネジャリズム[訳注2]と競争の導入であった。地方政府や地域政府における公共サービス提供の外部化は，政府の権力構造を変化させてきた。いわゆる利害関係者間の相互作用の増加によって，公的部門と民間部門の境界はどんどん曖昧になっている。こういった展開は，どのような見方をとるかに応じて，ネットワーク政府，NPM，国家の空洞化

---

訳注2　計画・統制の有効性を信奉する管理第一主義。

(hollowing out of the state）などの概念を用いて分析される。公共圏のガバナンスや社会関係資本の公的促進を含むこの新しいアプローチは，10〜20年にわたる民営化，国家の空洞化や縮小化の流れが続いた後に，政府経営の失地を回復しようとする試みと見ることもできる。文化，コミュニティや結束などの無形資産に関する新しい形態の公的所有を説く学者もいる。この「所有」が実際何に及ぶのか，社会や「コミュニティ」に関してどの政府も行っている普通の規制業務とどのように異なるのか，まだ詳細は明らかにされていない。

## 7　結　論

　政府経営は民間部門の経営と大きく異なっている。古典的な行政管理モデルを調べれば，公共経営は特殊なものであるという事実，すなわち，たとえば一般の経営学やその戦略モデルに還元できるものではないということが主張できるだろう。私は公共経営に関する相違仮説を明確に支持したい。公共経営はその独特の特徴により，民間経営と一線を画している。その特徴とは，政治が支配的役割を果たすこと，本来の意味の所有権が存在しないこと，つねに何らかの税金によってまかなわれること，公法という形ではっきりと決められていることなどである（Hood and Margetts, 2007）。

　政府経営への主要なアプローチはいくつかある。それらの相違は大きいので，比較して分析されるべきだ。民間経営とは対照的に公共経営では「政治と行政の分離」がきわめて典型的だが，これについてもさまざまな見方がある。たとえば行政管理理論においては，政治が上位に位置し，官僚には政策に疑問を呈さない中立性が求められる。クアンゴ（特殊法人）や政策ネットワークにおける公共経営では，政府は経営から距離を置くことになるので，マネジャリズムが主流である。政策枠組みにおいては，実施が立法とアウトカムの間のミッシングリンクとなる。公共経営の市場化や入札の側面においては，公共サービスの提供が行われることを確認する最終的責任だけが政府に残る。このように，仕事の達成が厳しく強調されるときでさえ，公共経営には，つねに何らかの形で政治がつきものである。

　私は，公共経営は民間経営と異なると明言する相違仮説こそ正しいと固く信

じている。この仮説に立てば，民間部門から公共部門へのマネジャリズムの直接移転は必ず失敗するという結果をもたらすことになる。法律，法の支配，予算と徴税，苦情処理・補償制度といった公共組織ゆえの側面にマネジャリズムは十分な注意を払わないからだ（March and Olsen, 1989）。

　政府経営に関する理論は，世界中のビジネススクールで教えられている経営学理論と同じ役割を果たすものだ。すなわち，国民にサービスを提供するために人々はどのように組織されるかについて，包括的にアプローチするものである。政府経営の理論には，仕事を遂行するために政府がとり得るさまざまなモデルの評価が含まれる。そして，政府とその組織の全体像をはっきりと示してくれる。


### 本章のまとめ

1　政府経営の理論は，公共サービス提供における重要な課題や問題点を示してくれる。
2　政府経営は，税の役割などいくつかの面で民間部門経営とは異なっている。主要な相違点の1つは，公共経営には，法の支配が強く要請されるということである。
3　政府経営は，公法あるいは行政法と密接に結びついており，その結びつきの意味はかつて行政学分野の主要関心事であった。
4　政府経営の理論は多くの困難に直面している。公共サービス提供をモデル化するにあたって未解決の問題が多くあるためだ。たとえば，合理性の程度，実施のギャップや戦略，公民協働やネットワーク，NPM（外注化，法人化，内製化，官僚制の役割や他の本人＝代理人関係の仕組み，法の位置づけ，民間部門を管理する際の規制の役割など）である。
5　政府経営は根本的に民間企業の経営と異なっている。この相違仮説はいくつかの点で裏付け得る。


### 参考文献

Bovaird, T. and E. Loeffler (2003) *Public Management and Governance*. London: Routledge. みえガバナンス研究会訳『公共経営入門――公共領域のマネジメントとガバナンス』公人の友社，2008年。

Breton, A. (2007) *The Economic Theory of Representative Government*. New York: Aldine Transaction.

Cooper, P.J. and C.A. Newland (eds) (1977) *Handbook of Public Law and Administration*. San Francisco: Jossey-Bass.

Goodin, R.E. (2008) *The Theory of Institutional Design*. Cambridge: Cambridge University Press.

Gregory, B. (1989) "Political Rationality or 'Incrementalism'? Charles E. Lindblom's Enduring Contribution to Public Policymaking Theory", *Policy and Politics*, Vol. 17, No. 2: 139-153.

Hood, C.C. and H.Z. Margetts (2007) *The Tools of Government in the Digital Age*. Basingstoke: Palgrave Macmillan.

Hughes, O.E. (2003) *Public Management and Administration: An Introduction*. Basingstoke: Palgrave Macmillan.

Kelsen, H. (2005) *General Theory of Law and State*. Edison. NJ: Transaction Publishers. 尾吹善人訳『法と国家の一般理論』木鐸社, 1991年。

Lane, J.-E. (2007) *Comparative Politics: The Principal-Agent Perspective*. London: Routledge.

Lindblom, C.E. and E.J. Woodhouse (1994) *The Policy Making Process*. Upper Saddle River, NJ: Pearson. 藪野祐三・案浦明子訳『政策形成の過程——民主主義と公共性』東京大学出版会, 2004年。

Loughlin, M. (2004) *The Idea of Public Law*. Oxford: Oxford University Press.

March, J.G. and J.P. Olsen (1989) *Rediscovering Institutions: Organisational Basis of Politics*. New York: Free Press. 遠田雄志訳『やわらかな制度——あいまい理論からの提言』日刊工業新聞社, 1994年。

Peters, B.G. and J. Pierre (eds) (2003) *Handbook of Public Administration*. London: SAGE Publications.

Rabin, J., W.B. Hildreth and G.J. Miller (eds) (1997) *Handbook of Public Administration*. New York: Marcel Dekker.

Thynne, I. and R. Wettenhall (eds) (2009) *Symposium on Ownership in the Public Sphere*, special issue of the *International Journal of Public Policy*.

Vincent, A. (1987) *Theories of the State*. Oxford: Blackwell. 岡部悟朗訳『国家の諸理論』昭和堂, 1991年。

Wildavsky, A. (1987) *Speaking Truth to Power: Art and Craft of Policy Analysis.* Edison, NJ: Transaction Publishers.

Wildavsky, A. and N. Lynn (eds) (1990) *Public Administration: The State of the Discipline.* Chatham: Chatham House.

# 第1章

# 公式組織モデル
## ──非公式な組織の重要性

## 1 はじめに

　政府経営はしばしば，諸部局（やその補助的部署）を示す機構図に過ぎない単純な公式組織モデルで描かれてきた。基本的な仮定としては，組織行動というものがかなり厳密に規則にのっとっているので，機構図やその構造はある程度現実を反映しているということがあった。しかし，いわゆる行政学の研究が進むにつれ，この仮定に疑問が呈されるようになった。

　行政学は，法学，とくに憲法学と行政法学に起源を持つ学問だということを反映して，公式組織を中心に据えたいくつかの公共経営モデルを生み出した。官僚制を肯定的にとらえるウェーバー型あるいはウィルソン型の公共経営モデルが存在する一方で，非公式な組織のほうが公式組織より影響力が大きいと基本的に主張する官僚制への批判もあった。

　本章は，官僚制が効率的であるという議論に反論する。官僚制はもともと効率的だとする主張より，官僚制に対する批判のほうが証拠に合致するからである。大規模組織では公式機構図が立派に見えるかもしれないが，公共経営を理解するには，単に機構図を学ぶだけでは足りないのである。

## 2　ウェーバー・モデルあるいはウィルソン・モデル

　ドイツのマックス・ウェーバー（Max Weber）と米国のウッドロー・ウィルソン（Woodrow Wilson）は，それぞれ別々に効率的官僚制モデルを世に送り出した。2人ともいわゆる政治と行政の二分論を強く支持した。それは情実主義のような政治的介入を阻止できるような公共経営の仕組みを求めてのことだった。民間で大規模組織が目立ち始めた時代において，公式組織こそが，有能で中立的な政府を実現するための方法だと考えたのである。ウェーバー，ウィルソン，テイラー（Taylor），フェイヨル（Fayol）の四者の類似性はしばしば指摘されてきた。もっとも，後二者の関心対象は民間企業だったが。

　古典的な官僚制モデルは，制度的特徴やその相乗効果の理論を含んでいる。もちろん問題は，制度や考えられる効果についてこのモデルが正しい仮説に基づいているのかという点だ。この点，ウェーバー自身，完全には確信していなかった。というのも，官僚制がうまく機能するための別の要素として，独特の職業観という形のインセンティブを挙げているからだ。

　ウィルソンは，米国の政府をあらゆるレベルで浄化しようとする大衆運動のまさに先頭にいた。そのために何としても猟官主義——政府の官職の多くが政治的任命であって，職業公務員が尊重されないこと——を抑制しなければならなかった。官僚が専門性のみを基準として公平に採用されるためには，行政は政治から分離できるとする政府の理論が必要だった。

　効率的な公式組織としての官僚モデルはよく知られており，その要素は，(1)階統制，(2)分業，(3)専門的職業公務員の採用，(4)年功に基づく昇進，(5)終身雇用，(6)規律の明示，(7)免職は裁判手続きによること，である（Weber, 1978）。

　同様の原則は，ウィルソンによっても，またテイラーやフェイヨルの科学的管理論によっても提唱された。この公式組織モデルは，中央，地域，地方のいずれのレベルでも数多くの政府に適用されてきたし，行政法——機構図と条文を組み合わせて官僚組織がどのように動くかを描く——とも相性のよいモデルである。

多くの公共機関や公的な委員会がこのモデルに従って組織された。このモデルは大学の組織が学問分野に分かれていたり，病院の組織が診療領域の専門分野で分かれていたりすることともよく合致するように見えた。地方政府においては，ある特定分野の公共サービスを提供するために，政治家と職業専門家の両方をメンバーとした委員会が作られることがあった。中央政府のレベルでも，省庁がどのように動き，省内の各部局がおのおのの機能をどのように果たしているか，このモデルが細かく描き出しているようにも見えた。

ウェーバーもフェイヨルも，上記（1）～（7）のモデルによる公式組織が，公共部門にとっても民間部門にとっても現代化のためには必要だと力説した。大規模な取り組みを行う場合には，官僚制こそが効率性を高めるための答えであるとされた。

しかし，公式組織モデルに対する批判は早々に現れた。民間の巨大企業に関する研究の知見もその一助となった。官僚制に対するさまざまな批判には1つの共通点があった。すなわち，公共経営においても民間経営においても非公式組織を無視することはできないという点である。

## 3　官僚制モデルの主張

公共経営は，一連の目的を推進するために人々を集め彼らの仕事をとりまとめることを必要とする。経営学がしばしば「組織分析」と呼ばれるのも不思議はない。官僚制モデルは，組織を主に構造の問題ととらえており，機能をきちんと分割して分業を徹底し明確な責任を割り当てることができれば，管理の問題の大半は解決できると考える。

官僚制モデルへの批判は，次のような弱点に向けられた。

1　公式の行動は現実の行動と同じではない。実際には，機構図の意図とかけ離れたことが起きている可能性がある。
2　公式組織には必ず，大きな影響力を持ち得る非公式な構造が隠れている。
3　公式組織は融通性に欠け，目標の達成に逆効果であることが多い。
4　階統制の頂点に立つ者は，地位ははるかに下だが鍵となるような，いわゆ

るフィクサー (fixers) に比べて，実際のところをよく知らない可能性がある。
5　環境の変化に直面している組織にとってはイノベーションが決定的に重要であるかもしれないのに，公式組織は必ずしもイノベーションを支持するとは限らない。

　官僚制モデルは，公共資源（予算や決定権など）の私用をすべてやめさせることで，誠実かつ効率的な政府を確保しようとする。グッド・ガバナンスを推進するという点では成功しているが，はたして組織はこのモデルで本当に効率的になるのだろうか？
　官僚の権威は，行政のルールが適正な過程によって発動されたという信頼に基づいている。官僚の忠誠心は，個人とは関係ない秩序や上位の官職に対して向けられる。官僚として雇用されることの特徴は次のような点にある。
　第一に，採用の仕方である。官僚は，家柄や政治的忠誠心ではなく，大学の学位のように専門的な職務をしっかり遂行するために必要な知識を有していることを証明する正式の資格に基づいて選ばれる。いったん採用されて官僚組織に入れば，その官職がその者にとって唯一の（あるいは少なくとも主要な）職となる。安定性と継続性を備えた「職業」，つまり「一生の仕事」になるのである。第二に，給与と昇進が，年功と業績の両方に基づく精巧なシステムになっていることである。官僚の受ける給与は，通常，生産性の高さより，まず官職の地位に基づいている。第三に，官僚の生活における公私の区別である。官僚の個人的な資産は，属人的ではない「行政手段」とは明確に区別される。第四に，統制のシステムである。技術知識という共通基盤の上に，効率最大化を目的として組織全体のルールにより統制が行われる。ウェーバーによれば，「官僚組織の運営とは，基本的に知識を基盤として統制を行うことである。この特性によって官僚組織の運営はとりわけ合理的なものになっている」(Weber, 1947: 339)。
　官僚制モデルは，官僚制の特質によって最大の効率が保障されると主張するが，これは単なる主張であって証拠はない。官僚制はとりわけ合理的なものなのだろうか？　この前提への疑問が公式組織モデルへの批判につながっており，これは組織論の分野における重要なテーマとなっている。

## 4　官僚制モデルへの批判

ウェーバーは，政府を運営するための基本モデルとして官僚制を重視したが，このことは，組織社会学が学問として発展していく中で議論の的となってきた。ウェーバーに対する反論は，次の3つに大別できるだろう。

(1) 官僚制は社会の官僚主義化につながる。

寡頭制的な支配システムである官僚制は，遅かれ早かれ民主主義の道具ではなくなる。資本主義でもなく社会主義でもない新しい社会における政治的支配集団，つまり主人の側になるかもしれない。官僚主義化の進行を，現代社会が持つ寡頭制の傾向として最初にモデル化したのはミヘルス（Michels）である。ミヘルスのモデルは大規模組織内の政治構造に焦点を当てていた。彼の言う「寡頭制の鉄則」によれば，現代組織では複雑化と官僚主義化が進み，すべての権力がトップに集中して，独裁的に支配するエリート層の手に握られているという。

興味深いことに，イタリアのマルクス主義者ブルーノ・リッツィ（Bruno Rizzi）は，早くも1939年の著書『世界の官僚主義化』（*The Bureaucratisation of the World*）において，新たに建国されたソビエト連邦の巨大な官僚制が，資本家が行ったのと同様の方法で短期間のうちに労働者（プロレタリアート）を利用し得る支配階層になっていったと主張している。生産手段の官僚制的統制は，ソビエト連邦のシステムにおいては「社会主義」ではなく「国家主義」を体現していた。官僚——党や国の運営において重要な地位を占める技術者，管理者，専門家——は，いわゆる労働の余剰価値を我が物にする傾向があるとされた。しかし，ユーゴスラビアの社会主義体制について同様の批判を行って世界的に有名になったのは，『新しい階級』（*The New Class*, 1957）を著したミロヴァン・ジラス（Milovan Djilas）である。

官僚制は現代政府のみならず大きな民間企業にも見られると，しばしば指摘される。ジェイムズ・バーナム（James Burnham）は，1941年に「経営革命」論を提唱した。後にジョン・ガルブレイス（John Galbraith）が精緻化したが，この理論によれば，技術の進歩と大規模な経済成長は，資本所有者たる旧来の

資本家層から生産手段を支配する力を奪ってきた。経済を効果的に制御する手段は，経営者，すなわち CEO という新しい経済エリートの手へと移ってきた（Burnham, 1972; Galbraith, 2007）。

このような議論は，明らかに，ウェーバーの主張——官僚制は政府だけが用いるわけではなく民間でも大会社は同じ構造をとる——に刺激を受けたものである。しかし，民間企業に関する組織理論においては，公式組織は，企業を効率的にする最良の手段であると認められてはいない。

(2) 官僚制には病理が潜んでいる。

米国の何人かの社会学者——マートン（Merton），セルズニック（Selznick），グールドナー（Gouldner），エツィオーニ（Etzioni）——は，公式組織においては遅かれ早かれ官僚主義的レッドテープ（繁文縟礼）や非効率が現れてくることをモデルに表した。合理的な規制や細々した統制が広く行きわたることは官僚行動の信頼性や予測可能性を高めるが，同時に，柔軟性のなさや手段を目的にしてしまう原因ともなる。実際，厳格な規則遵守を重視していると，人は規則を自分のものとして内面化するようになる。手続き的な規則が，単なる手段ではなくそれ自体目的となるのである。官僚の役割のうち手段としての形式的な役割が，組織の主要な目標を達するという本質的な役割よりも重要になってしまうとき「目的の転移」が起きる。規則による厳格な統制といった官僚制の特質は，組織の効率性を高める可能性もあるが害する可能性もある。予測可能性や正確性などを高める効果と，硬直性などを生む逆機能の両方があるからだ。組織は互いに相反する利益を求める対立集団によって構成されていると見るべきであるとして，官僚制の機能を否定する論者もいる。官僚制では最適な結果やアウトカムを出しにくいというのである。

(3) 官僚制は何よりもまず権力を宿すものである。

これはフランスの社会学者 M. クロジエ（M. Crozier）の主張である。クロジエによれば，官僚制は，権力が追求され，それによる衝突が起きる中心地である。クロジエが第二次世界大戦後のフランスの産業社会の構造を研究し始めた当時——最初に行われた 1953 年の研究はフランス郵便銀行のホワイトカラー労働者を対象としていた——，産業社会は結束力が強くしばしば互いに敵対するような職業集団から成っていた。これらの集団が重視したのは相互作用の

ルール，すなわち集団内部および集団相互の行動規範である。相互作用のルールは日常生活や組織内部の恣意性を制限する。しかしルールはすべてを網羅するわけではないので，不確実性は残り，それは対立につながって，直接的な支配服従関係が生まれる。クロジエの基本的な考えは，そうした規制の及ばない部分を統制する集団が，組織として利益を得るための戦略的優位性を有しているというものだった。

　クロジエは，1959年に行動科学高等研究センターに招聘されて『官僚化現象』(The Bureaucratic Phenomenon) の草稿を作った。この著書は，のちの「戦略的組織分析」の基礎となり，組織社会学をフランスにおける1つの学問分野として打ち立てた。1977年には，クロジエとエアハルト・フリードベルグ (Erhard Friedberg) が『行動主体とシステム』(L'Acteur et le Système) を出版した。この本は，組織とやや非公式な行動システムとの両方を対象とする研究へのアプローチの概要を示している。組織というものはゲーム構造——相互依存的な行動主体の間に交渉関係を作り出し権力をもたらす——の中で動いている。ゲームのルールも重要だが，プレイヤーがルールとの関係でどのように戦略を作るのかがきわめて重要であり，それは往々にして不透明だったり曖昧だったりする。制度はしばしば人間のエネルギーを解き放つのではなく制約する方向に働く。

　官僚制モデルは，行政学における中核的な要素とされてきた。行政学の中では，ウェーバー＝ウィルソン型モデルへの賛否について，長い間踏み込んだ議論がなされてきた。学問分野としての行政学は，一枚岩ではなくさまざまな考え方を含んでいるのである。たとえば，第二次世界大戦後，ワルドー (Waldo) は公式組織モデルを徹底して批判する中で，官僚制モデルが効率的であるという主張に疑問を呈した。また，アップルビー (Appleby) は政治行政二分論の有効性を否定した。とはいえ，行政管理論学派は現在も公式組織モデルを擁護しており，官僚制はいまなお公共経営にとって非常に重要なものであって，官僚制への批判は経験的実証を欠くと主張している。

## 5　行政学の反論

　公共経営のモデルとして官僚制を支持する主張は，グッドセル（Goodsell, 2003）やフレデリクソン（Frederickson, 1996）といった行政学者によって行われてきた。グッドセルは，米国の行政官や行政機構は社会関係資本（social capital）を生み出すものであると主張する。公共選択学派や自由放任主義の経済学者が広めたステレオタイプとは反対に，行政官や行政機構は大きな無駄を生むものではないし自由に対する本当の脅威でもないとする。行政を担っている公務員が，民主主義にとって重要な価値を持つ社会資産を供給しているという。このようにグッドセルは，サッチャリズムやレーガノミクスによって広まった官僚のイメージを否定している。

　一般に受けの良い文献が発している行政官僚制のメッセージは，複数の行政学者によって一面的であるとして否定されている。多くの俗にいうシンクタンクから新右翼主義の文献がどっと出されたことで，概して職員数が多すぎ，応答性が低く，権限拡大を求めているという，行政官僚制の一般的なイメージがますます強くなった。自由市場主義の経済学者は，競争的な市場と利益のインセンティブこそが効率性を実現する最良の手段であると考えるがゆえに，行政官僚制には反感を持っている。多くの社会学者は，官僚制の病理に懸念を持つがゆえに，また政治学者は政府の独占性あるいは寡占性を重視するがゆえに，いずれも，秩序ある社会に公正かつ予測可能性の高いやり方でサービスを提供する組織を擁護しようとはしない。したがって，グッドセルにしてみれば，官僚制への批判は十分な実証データに基づいていない。グッドセルによれば，官僚制の成功が限定的であるのは，官僚制に与えられる目標の曖昧さ，近年の過度の外注化からくる調整の問題，代理者による行政，政府が直面する社会問題の複雑化などのためである。官僚制に対するグッドセルの高い評価はクロジエの評価と対照的だが，多くの米国の行政学者，とくにシラキュース大学マクスウェル・スクールの学者の見方と一致している。

## 6 第三の見方——バランスをとる組織としての官僚制

公式組織に対する現代のウェーバー派の評価について知ろうとするなら，J.Q. ウィルソン（J.Q. Wilson）の『官僚制組織——政府機関は何をするのか，なぜするのか』（*Bureaucracy: What Government Agencies Do and Why They Do It*, 1991）を読むべきだ。この本は，実証的見地から連邦政府機関を包括的に，かつ根拠に基づいて研究したものと広く認められている。経済学あるいは合理的選択論による官僚制へのアプローチ（たとえば Downs, 1993）とは大きく異なり，この本は，組織，現場職員，マネージャー，幹部，状況，変化のそれぞれで構成されている。組織が重要であるという J.Q. ウィルソンの主張には，行政機関の目的に合致するように職員を配置しなければならないという含意がある。官僚制は果たして効率性に優れているのだろうか？ つまり，最小限の活動コストで目的を完全に達することができるのだろうか？

官僚制の効率性には2つの面がある。内部的な効率性すなわち生産性と，外部的な効率性すなわち有効性である。現場職員——いわゆるストリートレベルの官僚[訳注1]——の態度や文化は，日常的に接する状況下で必要とされることによって作られていく。行政機関のマネージャーは，組織の目的と状況の切迫性という2つの制約に目を向けなければならない。政府機関幹部が他の政府機関と競争し，競争と協調の過程で縄張りを生み出す戦略をとることでも，効率性が害されるおそれがある。

公共機関が業務を行うのは明らかに政治的環境——米国の場合であれば議会や大統領，裁判所——の文脈においてである。J.Q. ウィルソンは，政府機関を次の4つに分類した。生産型組織，手続き型組織，技能型組織，対応型組織である。この区別は主に，組織のアウトプットや手続きが目に見えるか，あるいは測定できるかどうかに基づいている。「生産型組織」は，業務の手順がはっきりしていてアウトプットもわかりやすい（たとえば社会保障庁）。「手続き型組織」は，業務の手順ははっきりしているが，目に見える，あるいは容易に測

---

訳注1 第一線の現場にあって政策実施活動をしている行政職員。警察官，福祉事務所のケースワーカーなどが典型例。

れるアウトプットがない。「技能型組織」は，手順ははっきりしないがアウトプットは目に見える（たとえば軍）。「対応型組織」は，制御可能なはっきりした手順もないし，目に見えるアウトプットもない（たとえば警察や教育省）。

公共部門の生産性について，J.Q. ウィルソンは変わったアプローチをとる。通常の生産性（内部的な効率性）がアウトプットに対するインプットの割合だとして，官庁の場合，アウトプットを測定したり数量化したりできるのだろうか？　J.Q. ウィルソンは，公共組織は主たる目標の他に「状況に迫られての目標」も追求しているために，効率性を測るという問題がわかりにくくなっている可能性があると主張する。状況に迫られての目標のことまで考慮すれば，公共組織の効率性はもっと肯定的に評価されるかもしれない。しかし，官僚制の使命とは何だろうか？

J.Q. ウィルソンによれば，行政機関の文化が組織構成員のほとんどに共有されていれば，その組織の使命は文化と同じになる。行政機関の文化は使命を明確にする助けとなるので，公的部門においては使命と文化を結びつけることが非常に重要である。文化は，仕事の状況によって必要とされることに応じて現れてくる。しかし，官僚制改革を実行可能なものにするためには，公的部門の組織には差し迫った必要性がつねにあることを考慮に入れなければならないし，想定されるアウトプットに見合った報酬制度を作って，組織によく見られる変革への抵抗を乗り越えなければならない。

公共機関は，複数の利害が絡むため，きちんと定義された明確な目標を与えられないことが多い。J.Q. ウィルソンによれば，相異なる利害も時が経つにつれて組織の使命のしかるべき位置に収まり，そしてまた新しい目標が，相矛盾しかねない「目標」のリストに付け加えられていくのである。

## 7　重要な問題——どのような場合に官僚制組織が優れているのか？

官僚制組織のあり方を擁護する説として，組織とそれが置かれた状況とを結びつけるものがある。たとえば，ミンツバーグ（Mintzberg, 1997）は，組織構造の主なものとして次の5つを挙げた。(1) 単純構造（The Simple Structure），(2) 機械的官僚制（Machine Bureaucracy），(3) 専門官僚制（Professional

Bureaucracy), (4)事業部門制 (Divisionalised Form), (5)アドホクラシー (The Adhocracy) である。技術が確かで安定した組織環境にある場合には官僚制組織が適しており，他方，状況が急速に変わっていく場合には他のタイプの組織が必要になる（少なくとも企業の組織構造に関しては）というよく知られた説を唱えた。組織論のいわゆるコンティンジェンシー理論派[訳注2]からも，同様の主張がなされた (Donaldson, 2001)。しかし，彼らが理論化したのは，民間企業における官僚制組織の強みと弱みである。公的機関の場合は，利益の最大化を図る組織ではないので，事情が異なってくる。

政府が官僚制組織を用いることが多いのは，他の2つの理由によって少なくとも部分的には説明できる。第一に，法の支配という理由がある。官僚制組織は迅速性に欠けるとか，アウトプットの最大化をしないとか，必ずしも消費者目線でないといったことが仮に事実だとしても，法の支配によるさまざまな要請にはおおむね応えている。たとえば，官僚制組織はいわゆる「一件書類」を扱うときの原則を守っている。すなわち，案件に関するあらゆる記録を保管し，関係者が不服を申し立てたいと思えばそれができる仕組みになっている。「一件書類」に関するすべての決定について争う機会が与えられるべきだという原則に従って，官僚制組織には，不服申立てや補償請求といった声をあげることを許容する仕組みがあるのだ。

第二に，主に内部部局で調整が行われる組織がある。たとえば大学である。高度に自律的な，いわばそれぞれで生活を営んでいるような部局が組織の基礎となっている場合，官僚制組織はその全体性とプロフェッショナリズムを強力に保護する。官僚制組織でなければ大学はとても統治できないだろう。

官僚制組織は，組織で働く公務員や専門家をいろいろな点で保護している。この制度的メカニズムは，雇用の保障すなわち終身雇用だけでなく，信念や価値観をも保護するものである。それゆえ，官僚は単に上司に忠実であることを求められるのではなく，権力者に真実を告げることもできる。官僚制組織の中には，大学や研究機関のように，普通の政治やビジネスの世界から遠く離れてほとんど独立した世界を作っているものもある。

---

訳注2 条件適合理論派。あらゆる経営環境のもとで唯一最善の経営形態は存在しないとして，経営環境が異なればそれに対応する有効な経営形態は異なると考える立場。

## 8　公式組織の現代化——地方分権，地方分散，権限移譲

　ここ 20 年間の大きな改革の 1 つとして，公式組織の効率性を高める取り組みが行われてきた。いくつかの国では，国家の官僚機構の分権改革が行われた。これはニュー・パブリック・マネジメント（NPM）と同じものではない。分権改革は官僚制組織を変えることを目指しており，壊すことを目指しているのではないからだ。

　市場化，民営化，企業化といった NPM が過度の注目を集めたために，公式組織の有効性を高めたり市民への応答性を高めたりすることによって国家を現代化しようとする多くの試みは無視されてきたが，公務員を組織化するモデルとしてはいまでも官僚制組織が支配的である。地方分権（decentralisation）により，公務員の大半がいまや地域政府，地方政府に属している。地方分権は，公選された地域議会，地方議会の権限を強めることによって民主主義を強化しつつ，中央政府の荷を軽くしている。

　たとえば，デンマークを見てみよう。2007 年 1 月 1 日に施行された構造改革により，地方政府（基礎自治体）の数は 271 から 98 に減り，13 あった県は 5 つの新しい地域政府に減った。この構造改革の基本的な狙いは，政府の能力を高めることにあった。これにより，地方政府の平均住民数はいまや大きく増加し，5 万 5000 人程度になる。新しい地域政府の主な業務は病院運営だが，周辺的な医療業務の一部は地方政府が担うこととなった。

　地域政府と地方政府の業務分担は，地方分権の政治過程でつねに問題となる。地域レベルの政府が強化された国もあれば，弱体化した国もある。たとえば，スカンジナビア諸国では，地方政府の権限が強くなった分，地域政府が弱体化した。南欧やフランスでは逆のことが起きているようだ。やや劇的な改革としては，ノルウェー政府が病院を国有化し，地域政府からその業務と資産を取り上げたという例がある。国家のイノベーションの一形態として中央集権化もあり得ることがこの例に示されている。

　中央政府がその地域事務所や地方事務所に中央の機能を移す場合，「地方分散（deconcentration）」と呼ばれる。たとえば，多くの国で，中央の負担を減

らすとともに地域の発展を促すために，官僚を首都から地方に移している。各省とも業務や人員を地域事務所や地方事務所へ移すことで，中央で行われている国家行政を分散化しようとしているのである。電子政府化によって，大規模な省庁の機能を移管できる可能性が大きく広がる。地方にある事務所や自宅で，公務員が仕事をできるようになるからだ。

　英国において自治権の移譲（devolution）によりスコットランド，ウェールズ，北アイルランドが異なる構造を持つに至ったように，国家の現代化（state modernisation）により特別な権限を持つ地域政府が生まれることもあり得る。こうした，不均整な形での国家の現代化はスペインにも見られ，中央集権主義と連邦主義が融合する可能性について問題提起している。

## 9　官僚制——次善の策としての組織形態？

　20世紀に行われた公式組織や階統制に関するあらゆる研究を踏まえれば，官僚制が効率的であるという仮説を維持することはできない。しかし，少なくとも公共部門において官僚制は次善の制度であるとは言えるかもしれない。次善の策仮説は，効率性と法の支配のトレードオフに注目して，公式組織や階統制は法の支配という点で優れている代わりに効率性の点では劣っているか中程度であるとするものである。

　国家が法の支配をうまく行うには，何よりまず規則の実施に適した公式組織を必要とする。責任系統を明確にし，不服申立ての途を作るには，階統制が非常に役に立つ。この論理は，アウトプットやアウトカムを生み出すことを目標とする効率性や生産性の論理とは異なる。

　したがって，いわゆるNPMの哲学にのっとって政府経営の改革を行う場合には，すべての公共サービスについて法の支配の枠組みが守られるよう注意しなければならない。それでも，公共サービス提供における法の支配の重要性を忘れて，有効性・生産性の点で官僚制よりも優れた別の制度を拙速に採用してしまうことがときとして起きる。

　警察，軍，司法，大学といった，法の支配との関係が非常に深い公共サービス提供の組織形態としては，いまなお官僚制組織が最も適しているようだ。個

人の安全を守る，武力を行使する，真実や正義を追求するといった業務であることからすれば，その実施は，規則や規制によって厳格に律されなければならない。もちろん，こうした組織でも，一部の業務については別の制度を採用したいと考えるかもしれないが，中核業務については官僚制組織以外は考えられないだろう。

## 10　eガバナンス

　官僚制のような制度の強みと弱みは，技術の進展とともに変わっていく。電子媒体による情報伝達が可能になったことで，政府の仕事の仕方は変わろうとしている。内部的なものであれ，市民や他の政府とかかわる対外的なものであれ，政府活動においては情報が重要な位置を占めている。インターネット革命によって情報ははるかに安価なものになったが，そのことは公共部門やその組織に大きな影響を与えてきた。いくつか例を挙げよう。市民は自分の受けている年金あるいは将来受けられそうな年金について知るのにウェブサイトにログインするだけで済むかもしれない。将来的には電子メールで職に応募できるかもしれない。そして，図書館に収められている国家の記憶の大部分が，誰でもどこでもウェブ上で直接閲覧してダウンロードできるようになるかもしれない。

　eガバナンスの概念はまだ発展途上である。たとえば電子投票によって民主主義を改革する可能性も考えられている。安全かつ費用効率の高い電子投票の設計はどうすればよいのか？　行政学にとっては，eガバナンスの到来は官僚制モデルの重要性を下げる意味を持つ。公式組織というウェーバー・モデルの理念型の持つ特質を想起すると，階統制や分業の有用性はインターネット革命によって下がることがわかる。組織の下位レベルで情報の蓄積や取扱いができるようになり，1人の人間が複数の仕事を迅速に処理することが容易になる。eガバナンスは，市民にとって公的組織をよりオープンで応答性の高いものにするとともに，政府にとっても利用しやすいものにするのである。インターネット革命，情報革命のもたらす結果として，次の2つが考えられる。

1　官僚制組織が，情報革命の成果を業務手順に取り込んで，ポストモダンの

フラットな組織などに変容していく。
2　官僚制組織が，官民問わずより効率性の高い組織にとって代わられる。

　ポスト官僚制組織の理論は，インターネット革命とその政府への影響を結びつけるものだ。クリントンが行った政府再生の改革は，ワシントンの官僚制組織を，ポストモダンのイメージの柔軟でフラットな効率性の高い知的組織へ一定程度合わせようとしたものだったと言えるかもしれない (Heeks, 2001; Milner, 2000)。
　e ガバナンスの概念について，ユネスコ (UNESCO) がいくつかの特徴を挙げている。たとえば，e ガバナンスの目標は，政府内部の業務過程を改善すること，サービスや情報をより効率的に提供できるようにすること，公共部門の透明性，正統性，説明責任を高めること，のいずれでもあり得るという。ユネスコは，情報通信技術 (ICT) の利用に関し，これらの目標を達するために実行すべき 3 つの領域を示している。

1　電子行政——政府の政策・実践のより有効なマネジメントを創造するために ICT を利用する電子政府
2　電子サービス——双方向からアクセスできる公共サービスの展開と維持
3　e デモクラシー——全市民が，政治過程や政府の出す成果のマネジメントに積極的かつ直接的にかかわること

(Budd, 2008: 98)

　これまでなされた e ガバナンス政策の評価によれば，上記のうち 1 と 2 のほうが結果を出しやすい (Budd and Harris, 2008) が，デジタル時代のガバナンスに対する期待が高すぎたとも言われている。

## 11　フラットなポスト官僚制組織

　「ポスト官僚制」というのは，1980 年代以降，ウェーバーの理念型である官僚制との対比で生み出されてきた多様な概念（たとえば総合的品質管理 (Total

Quality Management），文化マネジメント（Culture Management），マトリックス組織（Matrix Organisation）など）に使われる言葉である。これらの概念はいずれも，階統制，権威，公式組織といった官僚制の中核的な教義にとって代わるものではない。ポスト官僚制の組織についても論じられており，官僚制に代わる制度的な仕組みが提唱されている（Heckscher and Donnellon, 1994）。そのような理念型の組織においては，権威や命令ではなく対話や合意によって決定が行われ，階統制ではなく外部に開かれたネットワーク組織となっている。他に，いわゆる複雑系理論に関心を寄せ，組織の構成にもたらす意味について論ずる者もいる。たとえば製品開発などにおいては単純な構造が新しい成果を生み出し得るとして，単純構造をどのように利用すれば組織の適応力を高められるかに焦点を当てている。

　ヘクシャーとドネロンのモデルは，情報技術，水平・垂直両方向の情報共有，多次元レベルでのコンセンサス，境界をまたぐ協力関係，交渉による解決などによってポスト官僚制組織内での信頼醸成を目指している。変革者，調整者，仲介者，越境者といった，経営者の新しい役割も追求している（Heckscher and Donnellon, 1994）。はたしてこれは民間企業と同様に公共組織にも当てはまるのだろうか？

　官僚制組織に代わるものを探すことは，2つの異なる理由によって動機づけられているようだ。一方には，経済合理性，すなわち公共サービス提供組織の生産性や有効性を高めようとする不断の動機がある。他方には信頼という社会関係資本を重視する最近の動きがある。小さな組織でも大きな組織でも，職員が信頼に基づいて相互にかかわり，自然で自発的な協力関係が生まれるような状態のほうがうまくいく（と言われる）。伝統的な階統制組織よりフラットなポスト官僚制組織のほうが信頼は生まれやすいということだろうか？

## 12　地方政府の変容と官僚制

　欧州諸国において，地方政府や地域政府はかつて官僚制の強いところだった。欧州諸国では地方政府や地域政府が教育，医療，上下水道，ゴミ処理，街路や港湾の管理，社会保障などを担っている。グロッシィら（Grossi *et al.*, 2009）に

よれば，こうした地方政府・地域政府には近年，重大な変化が起きており，大規模な公共部門改革によって官僚制の階統制組織が変わってきているという。地方政府や地域政府は，多数の部局を抱え，政治家からなる委員会のもとで多くの重要なサービスを提供していた。地方政府の変容は，たとえばスウェーデンやイタリアでは，さまざまな形態の法人化による公共サービスの「外部化」，官官の協力，官民パートナーシップ（PPP），外部委託といった形で行われている。いわゆる外部化は，地方政府による公共サービス提供の在り方を変えた。いくつもの国で，地方政府の仕事はいまや官民の多くのサービス提供者と協力したり競争したりして行われている。

　ニュー・パブリック・マネジメントに触発された経営改革は，民間部門の経営の手段や原理を中央政府にも地方政府にも広げ，有効性，効率性，経済性を高めようとしている。制度改革は，地方政府や地域政府への権限と責任の移譲や民営化を通じて，経済分野における中央政府の役割を縮小させている。

　さまざまな国において，地方政府や地域政府は，直接的な運営形態を徐々にやめ，より間接的な形をとるようになってきた。こうした非官僚制的な形の運営においては，地方政府や地域政府内の部局が半ば自立的な組織に変容し，私法概念に基づく独立の法的地位を持ち，かなりの程度経営上の自由も有するようになっている。そのため，他の地方政府との共同サービス提供の仕組みを作ったり，契約または制度に基づいて官民パートナーシップを立ち上げたり，外部委託を行ったり，サービス実施権限を民間の営利・非営利組織に委任したりすることができる。所有権や一部の機能・サービスを民間企業に完全に移行することもある。

　より競争的な環境でより質の高いサービスを市民に提供するために，たとえばイタリアやスウェーデンの地方政府は，いわゆる外部化をさまざまな形で行ってきた。こうした外部化で，とくに電気，ガス，水道，ゴミ処理，公共交通といった事業を運営する法人など，より私法上の組織形態に近いものが作られてきた。これも，地方政府や地域政府からの自立性を高める目的で行われている（Grossi *et al.*, 2009）。

## 13　結　論

　公式組織モデルは，長年，公共経営に関する支配的な考え方であり，政府が官僚制組織を作り運営していく際にはこのモデルが使われた。しかし，20世紀に組織についての研究が進むにつれ，このモデルの理論的信頼性に対する批判が強まった。

　官僚制の側面を持つ公共経営に対する賛否はいまでも熱く議論されている。官僚制を支持する者は，政府活動の適法性を重視し，官僚制が安定的であることや法の支配に貢献していることを強調する。否定的な立場の者は，官僚制には本人＝代理人問題の難しさがあり，また病理が潜みやすいと考える（Brunsson and Olsen, 1993）。しかし，政府がサービスを生み出し提供するための新たな方法を模索するにつれ，公共経営は古典的な官僚制モデルからは離れてきた。官僚制はいまでも公共経営に広く用いられているが，唯一のモデルとはとてもいえない。行政管理理論学派はいまでも，バランスのとれた組織を作るのは官僚制であると主張するが，ニュー・パブリック・マネジメントにおいては官僚制は忌避され他の組織形態が利用される。

　理論的には，官僚制モデルは，パフォーマンスについての主張が支持されていないだけでなく，公共経営の多くの側面を見逃している。インセンティブに関する基本的な問いに対して，公式組織あるいは官僚制の支持派は答えを出さなかった（Ostrom, 2006）。ただ，政府の業務遂行のために官僚制組織はいまでも多く用いられているということは指摘しておく必要がある。英国は，公式組織を廃して契約や官民パートナーシップに代えるという点でほとんどの国に先行している。公共経営に関する新しい文献の多くが英国を扱っていることは，もしかすると誤った印象を与えるかもしれない。というのは，他国の多くは英国の「第三の道」を追っていないからだ。

　政府を公共部門における「本人」と見るなら，業務遂行のため「代理人」を選ぶことができ，官僚制組織はそのうちの1つに過ぎないだろう。そして，官僚制組織に代わる統治構造も，政府が代理人と契約してその働きを監視するための種々の方法として分析できるのかもしれない。

## 本章のまとめ

1 公式組織すなわち官僚制組織は政府経営において重要な要素を占めているが，官僚制の性質についての学説は一致していない。
2 ウェーバーの古典的分析は，政府経営を行うために官僚制を用いることを主張するものだった。
3 ウェーバーに対する批判は，公式組織を否定する幅広い議論を生んでおり，それらは程度の差はあれ過激な論調である。
4 ここ20年の公共部門改革において，人々の要求に対する官僚制組織の応答性や，有効性，生産性を高めるためにさまざまな方法が考え出され，ポスト官僚制組織の模索につながっている。
5 よく行われる公式組織の改革として，とくに，地方分権，地方分散，権限移譲，eガバナンスが挙げられる。
6 いくつかの国では思い切ってNPMの哲学を採用し，官僚制組織を完全に再編──「外部化」──している。
7 官僚制の問題──公式組織で働く公務員に指示し，モチベーションを与え，監視すること──は，本人＝代理人ゲームに属するものである。

## 参考文献

Brunsson, N. (1998) *Organising Organisations*. Copenhagen: Copenhagen Business School Press.

Brunsson, N. and J.P. Olsen (1993) *The Reforming Organisation*. London: Routledge.

Budd, L. (2008) "The Limits of Post-Lisbon Governance in the European Union", in L. Budd and L. Harris (eds) *e-Governance: Managing or Governing?* London: Routledge, 92-122.

Budd, L. and L. Harris (eds) (2008) *e-Governance: Managing or Governing?* London: Routledge.

Burnham, J. (1972) *The Managerial Revolution*. Westport, CT: Greenwood Press. 武山泰雄訳『経営者革命』東洋経済新報社，1965年。

Crozier, M. (1981) *L'acteur et le système: les contraintes de l'action collective*. Paris: Seuil.

Crozier, M. (1971) *Le phénomène bureaucratique*. Paris: Seuil.

Donaldson, L. (2001) *The Contingency Theory of Organisations*. London: Sage

Publications.

Downs, A. (1993) *Inside Bureaucracy*. Long Grove, IL: Waveland. 渡辺保男訳『官僚制の解剖——官僚機構の行動様式』サイマル出版会, 1975年。

Dunleavy, P., H. Margetts, S. Bastow and J. Tinkler (2006) "New Public Management is Dead – Long Live Digital Era Governance", *Journal of Public Administration Research and Theory*, Vol. 16: 467-494.

Frederickson, H.G. (1996) *The Spirit of Public Administration*. San Francisco: Jossey-Bass.

Frederickson, H.G. and K.B. Smith (2003) *Public Administration Theory Primer*. Boulder, CO: Westview Press.

Galbraith, J.K. (2007) *The New Industrial State*. Princeton: Princeton University Press. 斎藤精一郎訳『新しい産業国家』(上・下) 講談社文庫, 1984年。

Goodsell, C. T. (2003) *The Case for Bureaucracy: A Public Administration Polemic*. Washington, DC: CQ Press, U.S.

Gregory, R. (2008) "New Public Management and the Politics of Accountability", in S. Goldfinch and J. Wallis (eds) *International Handbook of Public Sector Reform*. London: Edward Elgar.

Gregory, R. (2007) "New Public Management and the Ghost of Max Weber: Exorcised or Still Haunting?", in T. Christensen and P. Laegreid (eds) *Transcending New Public Management: The Transformation of Public Sector Reforms*. Aldershot, UK: Ashgate.

Grossi, G., D. Argento, T. Tagesson and S.-O. Collin (2009) "The 'Externalisation' of Local Public Service Delivery: Experience in Italy and Sweden", in I. Thynne and R. Wettenhall (eds) (2009) *Symposium on Ownership in the Public Sphere*, special issue of the *International Jounal of Public Policy*.

Heckscher, C. and A. Donnellon (eds) (1994) *The Post-Bureaucratic Organisation: New Perspectives on Organisational Change*. London: Sage.

Heeks. R. (ed.) (2001) *Reinventing Government in the Information Age: International Practice in IT-Enabled Public Sector Reform*. London: Routledge.

Hirschman, A. O. (1999) *Exit, Voice and Loyalty: Responses to Decline in Firms, Organizations and States*. Cambridge, MA: Harvard University Press. 矢野修一訳『離脱・発言・忠誠——企業・組織・国家における衰退への反応』ミネルヴァ書房,

2005 年。

Milner, E (2000) *Managing Information and Knowledge in the Public Sector.* London: Routledge.

Mintzberg, H. (1997) *Structure in Fives: Designing Effective Organisations.* New York: Prentice Hall.

Ostrom, V. (2006) *The Intellectual Crisis in American Public Administration.* Tuscaloosa, AL: University of Alabama Press.

Rhodes, R.A.W., S.A. Binder and B.A. Rockman (eds) (2006) *The Oxford Handbook of Political Institutions.* Oxford: Oxford University Press.

Waldo, D. (2006) *The Administrative State: A Study of the Political Theory of American Public Administration.* H.T. Miller (Introduction). Edison, NJ: Transaction Publishers. 山崎克明訳『行政国家』九州大学出版会, 1986 年。

Weber, M. (1978) *Economy and Society.* Berkeley: University of California Press.

Weber, M. (1947) *The Theory of Social and Economic Organisation.* New York: Free Press.

Wilson, J.Q. (1991) *Bureaucracy: What Government Agencies Do and Why They Do It.* New York: Basic Books.

# 第2章

# 情報非対称性モデル
## ――本人＝代理人の観点

## 1 はじめに

　公共部門改革は，各地で公共部門の一枚岩的性質をばらばらにした。地方分散，地方分権，企業化，内部市場，特殊法人および政策ネットワークは，公共部門にきわめて多様なガバナンス構造をもたらすことになった。社会保険も加わると，ワークフェア国家（勤労福祉国家）などの新しいアイディアともあいまって，複雑さはまた増加する。この異質性は1つのモデルで把握できるだろうか？　そう，制度学派経済学および情報経済学に基づく本人＝代理人（プリンシパル＝エージェント）の枠組みは，まさにそれを行おうとするものだ。

　エージェンシー理論はコーポレート・ガバナンスでも公共経営でも普及している。本人たる一方の当事者が，他の当事者（つまり代理人）を雇い報酬と引き換えに仕事をさせる。報酬は代理人が生み出す結果から出す。この相互作用は協力と対立の両面を有している。すなわち，いかにしてできる限り最上の結果を手に入れるかということと，いかにして結果の分け前を配分するかということとの両面である。本人＝代理人間の相互作用は，基本的には契約問題である。どのような契約をするか，そしてそれが有効になったときどのように監視するのかということである。

　本人＝代理人（プリンシパル＝エージェント）モデルの研究はまず保険では

じまり，被保険者と保険会社との間の相互作用がモデル化された。次に農業問題で，農場労働者を採用するべきか小作方式を導入するべきかを知るために用いられた。最後に，会社から CEO への支払いは本人＝代理人問題を解くことなのだと理解された。そこでは本人側が違う戦略をとると，結果として代理人に異なるアウトカムをもたらす。当然の成り行きとして，ほどなく公共経営というものが広範囲にわたり多数の本人＝代理人関係からできているということが理解された。

## 2　代理人との契約

　本人＝代理人モデルは，政府（中央，地域あるいは地方）が，ある人（またはチーム）に対して公共サービス提供に参加するように求める際のあらゆる種類の契約関係に原則として適用される。彼らの組織形態は問われない。たとえば，官僚制と内部市場とをこのアプローチで分析する人もいるかもしれない。鍵となる考え方は，公共部門における契約であれ私的部門における契約であれ，いわゆる単発の契約より長く継続する契約を結ぶことが，契約における機会主義の可能性をもたらすことである。パレート最適契約に到達することの問題に加え，事前契約と事後契約との間に間隙がある。契約がちゃんと履行されるかどうかはどのように監視されるのだろうか？

　本人たる政府は，政治および政策に専念する責任を負うとみなされる。組織作りからサービス提供に至るまでの仕事をやりとげるためには多くの人々が必要である。政府がその職員を使用するか，あるいは民間セクターや第三セクターの人々（第三セクター組織や非営利組織で働いている人々）に頼るか，どちらでもよい。本人との相互作用における代理人の機会主義の発生を考慮すると，サービス提供に関してどのような結果にいくら払うべきかという問題が残る。

　「機会主義」は，通常得られる以上のものを得る目的で人が行うだろうあらゆる種類の戦略を意味する。本人＝代理人の枠組みは情報の非対称性を対象にする。これは，1人の主体はすべての行動の代替肢を知らないという状況を指すゲーム理論の専門用語である。より具体的には，彼（女）はゲームツリー内

で自分がどこに配置されているのか，また他の主体が誰なのかを知らない。本人＝代理人ゲームには2種類の情報非対称性がある。モラルハザード（moral hazard）と逆選択（adverse selection）である。モラルハザードでは，代理人は契約後自分の行動を変える。逆選択では，本人はどういうタイプの代理人と契約しようとしているのかがわからない。

　公共サービス提供を多数の契約問題として議論するのは驚くべきことに思えるかもしれない。契約法は私法に属し，契約というものは消費者の選択と生産者の戦略を扱うミクロ経済学で分析される。国家は権威と法律に基礎を置くけれども，政府は人々に政府のために働くよう命ずることは通常はできず契約を結ばなければならない。さまざまな形態の終身在職権のように長期契約を利用してもよいし，種々の入札方式のようにサービス供給を短期間だけ購入することもできる。

　契約における機会主義は，契約違反か，見せかけ（契約を履行しているふりをする）という形態をとり，結果として非効率性をもたらすことになる。そこから，一方の当事者すなわち代理人が利益を得る。契約において違反はしばしば起こり，当事者が意図的に契約履行から巧みに逃れるのと同様である。一時期に明示的に行われる場合もあれば，長い期間をかけてゆっくり行われる場合もある。契約締結前に発生する「見せかけ」は，代理人が履行することができない契約を自分というものを隠して締結するときに起こる。事前の機会主義が嘘を意味するのに対して，事後の機会主義は不正行為を意味すると言ってもよいだろう。情報の経済学とそこで発展中の本人＝代理人の枠組みを完全に理解するためには，エフォート[訳注1]の概念とそれがもたらすものに焦点をあわせなければならない。

## 3　エージェンシー関係におけるエフォート

　契約の本人＝代理人モデルでは，鍵となる実体は「エフォート」と呼ばれる。これは契約時において，代理人に関連する特徴（勤労意欲，労働能力，経験，技能，教育など）をすべて包含するように，多くのことを意味している。契約

---

訳注1　ある仕事や目的を達成するための努力・骨折りの程度を表す。

表 2.1 本人＝代理人モデルにおける期待値

| | アウトプット | |
|---|---|---|
| | 低い = 100 | 高い = 500 |
| 低いエフォート | 0.8 | 0.2 |
| 高いエフォート | 0.2 | 0.8 |

において失敗がなぜ発生するのかを説明するのがエフォートである。

　理論的に言えば，アウトプットはエフォートに依存し，アウトプットの値が代理人への支払いの際に利用される。理論的含意に至るために「高い」か「低い」かという2つのレベルのエフォートだけを想定した場合，機会主義は利得の獲得に利用され，表2.1のモデルとなる。

　高いエフォートの期待値が420なのに対して，低いエフォートの期待値は180なので，本人は高いエフォートの代理人であることを望むだろう。だが，代理人は誘因両立性[訳注2]に反応してより高いエフォートに対してはより高い報酬を要求してくるため，この望みは高い費用をともなうものとなる。代理人は，彼（女）が投入するエフォートが低いか高いかにかかわらず，留保価格[訳注3]の支払いを望むだろう。

　ゲームの解――報酬に対するエフォート――はきわめて不安定である。情報の非対称性があり得るからである。アウトカムは，利用可能な代理人の数や代理人を求める本人の数に依存するとともに，代理人側の戦略――モラルハザードや逆選択――にも依存する。契約の機会主義が契約前あるいは後のどちらかで起こるとき，とりわけ，本人が高いエフォートを契約しながら低いエフォートしか受け取れないとき，本人はかなりの損失をこうむる可能性がある。

　モラルハザードは公共経営において別の呼び名で呼ばれているよく知られた現象である。「スラック」「官僚組織の無駄」「繁文縟礼」「X非効率」といった用語が同じ現象を指している。パーキンソン（Parkinson）の官僚組織肥大化やニスカネン（Niskanen）の予算最大化といった公共部門に関する周知のモデルは，本人＝代理人アプローチの言葉で書かれてはいないが，基本的にモラルハ

---

訳注2　情報の非対称性がある状況において，どの主体も嘘をつかず自己の私的情報を正しく表明する誘因を持たせる仕掛け。

訳注3　価格の上限。商品・サービスの買い手であれば購入するのに支払ってもよいと考える最高価格，売り手であれば売却してもよいと考える最低価格のことをいう。

ザード・モデルである。
　逆選択は，民間部門でも公共部門でも従業員やマネージャーの採用過程で生じる。代理人を選別するためにスクリーニングが最も頻繁に行われているが，他の戦略も同様に存在する。公共経営において外部委託に出したり直営に戻したりするとき，大きな課題として逆選択が表面化する可能性が高い。内部市場方式による生産において取引費用が利益を上回り始めるので，契約上の間違いを訂正するのは費用が高くなる。

## 4　チームおよびチーム生産

　組織構造を，組織のオーナーから上位・中堅マネージャーを経て，ホワイトカラーおよびブルーカラー労働者にまで至る本人＝代理人のリンクとして分析してもよい。部局や庁といった公共組織のオーナーは私たちが「国家」と呼ぶ法人であり，政府はその代表者である。そして政府から下方へと階統制内を本人＝代理人のリンクが流れていく。本人＝代理人の枠組みのもとでは，部局や庁として組織される代理人と，株式会社として組織される代理人との間に差異はない。彼らはすべて，2種類の契約によりガバナンス関係の中に入る可能性のある人々によるチームである。

1　チーム契約
2　個別のチームメンバーの契約

　本人＝代理人の枠組みのもと，第一の契約でチームの報酬とアウトプットを規定することになる。現実の契約は，モラルハザードや逆選択といった戦略の可能性を反映するだけでなく，本人と代理人の間の交渉力も反映する。第二の契約はチーム自体によって行われ，チームの最終成果への構成員おのおのの貢献度が熟慮される。理想的には，マネージャーはチームに対する各従業員の貢献の限界価値に賃金を設定したいが，情報非対称性の危険──モラルハザードと逆選択──がつねにつきまとうというモニタリングの理由から，それは不可能である。

公共部門におけるチームの基本問題は，内製化に焦点を当て，以下のように記述できる。本人が官僚組織か特殊法人（クアンゴ）のどちらを採用するかにかかわらず，彼（女）は一定の活動 A を行うことからアウトプット O を生み出し，そこで得られる利益 G を最大化したい。しかし，チームはそのエフォート E に対して報酬 W を支払ってもらわなければならない。そこで以下の式となる。

1　$O = A + \varepsilon$　（エラー）
2　$A = E$　E は HE（高いエフォート）または LE（低いエフォート）のいずれか
3　$W = S + b$　（賃金は給与（S）プラス賞与（b））
4　$S = A$　　S＞代理人の留保価格　とする
5　$G = O - W - FC$（利益はアウトプット－賃金－固定費用（Fixed Cost: FC））

本人はエージェンシーコストを仮定して，G を最大限にすることを望んで，エージェンシーコストを最小化しつつアウトプットを最大化するインセンティブシステムを見つけようとするだろう。民間企業では賃金に多額の賞与部分（b）（$0 < b < 1$）を含んだり，給与 S が，労働時間のような客観的基準や評判といった主観的基準と連動したりすることもある。エフォートは観察できないし証明もできないと考えられるので，給与とエフォートを連動させるのは原則として不可能である。それゆえ，本人とチームの間のエフォートレベル（低いか高いか）に基づく契約は，両方の側に機会主義をもたらすことになり，その結果，契約違反，応酬および報復措置を引き起こすことになる（Gibbons, 1998）。

　公共チームのガバナンスの場合，現実問題として事態はさらに困難になる。アウトプットが市場価値を持たなければ，ボーナス制度（b）の運用は混乱を起こすからだ。要するに，チームエフォート（E）の構成要素が観察可能でもなく証明可能でもないというだけでなく，本人にもたらすアウトプットが測定不可能であるという問題もある。チームのためのインセンティブ制度は，チームのアウトプット，生産性および能力といった多様な指標から構成されるだろ

う。たとえば，インセンティブは，(1) 標準的に投入される時間，(2) 年齢または年功，(3) 能力評価，(4) 年度黒字の分配，(5) 個々人の貢献の監視，と連動する。チームガバナンスの問題は，一方には終身雇用，他方には時給という2つの対極にある解の組み合わせによって解決できるかもしれない。

## 5　政府経営における本人＝代理人のフレームワーク

　私見では，本人＝代理人アプローチは，公共経営と行政管理との両方をカバーできる唯一の概念枠組みである。またネットワーク分析にも適用可能であり，厳格な経済学者の関心から，政府とサービス提供者の間の信頼や社会関係資本の構築を含むところまで拡大されるかもしれない。

　代替可能なガバナンス構造があるので，公共部門の本人たる政府は多様な代理人を使うかもしれない。官僚組織はそのような代理人の1つ，つまり政府との長期契約による代理人の1つに過ぎない。短期的な代理人の利用は，ニュー・パブリック・マネジメント（NPM）では好まれる。NPMは，1980年代に始まり1990年代にかけて進められた多くの公共部門改革を象徴している。それは地方分権，より低い階層への権限委譲，内部市場制度に及ぶ。これらの改革は，その性質と影響はだいぶ異なるものの，エージェンシー理論や経済学から多大な影響を受けている。

　公共部門がGDP全体の成長率より速いペースで毎年膨張し続けたので，公務員数および部局数の増加に焦点を当てて，大きな政府に対する批判が浮上してきた。とくに官僚機構の拡大について毅然とした態度をとる公共選択学派とその主張は，かつてない財政赤字に直面している政治家に影響を与えた。官僚制組織が効率的であるというウェーバー派の哲学は，代理人としての官僚組織は本人（である政府）とゲームを行ってまんまと出し抜いているという疑惑にとって代わられた。永年にわたり公共部門の拡大を受け入れてきた政治家にとって，戦略というものが大きな関心事となった。エージェンシー理論によれば，唯一の救済策は代理人間の選択と競争と考えられた。

　政府のさまざまなレベルで官僚組織を縮小することは，外注化によってなし得る。英国ではネクスト・ステップス・イニシアチブ（NSI）が生まれ，ホワ

イトホール（英国政府）にいわゆる執行エージェンシーが導入された。米国では，ワシントンDC（連邦政府）に政府再生プログラムが導入された。北欧諸国では内部市場が導入され，とくに地方政府や地域政府レベルにおいては官僚機構を持つ公式組織に，ときとしてとって代わった。

　一方で，NPMは短期契約と外部委託を意味するある種の入札を可能にする方式を好んだ。民間企業が政府の財務記録や監査を引き継いだときなど，ときにこの野心は極端に流れることもあった。しばしば公務員が官僚組織を辞めて，公共サービスの提供を入札するためだけに自ら民間企業を作ろうとした。このため公務員数は減少したが，契約に関係する人数は爆発的に増えた。批判的な人々はこの縮小プロセスを，国家の「空洞化（hollowing out）」と呼んだ。ホワイトホールにおいてもワシントンDCにおいても，官僚の削減はかなりのものだった。公共経営が多様な短期契約方式に大規模に変わるとすぐに，逆選択の問題に直面する。これが最も明白に表れたのがニュージーランドだった。公共調達においては競争がより自然なので，内部市場制度に比べると逆選択に対して脆弱ではない。

　他方で，行政管理論は，ウェーバーが特定したり適切に述べたりすることができなかったモラルハザード問題を宿している。ウェーバーは本人＝代理人問題の一側面つまり長期契約の際のモラルハザードについて，機械仕掛けの神（*Deux ex Machina*）すなわち聖職意識が官僚を動機づける力だと言及した。部局や庁には情報の優位性があり，これは利得（rent）を得るために利用されがちである。この利得の大きさをめぐって，政治家，官僚，専門家たちが，代替戦略にかかわり，異なる制度を使って争う傾向がある。ネットワークや官民パートナーシップのための本人＝代理人論を発展させ，本人と代理人がいかに信頼や社会関係資本を（よりよいアウトカムにつながる相互理解の基礎として）醸成するかということをモデル化する作業がまだ残されているということを，できたら付け加えておきたい。

## 6　結　論

　本人のために働く人を，その人の勤労エフォートで得られるものによって雇

用するという際の問題は，本人＝代理人の枠組みによって最も一般的に分析できる。おそらく，この枠組みによって官僚制（モラルハザード）のモデルや外部委託（逆選択）のモデルが推論され得るので，本人＝代理人の枠組みでは政府経営への唯一の真に一般的なアプローチが可能になる。この枠組みが政府経営について最も明らかにしているのは，政府と省庁との間の相互作用の戦略的側面，つまり，チームは政府の意向を実現するために，どのように指導され動機づけられたか，という点である。本人＝代理人モデルは官民パートナーシップをも取り込み，簡明な方法で官僚制との差異をはっきり述べることもできるだろう。

結局のところ，公共サービス提供は本人＝代理人の概念に完全に適合する。政府は国民にサービスを提供するために，何らかの方法でチームに仕事をしてもらう。これらのチームは自分のエフォートに見合った対価を払ってほしいと思うだろうが，政府はどうやってエフォートを観察し確認することができるだろうか？　機会主義は政府か代理人かのいずれかの側で起こる運命にある。かようにして，本人＝代理人ゲームは始まり，進化していく。

公共部門改革は，本人＝代理人問題の解決に役立つ代替的な機関を探求するものと解釈し得る。本人としては合理的な費用かつ高い品質で公共サービスを提供してもらいたいと考えるが，ではどうやって政府経営の基本目標に至るのか？

政府経営における１つの重要な局面・疑問は，本人による意志決定がどのようになされるのか，すなわち公式組織の機構を動かし始める政策はどのように決定されるのかという点である。政策決定は，新しくかつより有益な政府経営モデルの探索に対する回答であった。しかしそれなら，公共政策形成の背後にある論理は何なのか，またそれは多様な代理人によってどのように実現されるのだろうか？

## 本章のまとめ

1　政府経営に関する本人＝代理人の観点は，ゲーム理論とりわけ情報非対称性の経済学に由来する。

2 本人＝代理人理論を国家へ適用すると，国民が政府にとって最終的な本人になるだろう。しかし，政府代理人を内蔵していることから，政府が官僚組織にとっての本人であるとみなすこともできる。
3 本人＝代理人の相互作用にはモラルハザード（つまり事後的機会主義）や逆選択（つまり事前的機会主義）といった問題が含まれる。それらは，公共サービス供給における非効率性をもたらす可能性がある。
4 公共サービスへの本人＝代理人アプローチによれば，問題の核心はいくつかの契約上の問題にかかわっている。事前に何について合意したかということと，事後に何を実現したかということとの間の溝を考えると，戦略的優位性は代理人の側にある。
5 代理人の情報の優位性を減らすために，制度改革やNPMを含む多くの戦略が本人によって利用されるかもしれない。

## 参考文献

Banks, J. and B. Weingast (1992) "The Political Control of Bureaucracies Under Asymmetric Information", *American Journal of Political Science*, Vol. 36: 509-524.

Gibbons, R. (1998) "Incentives in Organisations", *Journal of Economic Perspectives*, Vol. 12, No. 4: 115-132.

Kreps, D.M. (1990) *A Course in Microeconomic Theory*. New York: Harvester Wheatsheaf.

Laffont, J.-J. and D. Martimort (2001) *The Theory of Incentives: The Principal-Agent Model*. Princeton: Princeton University Press.

Lane, J.-E. (2005) *Public Administration and Public Management: The Principal-Agent Perspective*. London: Routledge.

Leibenstein, H. (1978) *General X-Efficiency Theory and Economic Development*. New York: Oxford University Press.

McCarty, N. and A. Meirowitz (2007) *Political Game Theory: An Introduction*. Cambridge: Cambridge University Press.

McCubbins, M.D., R. Noll and B. Weingast "Structure and Process, Politics and Policy: Administrative Arrangements and the Political Control of Agencies", *Virginia Law Review*, Vol. 75, March: 431-482. Reprinted in T.P. Lyon (ed.) (2007) *Regulation*. Cheltenham: Edward Elgar.

Moe, T. (2006) "Political Control and the Power of the Agent", *Journal of Law, Economics, and Organisation*, Vol. 22, No. 1: 1-29.

Mueller, D. (2003) *Public Choice III*. Cambridge: Cambridge University Press.

Nurmi, H. (2006) *Models of Political Economy*. London: Routledge.

Rasmusen, E. (2006) *Games and Information: An Introduction to Game Theory*. Oxford: Blackwell.

# 第3章

# 政策モデル
―――公共経営はどれくらい合理的か？

## 1 はじめに

　合理性の問題は公共経営においてつねに中核的関心事となってきた。公共経営の分析には，記述的なもの（何が起きているのか）と，規範的なもの（実務をどのように変えるべきか）の両方がある。公共経営は膨大な資源――物理的，人的，財政的および社会的な資源――を取扱うので，効率性の問題が繰り返し顔を出す。効率性を改善できるとしたら，その目標（効率性改善）に向けていかに合理的に公共組織を舵取りすることができるのだろうか？

　政策立案の側面を持つ公共経営は，公式組織のアプローチに比べるときわめて新しい手法，公共部門とその組織を見る手法を導入した。それは，公的機関は何を行っており，新しい政治目標を実現するために実務をどのように変更し得るのかという点について，ダイナミックに見ることを可能にした。かくして，公共部門は一組の公共政策分野に再概念化された。そこで重要なことは，社会改良につながるには政策はどのように設計され得るかということだった。

　公共経営はその合理性の要求を強調するために，手段・目的の連鎖として分析されることがある。政策は，さまざまな段階ごとに手段を採用して最終目標を目指す。たとえば，1つの目標は別の目標等への手段である。このやり方では合理性の問題が生じてくる。それは，一貫性と効率性を満たす目標や手段を

第3章　政策モデル――公共経営はどれくらい合理的か？　　49

識別することができるのか，という問題である。私は修正された合理性命題を支持したい。そこで述べられているのは，政策実施に参加する主体と同じように政策立案に参加する主体も完全に合理的に行動しているようだけれども，組織全体では，政府にせよ省庁にせよ限定合理性しか示さなかったり，時々愚かしく見えたりするということだ。

## 2　政策合理性――完全モデル

　私はまず合理的な政府経営に関する完全なモデルを示すことから始め，その後に，政府経営の合理性を部分的にあるいは完全に疑問視する理論の検討を進めることとする。合理性の概念は基本的に行動に関連し，経済学やゲーム理論において十分に発展してきた。それは，自分たちだけで多様な行動をとる単一の個人，または，組織，企業，公共機関などの組織化された集団に適用され得る。公共経営における合理性の問題は詰まるところ，国家，官僚機構，省庁といった公的組織が集団として行動するとき，合理的な意思決定に携わることができるか，あるいは携わろうとするかという問題になる。
　合理的な意思決定は，主体がきわめて要求水準の高い次の4つの知的作業を実行することを必要とする。

1　可能性：「すべて」の代替措置を特定すること。
2　因果関係：代替策に関係するすべての結果についての情報を収集すること。これは，代替策をとるであろう確率，あるいはそのアウトカムを知っていることを必要とする。確率は0〜1の範囲である。
3　効用：選好に関連したアウトカムに対する序列を決めること。これは，たとえば−1から＋1の間の効用番号によって記述されることがある。
4　期待値の最大化：すべての代替策のアウトカムを合計することで，「確率×効用」の点数が最も高い代替策を選択する。

　この合理的な意思決定選択のモデルは，ゲーム理論やミクロ経済学の大いなる進歩の基礎となってきた。その仮定を適用するとき，モデルは正確でしばし

ば唯一の予測を提供してくれる。このモデルを巡る論争は，市場における単一の消費者や生産者による選択ではない状況，たとえば組織が選択する状況に，前述の4つの仮定を適用し得るのかに関係するものだ。

　合理的意思決定の適用可能性についての2つの極端な見方に反対する人もいるかもしれない。2つの見方というのは，経済学帝国主義と社会学帝国主義である。前者の代表的人物はシカゴ経済学派のゲリー・ベッカー（Gary Becker）であり，後者としては，ベッカーを最も強烈に批判したアミタイ・エッツィオーニ（Amitai Etzioni）である。

　いま，公共経営にとって重要な課題は，組織人または政治家が彼（女）の効用を最大化するかどうかではなく，組織自体がそれをなし得るかどうかである。私たちがいま種々のモデルに目を向けて分析しようとするのは，マクロ合理性の問題に対してである。公共経営に対する経済学的アプローチを検討するときはまたミクロ合理性に戻ることにしよう。

### 3　マクロ合理性——公共経営の計画立案の側面

　総合的な計画立案モデルは合理的な公共経営の原型であり，1960年代から1970年代にかけてかなり流行した。もはや政府計画立案の全盛期当時のようには有用とは考えられないものの，依然として妥当性をすべて失ったということはできない。

　公共部門の計画立案モデルはしばしば軍事的計画立案によって触発されたが，そこでは代替シナリオに従って，目標を具体的で測定可能なアウトカムで操作することが可能だ。計画立案は，物理的な計画立案，つまり空間や土地の利用に関する全体の意思決定においては，まずまずうまく機能したが，公共部門特有の分野では短期的に繁栄したに過ぎない。困難だったのは，人の認識能力の内在的限界の問題ではなく，組織的な文脈に関する問題だった。

　多くの人々が計画立案過程に参加する場合，目標が安定しなかったり，明白でなかったりする可能性が高い。政治家は任期が終わると入れ替わるので，その際には目標が変わって計画立案過程に影響を及ぼすことになる。新たな目標は，計画立案すべてを一からやり直さなければならないことを意味するかもし

れない。さらに，省庁は政治家から伝えられる目標をただ単に順守するとは限らず，省庁自ら目標を発展させて計画立案過程に提示することもある。

　計画立案は業務分析や最適化のようなある種の数学的意思決定ツールと密接な関係がある。これらの技術は目標と活動が明白に特定可能であり，また測定可能でもあることを要求する。それゆえ，アルゴリズム（段階的手順）が目標最大化のためにとるべきステップの輪郭を描くかもしれない。しかし，計画立案過程の参加者が入れ替わったりして目標が変わると，計画立案はその重要な特色である「安定性」を失ってしまう。

　計画立案というのは技術的な意志決定を行うことだと考えられた。しかしそれは高度に政治的なものになりがちだ。計画立案者は物事の見通しがつくと思っているが，計画立案に関する責任は政府にある。計画立案は，今後のできごとの筋書を明らかにするが，それは他の選択肢を回避して，変更が不可能なようにみなされる。政治家が計画立案のアルゴリズムを受け入れたとき，政治家としての責任だけでなく，行動する自由をも放棄してしまうことがある。

　計画立案は将来の成り行きに影響を与えることを希望する人々の間での紛争を引き起こすかもしれない。計画立案過程の利害関係者は社会全体の各部門の代表者たちであるかもしれず，彼らは計画立案手続きを交渉と対立の過程に変える。そこでは，各自が政治家や計画立案者に何らかの圧力をかけようとする。計画立案の政治的性格が最も明確に表れるのは都市計画立案であり，そこではコミュニティの将来の形についての決定がなされる。そしてそれは，将来課題となるおびただしい数の経済的あるいは環境上の重大な結果を引き起こす。都市計画の立案は，専門家である都市計画立案者が将来を最適化する中立的過程に見えるかもしれないが，実際は，政治的コミュニティやその将来の生活の基本要素と関係している。

　政府の各所で計画立案がもてはやされた時期，ほとんどすべての公共部門活動は，アルゴリズムの視点でモデル化されることによって恩恵を受けるだろうと信じられた。それゆえ軍事防衛や土地利用の計画立案だけでなく，保健医療や教育もよく計画立案された。年次計画は5カ年計画と連動させられた。計画された社会が自発的社会や無政府社会にとって代わるだろうと考えられた。計画された社会を追求することは，計画立案に対する根本的批判からの反発へ

こたれるようなものではなかった。包括的な合理性モデルよりもっと正確に公共部門を表すように作り出された2つの代替的な意思決定モデルがある。それは先に引用した4つの前提を多かれ少なかれ逸脱するものとして公共部門の意思決定をモデル化している。

## 4　限定合理性

ハーバート・サイモン（Herbert Simon）は，人間の現実的な認知限界[訳注1]を強調し，意思決定に関する満足化モデルを作りあげた。意思決定者は行動についてのすべての選択肢を知るわけではないし，アウトカムの蓋然性もわからないので，合理性モデルの4つの前提が満たされることはない。それゆえ，意思決定者はすべての代替肢について期待値を計算できるわけではない。

これらの認知の制約に直面し，人間はより穏やかな意思決定モデルを発展させる。それは，特定の代替肢に焦点を当て，いくつかのアウトカムを考慮に入れるものだ。目標を最大化する代わりに，人は認知能力の限界範囲内でいくつかの納得のいく目標を満たそうとする——それを満足化の原理と呼ぶ。

サイモンが『人間行動のモデル』（*Models of Man*, 1957）を発表して以来，その限定合理性モデルについて経済学や経営学は賛否両論を展開してきた。経済学者は，実践的な装置として，あるいはベイズ意思決定理論のようなゲーム理論における基本概念に従って，合理性モデルを擁護しようとすることがきわめて多い。これに対して経営学者は限定合理性のモデルを支持しようとしてきた。サイモンを支持する最重要文献はサイヤートとマーチ（Cyert and March）の『企業の行動理論』（*A Behavioral Theory of the Firm*, 1963）であった。他の影響力ある経済学者オリバー・ウィリアムソン（Oliver Williamson）もまた，彼の企業理論の概念的基礎として限定合理性を全面的に是認した。限定合理性の賛否に関する議論は経済学および経営学において依然として続いているが，公共部門においては事情はいくぶん違った。

公共部門においては，限定合理性はほとんどすぐ受け入れられた。組織論や組織社会学の学者が公共部門組織にアプローチするときに限定合理性を是認し

---

訳注1　1人の人間が情報を正しく認知したり適切に処理したりできる能力の限界。

ただけでなく，政治学者もまた限定合理性のモデルは合理的意思決定モデルよりはるかに興味をひくものだと気づいた。限定合理性のモデルを是認する2人の学者は非常に影響力があった。チャールズ・リンドブロム（Charles Lindblom）とアアロン・ウィルダフスキー（Aaron Wildaysky）である。

「なんとか切り抜ける」

組織における部分最適の考えは，政府や官僚機構を分析する者にとって魅力的だった。それは公共部門における多くの機能不全——繁文縟礼，無駄，やりすぎたり全く足りなかったりすること，非能率性，低い生産性など——を説明できるように思えた。公共部門におけるサービス提供が，認識の限界によって制約されておりそれを緩和できないとすれば，おそらく最良の戦略は，ただなんとか切り抜けることであった。

リンドブロムの論文や本は，政治的決定から行政上の決定までの全体の政策過程を対象とするものだった。それは，合理的な意思決定が不可能であることを強調し，政策立案者は最大化するのではなく満足化することを推奨した。公共政策の立案は，開始時点では最終結果を想定し得ない長期プロセスとしてモデル化された。「なんとか切り抜ける」という概念は，旧態依然とした政府の懐疑的なイメージ，お役所的な動きの悪さ，およびカフカ的な（超現実的な）国家に対する見方と一致した。

漸増主義

ウィルダフスキーは，限定合理性のモデルを具体的かつ検証可能な方程式に換えることによって，その概念に知力を加えた（Wildavsky, 1964）。それは，予算編成のような国家の際立った特徴について，ウィルダフスキーたちが基本的に限定合理性を堅持しつつ，漸増的意志決定の観点からモデル化しようとしたものであった。政策が最終的に予算に変換されるとしたら，政策過程は年度予算編成過程においてその本質的特性が明らかになるはずだ。結局のところ，政府は資金なしでは機能しないし，また納税者は口を出す権利がある。

予算から見ると，政策決定は2つの要素に分解できる。基礎値と増分である。予算の約80パーセントを占める基礎値は短期間では変わらない傾向にあるが，

一方で増分・年次変動はプラス・マイナスに乱高下する傾向にある。予算要求や予算配分の方程式の実証テストは，少なくとも部分的に漸増主義を立証した。このように，基礎値は元の状態にとどまる傾向があり，年次変動は，いつも大幅に伸び縮みしていた。政策立案は正に限定合理的であった（Wildavsky, 1971）。

その後，公共部門が拡大していくという根本的過程が1980年代に停止したとき，漸増主義または限界主義に関する実証的証拠は見られなくなった。学者は，重要な政策変更を示しつつ予算策定における変速点を特定し始めた。政策が完全に終結されたり全く別なものに変えられたりし得たとすれば，おそらく意思決定は限定合理的ではなかったということか？

合理的意思決定の考え方に戻る前に，組織された愚かさの世界に立ち寄ってみよう。もし公共経営が政策立案であり，政策立案が合理性を満たさないのであれば，おそらく公共経営は組織化された無秩序ということになろうか？

## 5　組織化された無秩序

不合理性のモデルはジェームズ・マーチ（James March）がヨハン・オールセン（Johan P. Olsen）とともに打ち立てた。意志決定のゴミ缶過程[訳注2]に直面すると，公共経営はたくさんの病理を宿す。リーダーシップは巡り合わせで偶然決まり，解決策が問題を捜し求め，参加者は流動的になる等である。公共経営はどれくらいの頻度でこの種の集合的愚行に至るかという疑問には，もちろんマーチは答えなかった。

2つの答えが示唆された。1つは，政策病理としての側面を持つ公共経営の可能性があるということだったが，必然ではなかった。かくして，ゴミ缶過程の興味深い事例が収集され分析された。とくに大規模な公共部門の改革戦略は，ゴミ缶過程のリスクに直面すると思われた。それゆえに，高等教育改革の比較分析において，どれが成功でどれが失敗だったか，またなぜそうなったかを見

---

訳注2　論理必然的な秩序ではなく，目標，因果関係，参加状況が曖昧で，選択機会，参加者，問題，解決策の4つの流れが，混沌とした状況下で結びついて意思決定へと至る過程。選択機会をゴミ箱に，問題と解決策をゴミにたとえたもの。

第3章　政策モデル——公共経営はどれくらい合理的か？　　　55

出す努力がなされた。

　もう1つは，公共経営はどうやっても合理的にはなり得ないので，公共政策はつねに多かれ少なかれ病的であると示唆されることがたまにあった。こうして学者は，予算を作り話と考えたり，改革をするかしないかは文化によると考えたりし始めた。組織化された無秩序という考え方は，自然に代わるイメージ，客観主義を不安定にする主観主義，確からしさに代替する解釈といった20世紀後半におけるポストモダニスト運動にもよく適合した。

　けれども，愚行の側面を持つ公共経営の考えは，きわめて実りあるモデルというわけでは決してなかった。もし政策立案がいつも病的であるなら，次に何をなすべきというのだろうか？　もし民間企業がゴミ缶の罠を本当に回避できるのなら，おそらく民営化は愚行に対する唯一の代替案である。政策過程のモデル化が合理性から不合理性に及ぶその全コースを駆け抜けているのと同じ時期に，公共経営についての新しいアイディアが合理性のモデルを用いて開発された。

　政策形成の公共選択モデルの台頭を理解する際には，マクロ（集団）合理性とミクロ（個人）合理性との区別が重要である。限定合理性やゴミ缶モデルは，合理的意志決定過程に政府や公共機関などの集団が携わる可能性に疑問を呈した。このマクロ合理性の拒絶を受け入れつつも依然としてミクロ合理性を保持すること，つまり公共経営にかかわる個人を効用最大化主体として描くモデルに執着する，ということも可能である。実際，合理的な個人の意志決定にこだわる経済学者たちによって，公共経営におけるそのようなミクロ合理性モデルが世に送り出されると，政治的に非常に普及し影響力あるものになった。

## 6　ミクロ合理性——公共選択モデル

　マクロ合理性を完全に回避して，公共経営の公共選択モデルにおいて個人の合理性が再確立された。公共部門の意志決定に選択の合理性モデルを適用するところから公共選択学派は生まれた。公共経営において鍵となる個人は，市場参加者と同様に自己利益を最大化する。それゆえ，予算最大化を図る官僚や歳入を最大化する政治家というものが公共経営を特徴づける（Niskanen, 1971

[2007]; Brennan and Buchanan, 1980 [2006]）。

　公共経営において利己的利益に焦点を当てたことにより，公共部門におけるインセンティブの役割に関して論争が巻き起こった。公務員が公益といった抽象的実体によって動機づけられると仮定するのではなく，業績に応じて給与も異なるべきだということを公共経営論は認めた。公共部門においては，仕事や業績に関する契約においてインセンティブ方式が導入されなければならなかった。そして誘因両立性の概念は，公共部門における人的資源管理に永続的な影響を及ぼすことになった。

　ただ，公共選択学派は公共経営論との関連よりも政治経済学や保守主義との関連が強い。公共選択モデルからの教訓は，いつもというわけではないものの，それが実証結果によって裏付けられる場合はつねに公共経営に取り入れることができた。公共経営に関する公共選択モデルすべてに共通する仮定，すなわち狭い自己利害が支配的な動機づけであるという仮定は，露骨すぎるとか単純すぎるとして，相当の批判を浴びた。そこで，たとえばダンレビー（Dunleavy）は基本の仮定を若干変更することにより，官僚行動に関する対抗理論を発展させた。官僚が自分の予算を最大化するというきわどくかつ退屈な仮定の代わりに，ダンレビーは，公的機関は官僚組織形成戦略をとることを仮定した。それは，より知的な業務を行って定型的ではないサービスを提供することにより，官僚組織の地位を改善することを目指すというものである（Dunleavy, 1991）。

　20世紀後半，ゲーム理論が急速に発展したこともあって，予算研究において個人の合理性も再び主張されるようになってきた。バロンとフェアジョン（Baron and Ferejohn）が議会における予算策定をモデル化した有名な予算方程式では，合理性モデルの4つの典型的な仮定は個人レベルでは正しいと想定されている。歳出や税制決定のような予算結果を説明するに際して，必ずしも限定合理性へ逸脱するわけではない。

## 7　最重要問題——合理性は政府内で実現可能か？

　経済学者は，合理性の2つの代替概念を手がけている。多数派である大部分の経済学者は新古典派的モデルをかたくなに支持して，人々を最大活用する十

分かつ完全な合理性を仮定する。しかし彼らの多くは，それは一般的真理ではなく，作業仮説であることを認めようとするだけだ。これに対して少数派は，経済人仮説を拒否して，人々は満足させられるものだとして，限定合理性モデルや不完全あるいは部分的合理性仮説を支持する。人間というものを不合理な存在と考える者はほとんどいない。これは，ミクロの状況，すなわち人間は1人でどのように振る舞うか，ということに適用できるが，組織や政府における意志決定がモデル化されるときには事態はより難しくなる。

政治学者と社会学者は完全な合理性より限定合理性を支持する傾向がある。もっとも，合理的選択アプローチがこの2つの専門領域でますます支持者を得てはいるが。限定合理性を支持する主要な理由は，組織化された集合体はどのように決定するかというようにマクロレベルがモデル化される場合には，完全な合理性より限定合理性に説得力があるように見えるからである。

問題はミクロレベルからマクロレベルへのステップである。政府や組織は先述した合理的選択モデルに沿って全体として進むのは難しく思えるので，限定合理性が政府経営に当てはまるという結論を得る者もいる。しかし，マクロレベルとミクロレベルは区別しなければならない。個人は完全な合理性のモデルに従う傾向があると仮定してもよいが，マクロレベルでの結果は完全な合理性から組織化された愚かさまで，何にでもなり得る。

限定合理性に反対する最も説得力のある議論が，たとえばハーサニとゼルテン（Harsanyi and Selten）によって入念に作られたものなど，先進的なゲーム理論から出てきた。ゲーム理論のミクロ的基礎によれば，プレイヤーはいつも「t」時点で入手可能なすべての情報を利用しようとする。それは完全でも完璧でもないかもしれないが，新しい情報が現れつつあると彼（女）が気づくとすぐに「t+1」時点でそれを考慮に入れるので，不完全または不十分な情報は一時的なものである。経済学における合理的期待仮説は同様のアイディアを提示して，限定合理性の妥当性を低めるように思える。

## 8　政策立案における合理性をこえて

最近，学者は政策過程における合理性の問題をこえて，インフルエンス（影

響),透明性,説明責任など他の関連する側面の紹介を試みている。立法者が政策立案に十分関与したり政府が民主的に選出されたりするだけでは,もはや十分ではない。政策立案はまた,自らの要求のために政策立案過程の力学を有利に利用しようとする組織立った勢力からのインフルエンス活動だけでなく,市民団体や市民社会といったより正統化された利害関係者のインフルエンス活動にも開かれているべきだ。多文化主義もまた政策立案過程に入り込み,多様なマイノリティを明確に考慮に入れることを求める (Birkland, 2001)。

いくつかの方法で,多様な集団がアクセスしやすくなるように政策立案過程を広げることが可能である。一部の国では,公聴会,協議会,アドホックな委員会,労働組合を包摂するなど,広範な参加を公式化したり,政策過程へのインプットを公式化することを試みたりしてきた。

政策立案を合理性の別の側面から評価することは,インフルエンス,説明責任,透明性といった他の価値を検討することにつながる。これらの価値を考慮に入れると,政策立案過程における効率性とのトレードオフを生じさせる可能性がある。というのは,政策が成立するのに時間がかかるかもしれず,また時間がかかる過程において希釈されるという重大なリスクに直面するかもしれないからだ。

## 9 結 論

公共経営における合理性の問いは数々の議論および反論を招いており,長年にわたるテーマとなってきた。この議論の口火を切ったのは公共政策についての公共経営の方程式であった。というのも「合理的な」政策立案と呼び得る何かがあると,いくらかは信じられたからである。個人合理性と集団合理性とを分離すれば,公共経営における合理性の難題の多くは消える。政府,官僚機構,公共企業といった組織化された集合体は合理性が低いという蓋然性を設定しながらも,公共部門におけるアクターが合理的である可能性を認めたいと考える者もいるだろう。

私はミクロレベルにおいて,修正された合理性命題が救済されるかもしれないと信じている。経済学におけるゲーム理論および合理的期待革命[訳注3]は,

## 第3章 政策モデル——公共経営はどれくらい合理的か？

合理的選択手法の妥当性を立証したように思える（Gibbons, 1992; Rotheli, 2007）。しかし，アクターは自らの選好を合理的に追求するものとしてモデル化し得る一方で，政府や官僚組織のような集団が完全な合理性を達成し得ることは誰も明らかにしてこなかった。

政策パラダイムの出現は，公式組織アプローチが論理的に提起した問い，すなわち，程度の差はあれルールに従うときに官僚制組織は何を行うのか，という問いへの返答であった。答えは，官僚制組織はある目的に従って公共サービスを提供する，というものである。政策とは，ある機関による活動を政治目標に連動させる手段・目的の連鎖である。それゆえ，公共部門のすべての分野は，少なくとも原理的には，政策というものを持っており，公共経営とは政策立案を行うことである。けれども，何かが欠落していることがすぐに明らかとなった。いわゆるミッシングリンク（失われた環）である。

政策が制定されると，公共部門で起こるすべてのことに本人=代理人アプローチが適用される可能性がある。分析的に述べると，政府経営は政府および代表制議会における政策立案に始まり，その結果，予算や法律・規則で裏打ちされた一連の巨大なプログラムとなる。政策サイクルは，実施が政策に影響を及ぼすし，その逆もあるので，循環系であることが経験的に言える（May and Wildavsky, 1979）。それにもかかわらず，いかなる政策制定の後でも，政府は，何であれその作業を行う代理人を雇う必要がある。すべてのメカニズムにおける本人=代理人の相互作用またはゲームの外見は，政策を有効にするために設計される。例を挙げると次のようなことである。

・官僚制度
・規制当局
・政策ネットワーク
・会社組織の公企業
・民間代理人へのアウトソーシング
・財政的救済

---

訳注3　人々が合理的な期待形成をすれば間違いは起こらないと主張するもので，ケインズ的な裁量政策の短期的，長期的無効性を説く。

・年金または失業基金

　政府は，職員集団つまりチームなしでは多様な公共プログラムを運営できない。彼らは，非対称情報を有しているという優位性によって，対価として何らかの利得（rent）を得ることを望んでいる。モラルハザードや逆選択から出てくる制約を考慮すると，政府経営の術は，できるだけ効果的に公共プログラムを執行するようにチームを動機づけるうえでのインセンティブ問題を処理することである。それゆえ政府経営は基本的に，法の支配を尊重して解決されるべき，膨大な契約問題を提起する。公共政策は，本人＝代理人間の契約の束によって執行される。


## 本章のまとめ
1　公共政策の合理性についての疑問は，ミクロ合理性とマクロ合理性とに分けることができる。したがって，個人の政策立案者が合理的な意志決定モデルによって行動するかどうか，同様に，政府，官僚組織または国家のような集合体は合理的な意志決定モデルに従って決定を行うかどうか，尋ねる者もいるだろう。
2　政策立案はしばしば漸増的であり，これは政策立案者が予算を作成する場合はとくに限定合理性モデルを適用することを意味する。
3　政策決定はときとしてゴミ缶過程となる。この場合，政策は愚かになり，成功裏に執行することは不可能となる。
4　合理的意志決定モデルは，個人の政策立案者のミクロの動機の説明と明白に関連するが，政府，議会，裁判所といった集団の選択行動となるとそれ程明らかではない。
5　単一主体のモデル化のためのミクロ合理性の有効性は，ゲーム理論とくにベイズ更新[訳注4]にはっきりと出ている。


## 参考文献
Baron, D.P. and J.A. Ferejohn (1989) "Bargaining in Legislatures", *American*

---
訳注4　前段階の事後的確率分布が次の段階では事前の確率分布の役割を果たすといったように，ある事象に対して，確率をどんどん変化させていくこと。

*Political Science Review*, Vol. 83, 1181-1206.
Becker, G.S. (1995) *The Essence of Becker*. Stanford: Hoover Institution Press.
Birkland, T.A. (2001) *An Introduction to the Policy Process: Theories, Concepts and Models of Public Policy Making*. Armonk, NY: M.E. Sharpe.
Brennan, G. and J.M. Buchanan (1980, 2006) *The Power to Tax: Analytic Foundations of a Fiscal Constitution*. Cambridge: Cambridge University Press.
Cyert, R. and J. March (1992) *Behavioral Theory of the Firm*. Oxford: Blackwell. 松田武彦ほか訳『企業の行動理論』ダイヤモンド社, 1967年。
Dunleavy, P. (1991) *Bureaucracy and Public Choice: Economic Explanations in Political Science*. New York: Longman.
Etzioni, A. (1990) *The Moral Dimension*. New York: Free Press.
Gibbons, R. (1992) *A Primer in Game Theory*. London: Harvester Wheatsheaf.
March, J. (1989) *Decision and Organisations*. Oxford: Blackwell. 土屋守章・遠田雄志訳『あいまいマネジメント』日刊工業新聞社, 1992年。
March, J.G. and J.P. Olsen (1976) *Ambiguity and Choice in Organizations*. Oslo: Universitetsforlaget. 遠田雄志訳『やわらかな制度――あいまい理論からの提言』日刊工業新聞社, 1994年。
May, J.V. and A. Wildavsky (eds) (1979) *The Policy Cycle*. Beverley Hills, CA: Sage.
Moran, M., M. Rein and R.E. Goodin (eds) (2006) *The Oxford Handbook of Public Policy*. Oxford: Oxford University Press.
Niskanen, W.A. (1971, 2007) *Bureaucracy and Representative Government*. Edison, NJ: Transaction Publishers.
Rotheli, T.F. (2007) *Expectations, Rationality and Economic Performance: Models and Experiments*. Cheltenham: Edward Elgar.
Simon, H.A. (1997) *Administrative Behavior: A Study of Decision-Making Processes in Administrative Organisations*. New York: Simon & Schuster. 二村敏子ほか訳『新版 経営行動――経営組織における意思決定過程の研究』ダイヤモンド社, 2009年。
Wildavsky, A. (2006) *Budgeting and Governing*, with B. Swedlow (ed.) and J. White (Introduction). Edison, NJ: Transaction Publishers.
―― (1971) *The Revolt Against the Masses and Other Essays on Politics and Public*

*Policy*. Edison, NJ: Transaction Publishers.
―― (1964) *The Politics of the Budgetary Process*. Boston: Little Brown. 小島昭訳『予算編成の政治学』勁草書房, 1972 年。*The New Politics of the Budgetary Process* by A. Wildavsky and N. Caiden (2003), New York: Longman も参照。

# 第4章

# 実施モデル
──アウトカムを公共経営や公共政策へ持ち込む

## 1 はじめに

　政府経営は，単に計画立案や政策立案だけではあり得ず，アウトカムや結果もともなわなければならない。公共部門を政策アウトプットだと考えると，政策アウトカムも調べることが必要になる。そして，意図したアウトカムと現実のアウトカムの間のギャップは，政府や省庁の視点から公共経営を合理的なものにモデル化しようとする試みに対する警告となる。

　政策とアウトカムの連結部分は「実施」と呼ばれ，公共経営研究における，ミッシングリンクと名づけられた。実施分析は公共経営の新しいアプローチとして1980年代に登場し，そこでの最重要問題は，成功した実施をいかに特定して失敗した実施と区別するかということであった。

　公共経営が実施だとするなら，注目の中心を政策立案から政策実施に移さなければならない。これは次にアウトカム──意図されたものとそうでないもの，認識されたものとそうでないもの，成功と不成功──が精査されなければならない。公共経営が大量のアウトカムをともなうとしたら，サービス提供とアウトカムをつなげるものは何だろうか？

## 2　実施の問題

プレスマンとウィルダフスキー (Pressman and Wildavsky) は 1973 年の著書で実施の問題を次のように記述した。政策は，政策目的を達成する洗練されたアウトカムに自動的に変わるわけではない。むしろ政策は，実施すること，つまり成功裏に実現されることが難しい傾向がある。プレスマンとウィルダフスキーによるこの反論 (1973, 1984) は，どの素朴な政策理論に対しても提起することができる。というのは，それは実際に，階統制の上層における決定と文書に焦点を当てて，法律を含む行政のすべての形式に対して発せられ得るからである。政策とアウトカムの間のギャップの認識は，公共経営に全く新たな局面，すなわち結果をより良く理解しようとする努力の必要性をもたらした (Hjern and Porter, 1981)。

公共経営は，実施という視点が入ったことによって，当初の約束どおりのアウトカムがないという批判を受けやすくなった。社会指標評価，社会影響度解析，都市効果，生活の質 (QOL) 指数など，さまざまな形式のアウトカム分析が政策分析に加えられた。公共経営の実施アプローチの衝撃は非常に大きく，結果情報に対する膨大なニーズを扱うためのセンターや研究所が設立された。

公共経営の実施の側面は，官僚制の側面や公式組織の側面をはるかに超えるものだった。多少効率的に一連の業務をこなすだけでは十分ではない。というのは，最大の問題は目的の達成だからだ。また政策目的に注目するだけでも不十分である。なぜなら結果は政策目的とはかけ離れているかもしれないからだ。公共経営の実施の側面は，巨大な官僚制組織の中で本当に起きているのは何かを見出し，さらに公共サービスが社会に及ぼしている影響が何かを突き止めることが不可欠であることを意味している。

アウトカムとその分析に対する深い理解なしでは公共経営ができないとしたら，良好なアウトカムはいかに促進できるかについての理論もまた公共経営に含まなければならない。こうして，最良の実施戦略に関する問題が生じる。

実施のギャップという概念は，集権的計画手法にとって致命的打撃となった。もし，公共経営において，一方で代議制機関および中央政府レベルでの政策立

案と，他方で政府の下位階層におけるプログラムの実際の実現との間の根強い分裂がある場合，公共経営論はこれを認識して，このすき間を考慮に入れたモデルを構築する必要がある。

## 3 実施モデル

　公共経営における目標と結果の間の間隙が理解されると，それを減少させる方法をじっくりと考え始めることができる。公共経営への実施アプローチにおいては，当初から，トップダウン型の実施については強い懐疑があった。実際，階統制というものが意図と結果との間のミスマッチの原因とされた。そこで，初期においては，ギャップを縮小すると思われる実施のモデルが追求された。

　トップダウン型実施は，官僚制組織を重視する政治的集権化であるとみなされた。また計画立案ともつながっていたので，集権的計画枠組みを取り巻く懐疑的な態度のために退けられた。公共経営の実施の側面は，何よりもまず，国家における低位階層が高位階層と同じくらい重要かもしれないということを理解するものだった。実施という視点は，看護師，教師および警官といった，公共部門におけるストリートレベルの官僚制を重視するものだった。

　すき間を狭める方法を求めて生まれたのが，実施のボトムアップ型モデルであった（Hjern and Porter, 1981）。それは，トップダウン型の視点に対する強い矯正手段となり，学習と柔軟性を強調する公共経営に関する新理論に容易に統合された（Pressman and Wildavsky, 1973, 1984）。政策の実現が困難で，高次の計画が失敗する運命にあるなら，国家階層の中のより低次の階層を信頼して，政策を遂行する全責任を与えてはどうだろうか？　少なくとも，より有効な他の実施モデルはあり得なかった。

　公式組織は公共経営に対する静的観点をともなうのに対して，政策実施はその視点において本質的に動的である。実施のモデルは，公共経営が政策を実現するとき，物事にどう取りかかるべきかを概説しようとしている。大規模な公共部門改革がどのように実行に移されそのアウトカムは何だったかを調べるいくつかの実施研究もあったが，継続的な関心事として実施の概念に歩を進めるのは一目瞭然だった。実施と公共経営は密接不可分なものとなった。両方とも，

公共サービスとそのアウトカムを向上させる継続的な努力を扱うものだったからだ。

## 4 入れ子ゲームとしての政治

　公共経営の実施の側面は，公共サービスとその提供に関するすべての形の素朴さに終止符を打った。抽象的な組織枠組みが公共サービス提供において重要な要素を占め得るのだと装おうとすることもなくなっていった。政府階層のトップでサービス提供のための全政府統一のしくみを構築し得るという推定もまた消えていった。実施という視点は，それまで主張されていた階統制の強みを破壊していった。

　フリッツ・シャープ（Fritz Scharpf）は公式組織および階統制に関するこの懐疑的態度を取り込んだモデル——政策統合——を構築した。それは基本的に，ドイツにおける共同意志決定と実施に関するモデルだったが，どの政府枠組みにも一般化し得るものだった。それは地域機関にも適合し，いわゆる多次元政府についての新しいテーマでもある。

　「共同意志決定」は中央政府と地域政府／地方政府の間の階統制的従属関係をともなうが，それらは相互意志決定，独立した実施および相互拒否権のシステムによって置き換えられようとしている。たとえば，ドイツの連邦制度は，連邦政府と州の間の明確な区別という古典的な二元的連邦主義モデルからは逸脱している。ドイツでは，州は連邦議会に直接参加することで連邦政府に大いに参画し，税や補助金についてだけでなく枠組み法の決定を行う。くわえて，連邦法の実施は州（Länder）の仕事である。シャープによれば，これは相互に妨害し得る多くのプレイヤーの政治的権威の合成につながるものであり，それによって必要な政策変更を遅らせること——共同決定の罠——になる。

　政治的入れ子のテーマが提起する問いは，政府の三層レベルを持つすべての政治体制に，程度の差はあれ適用されるかどうかである。シャープは，欧州連合（EU）の構築がこの共同決定の罠に通ずるものだったと示唆した。ドイツ連邦共和国とEUとで似ているのは，政府のさまざまなレベルが，意志決定や実施の複雑な蜘蛛の巣において入れ子になっていることである。欧州裁判所

(ECJ) だけが明白な権限・命令系統を有しており，EUの最高位の法的主体である。けれども，二元的連邦体制や分権型の単一主権国家では，一方では従属関係の明白な線引きがあり他方では自律権があることによって，政治および行政の入れ子がある程度回避されるかもしれない。

制度デザインは，国家内の機能およびレベルの分離に夢中になる傾向がある。たとえば二元的連邦主義は，一貫して明白な方法で割り当てられるべき包括的かつ網羅的な権限リストを作ろうとする。また，単一主権国家は，機能および権限を基礎自治体や県のようなより低い政府レベルに位置づけようとする。しかし，政策統合モデルによれば，現実はそのような明快な区別をすべて否定する。

政策が活動に変換され，活動がアウトカムを生じると，多様な意志決定機関が政府の種々のレベルで織り合わされ，入れ子にされ，または重ね合わされる。そうすると，政府の真の中心はなく，お互いの相互依存があるだけとなる。たとえばEUの形で地域的次元を加えると，この相互接続はネットワークをもたらす。このネットワークは，調整がうまくいく場合すなわちコンセンサスを得た場合に限って，生産的であり得る。

## 5　連合としての実施

公共経営が実施と同一視されるなら，国家だけにとどまる必要はない。サバティエとジェンキンススミス（Sabatier and Jenkins-Smith）は，実施はいわゆるアドボカシー連合によって後押しされると示唆した。アドボカシー連合は，種々の政府機関，協会，市民団体組織，シンクタンク，学会，報道機関および著名人などを含む多様な主体で構成される。アドボカシー連合の枠組みは，特定の政策立案者，影響力ある主体や圧力団体の間の多様な連合の重要性をモデル化した。そのような連合は，共通の信念および価値観に基づいて形成されるだろう。というのは，類似の視点を共有する主体や組織が相互に関係を強化するからだ。

連合の構築として考えられる公共経営は，政策立案の際の動的な観点を強調する。そのような連合は，1つの包括的改革がなされることになっている場合

のように一時的である可能性があるし，また，政策ネットワークのように継続的作業状態かもしれない。サバティエとジェンキンススミスによれば，各政策領域内に競合する複数のアドボカシー連合があるかもしれない。これらの連合の1つが，政策過程について他の連合より大きな力を持っていれば支配的になるだろう。学者やシンクタンクは，同じ考えを持つ有力政治家が支配的アドボカシー連合にいる場合は，はるかに理解してもらいやすい。アドボカシー連合は通常，核となる価値観や信念を放棄しようとしないが，具体的な政策立案のような「2番目に重要なこと」の変化は受け入れるので，学術研究はそれ（2番目に重要なことの変化）を支援するという役割がある。それゆえ学術研究は，ときには反対者の主張に関しても，より良い議論を生んで連合を手助けすることができる。

政策実施は，学習（Pressman and Wildavsky, 1973, 1984）とか連合形成（Sabatier and Jenkins-Smith, 1993）と考えられているが，これは実施に対するトップダウン型アプローチよりもボトムアップ型アプローチのほうがはるかに適合する。それは公式の組織とは全く別のことに焦点を当てており，物の見方において本質的に動的である。

実施分析は，新しい高等教育制度の導入や地方分権といった，公共部門の大型一括改革を検討することもよくある。そして，そのような巨大な改革が成功裏に実施されるための必要十分条件を発見することを実施分析は目指した。しかし同時に，より長期にわたる軽微な政策の継続的な実施をも扱っている。公共経営は次に，連合のガバナンスすなわち，民間の主体や利益を含む公共プログラムの利害関係者をつなぐ政策ネットワークとなる。

## 6 鍵となる問い——実施は自己達成され得るか？

実施のギャップに非常に大きな関心が向けられてきているので，実施の成功を促進し得るメカニズムを探求する人がいても少しも不思議ではない。上級官僚による下級官僚のコントロールが答えでないとしたら，どうすれば下級官僚がよいアウトプットやアウトカムを促進することに興味を持つようにできるのか？ 1つの答えはフィクサー（fixers），すなわち組織に現れて問題解決者に

なる傾向を持つ特定の人間であった。別の答えは，実施プロセスに直接的かつ明示的に利害関係者を巻き込んだアドボカシー連合のアプローチであった。最後に，ネットワーク理論からの答え，すなわち官民パートナーシップを構築するというものがある。

　実施ギャップの解決策はおそらくインセンティブの扱いの中にある。下級官僚がアウトカムの成功に興味がわくようにすべきだからだ。政府再生がまさにそれを行う取り組みであるなら，それは正しい方向への一歩であった。しかし，官僚が生み出す価値と官僚の報酬とを直結させることが不可能である限り，インセンティブ体系はすべての型の機会主義に対しては戦略的操作不可能性（strategy proof）[訳注1]とはならないだろう。実施は契約の問題，すなわち政策実施者が質の高いサービスを低コストで提供する契約をいかに結び施行するかという問題である。官僚制論は長期的あるいは終身の1回の契約を用意したが，ニュー・パブリック・マネジメント（NPM）は全く別の短期契約を提供する。

　実施プロセスが実施の成功をもたらすかどうかはすべて，2つの重要なパラメータ——情報とインセンティブ——に依存する。政府が望む良好なアウトカムあるいは結果を推進するには，実施責任者は関連する情報が必要なだけでなく高度に動機づけられる必要がある。トップダウン型実施は，現場の支援と熱意を動員するための現場に関する知識が不足していたり能力が十分でなかったりすることに苦しむことになる。ボトムアップ型実施は，地域の特異性への配慮を含め，行きすぎた地方多様性につながるかもしれない。情報収集（学習）およびモチベーションの動員を分権的に考えようとするアプローチは，ネットワークの枠組みで好まれる。

　先ほどの問い（実施は自己達成され得るか）に肯定的に答える人は，実施へのボトムアップ型アプローチを堅持し，政策の効果をもたらすことが自身のインセンティブとなる人々の集団を捜す。ボトムアップ型アプローチの延長線上で人は，自己実施組織という新しいアイディアに遭遇する。これは，公共経営論と行政学の両方で注目を浴びてきたネットワークモデルのようなものである。

　逆に，問いに否定的に答える人は，トップダウン型アプローチを堅持する。この枠組みの最近の新しいバージョンは，政策手段モデルである。経済政策理

---

訳注1　嘘をついても得にならないようなことをいう。

論に触発され，何人かの学者が政府のツールとしての政策手段理論を展開してきた。その考え方は，それぞれの政策——環境，教育，保健医療——が実施にあたって用いるべき一連の手段は限定されるだろうということである。政策手段一式を分析することで，手段の首尾一貫性や矛盾，代替性の程度や有効性比較のような側面に関心を持つ。けれども，政策手段に関する研究からの教訓は明白にボトムアップ型アプローチであり，政策手段の活用は社会的文脈や制度設定次第である。これらの政策手段およびその革新についてはたゆみなき学習がある（Eliadis *et al.*, 2005; Salamon, 2002）。

## 7 実施が自然に沸き起こることは決してない

政策実施に関する研究からの大きな教訓は，実施が当たり前とされることは決してあり得ないことである。政策をうまく実施するには多くの人々の多くの努力を要し，政策を実践に移していく方法に関して戦略を作り上げていくことを必要とする。

自動調節や自己修正メカニズムとしての実施，すなわち学習や訂正の自動プロセスとしての実施理論の探求はまだ具現化されていない。代わりに学者は，実施に関する一連の理論を提示してきた。それらの理論は完全な実施は決して確実ではないし，また蓋然性は決して高くないことを強調している。以降の章では，これらの代替的実施メカニズムについて賛否両論を検証する。つまり，エージェンシー化，ネットワーク，内部市場，内製化と外部委託，企業化について検証する。

## 8 結　論

実施のギャップという概念は，法律や歳出予算を丹念に読み込むという作業から離れて，議会や中央省庁のもとで実際に進行していることを理論化することへと，公共経営分野全体を方向転換させた。それは実施における「フィクサー」や変化過程を促進する「アドボカシー連合」といった非公式メカニズムの関連性を述べることによって，公式組織枠組みへの批判を強調した。

実施に焦点を当てることにより，公共部門ガバナンスにとってはアウトカムという概念が根本的に重要であることを，公共経営に認識させるきっかけとなった。結局のところ最も重要だったのは，言うまでもなく，公共サービス提供が実際に機能したかどうかであった。そしてそれは，主要なアウトカム業績得点によって測られる。実施という観点は，実施のギャップを主張することによってアウトカムと公共経営との関連性を発見することにつながった。ここで実施のギャップとは，公共部門改革における中央政府の目標と，この改革で資金提供される事業を実際に実践することとの体系的な違いのことである。高邁な目標と具体的な実践との間のミッシングリンクこそが，実施の舵取りすなわち今日公共経営と呼ばれるものである。

私は実施には終わりがないという論旨を提案するが，これは実施の成功を保証できるアプローチや政策手段はないことを意味する。政府経営がエージェンシー化，企業化，政策ネットワークあるいは NPM としてモデル化されるとき，実施の問題は再発する。現実には，成功した実施とは何かを問うことは，公共サービス提供を傷つける。ただ1つ確かなことは，アウトプットとアウトカムの効率性を高めるインセンティブと契約のミックスがあると，実施の成功可能性がより高くなるということである。これは，ゲーム理論家が誘因両立性と呼ぶものである。


**本章のまとめ**
1 「実施」とは政策を実践に移す全過程を意味し，いわゆる政策アウトプットと政策アウトカムの両方を対象とする。
2 実施ギャップとは，政策の背後にある意図（目標および手段）と現実に達成されたもの——アウトカム——との間によくある大きい隔たりを表す。
3 実施戦略とは，このギャップを埋めるのに役立つ可能性がある仕組みの入念な設計である。
4 トップダウン型アプローチとボトムアップ型アプローチという2つの実施戦略は大いに議論されてきた。そして，その良い点と悪い点が実施研究において異なる評価をされている。

5 実施は新たな政策革新を導入するときのように1回勝負の場合もあるし,継続的な努力のように連続的な場合もある。
6 実施研究は最初,階統制を強調したが,より最近の実施研究は,学習,アドボカシー連合およびネットワークを用いたボトムアップ型アプローチを力説する。
7 実施研究は,政策実施の成功に影響を与える外部刺激に対して自動調整できる自己実施型の仕組みや組織を探してきたが,無駄なことだ。


参考文献

Eliadis, P., M.M. Hill, and M. Howlett (eds) (2005) *Designing Government: From Instruments to Governance*, Montreal: McGill-Queen's University Press.
Hill, M. (ed.) (1997) *The Policy Process: A Reader*. New York: Prentice Hall.
Hjern, B. and M. Porter (1981) "Implementation Structures: A New Unit of Analysis", *Organization Studies*, Vol. 2, No. 3: 211-227.
Lipsky, M. (1983) *Street-Level Bureaucracy: Dilemmas of the Individual in Public Service*. New York: Russell Sage Foundation. 田尾雅夫・北大路信郷訳『行政サービスのディレンマ——ストリート・レベルの官僚制』木鐸社,1998年。
Marsh, D., D. Richards and M.J. Smith (2001) *Changing Patterns of Governance in the United Kingdom: Reinventing Whitehall?* Basingstoke: Palgrave Macmillan.
Pressman, J. and A. Wildavsky (1973, 1984) *Implementation: How Great Expectations in Washington Are Dashed in Oakland*. Berkeley: University of California Press.
Sabatier, P.A. (ed.) (2006) *Theories of the Policy Process*. Boulder, CO: Westview Press.
Sabatier, P.A. and H.C. Jenkins-Smith (eds) (1993) *Policy Change and Learning: Advocacy Coalition Approach*. Boulder, CO: Westview Press.
Salamon, L.M. (ed.) (2002) *The Tools of Government: A Guide to the New Governance*. Oxford: Oxford University Press.
Scharpf, F.W. (1997) *Games Real Actors Play: Actor-Centered Institutionalism in Policy Research*. Boulder, CO: Westview Press.

# 第5章

# 独立エージェンシー
── 効率性を最大化する

## 1 はじめに

　エージェンシー化[訳注1]の側面を持つ公共経営は多くの国々における公共部門改革で顕著になってきたが，背景としては，政府が伝統的な省庁構造に代わる組織を模索していたことがある。エージェンシーを設立し資金拠出するときの重点は「仕事を成し遂げること」に置かれるが，新たなエージェンシーを運営するコストは予測できる。政府は少し距離を置いて主たる成果を監視するだけで，日々の業務運営に決して干渉しないようにすべきである。それはトップやミドルレベルのマネージャーの任務である。要するに，半独立機関のパフォーマンスは，巨大な政府省庁の内部活動よりも容易に監視できる。

　けれども，公共的か半公共的か，あるいは自律的か半自律的かにかかわらず，近年創出された種々のエージェンシーの法的性質を把握するのはとても難しいかもしれない（Wettenhall, 2005）。仕事を成し遂げるために，政府はアドホックな方法で創出されたエージェンシーにこれまで以上に依存しつつ，大規模な制度革新を行ってきた。この傾向を一般的に表す概念は非結束政府であり，それは政府の中央，地域および地方レベルのいずれでも起こる可能性がある。そ

---

訳注1　省庁から執行部門を分離させ，執行部門を独立した機関として組織運営をさせようとする手法。

れは，費用効率やアウトプットやアウトカムを強調することにぴったりと合う流れである。英国ほどその政府を分離（非結束）した国はなかった。

## 2 英国の経験——クアンゴ，NDPB，執行エージェンシー

「クアンゴ（quango）」という用語は，英国の公共部門改革に由来する。サッチャーが政権について以降，英国内での抜本的改革の戦略の1つとして登場したものだ。英国の公共部門改革は官僚制の巨大な一枚岩的性格を否定し，国家をさまざまな要素——部局，エージェンシー，委員会，企業化など——へと転換したり分離したりしてきており，この展開はクアンゴに関する用語法の進展が物語っている。

"qango"や"quango"という用語は擬似的非政府組織（Quasi Non-Governmental Organisation）を意味し，英国，オーストラリアおよびアイルランドで，政府が権限を委譲したさまざまな種類の組織を指すために使用されてきた。1997年における非政府公共団体またはクアンゴに関する英国政府の定義は，「中央政府のプロセスにかかわるが，政府の部局または一部ではない組織体で，したがって大なり小なり大臣から少し距離を置いて運営するもの」というものであった。

「クアンゴ」という言葉は，政府資金や他の公的援助によって政府機能を実行する非政府組織を意味した。オーストラリアで言及された1つの例は赤十字社であり，これはさまざまな種類の政府の支援と後援を得た血液バンクサービスを提供している。英国で参照される例として，新聞評議会や弁護士会のような団体，すなわち規制に従事する民間団体が含まれていた。英国においてクアンゴを用いることは，このような非政府あるいは準政府組織が望ましいかどうかについての激しい議論につながっており（Flinders and Smith, 1998），諸外国での経験との類似性がなくもない（Greve et al., 1999）。

「クアンゴ」という言葉は英国の公的使用ではおおむね廃止されて，より異論のない用語であるNDPB（Non-departmental public body，政府部門でない公共団体）に代わってきており，いまや，政府の役割を委譲された多くの組織を記述するのに使用されている。NDPBとともに，サービス提供機能を備え

た執行エージェンシーの利用も，英国においては進められてきた。これらのエージェンシーは通常，親省庁と区別される法的身分を持っていない。トレーディング・ファンド[訳注2]（trading fund）であるエージェンシーの場合には，その勘定は親省庁の勘定の一部を構成しない。

NHS（National Health Service，国民医療保険サービス）のなかで「特別保健局」という組織が進化してきたが，それは技術的にはNDPBでも執行エージェンシーでもない。保健省は「少し距離を置いた組織」として3タイプ（NDPB，執行エージェンシー，特別保健局）すべてを集合的に表現しており，これら3タイプの大規模な創出は，英国における公共部門改革の典型であった。つまり，公共部門の解体を意味した。

執行エージェンシー

いわゆるネクスト・ステップス・イニシアティブは大きな注目を浴びた。というのは，英国国家の核であるホワイトホール（中央省庁）が巨大な部門を細かく切って一連の小じんまりしたエージェンシーにするという標的となったからである。執行エージェンシーは政府部門の一部であるが，政府に代わって一部の執行機能を遂行するために，管理上および予算上別扱いされる。大臣やその政策部門について日常の政策実施責任から距離を置かせたいという考えから，執行エージェンシーの採用が推進された。けれども，NDPB（「クアンゴ」）が政府の管理からの構造的な分離を享受する場合，これらの「行政機構」装置や非省庁の政府部門とは，法的に重要な差がある。

エージェンシー化に関して典型的なのは，それまでの公務員間の命令系統が，省庁とエージェンシーとの間の交渉に置き換えられるということである。第一に，執行エージェンシーは法令および契約に関する権限について大臣に依拠する組織単位なので，自身の法的立場を有しない。けれども目指すのは，分離，導かれた自律性，直接責任である。第二に，政府省庁はエージェンシーの事業に関して，予算統制，サービス水準合意書，経営計画などによって，厳密な管

---

訳注2　担当する事業の運営財源の50パーセント以上をいわゆる自己収入でまかなうことが可能なエージェンシー。一般の執行エージェンシーとは別のグループとして位置づけられており，より大きな財政上の裁量を与えられている。

理を行う必要がある。執行エージェンシーの職員は公務員である。各省庁は，個々のエージェンシーを監督し，交渉し，そして監視するために「後援部門」を持っている。

1991年のフレイザー報告書は，執行エージェンシーという新モデルはどういう結果をもたらしたかを検討し，大臣からCEO（最高責任者）に権限をより一層委譲するよう勧告した。2002年7月時点で127の執行エージェンシーがあり，そのうち92は英国中央政府内の省庁に属し，残り35がスコットランド政府，ウェールズ議会または北アイルランド政府に属していた。ゲインズ（Gains, 2003: 56）によれば，私たちは「現在127の執行エージェンシーを有し，公務員のおよそ80パーセントがエージェンシーやその系統で働いている」。

執行エージェンシーモデルはゆっくりと，英国における公共サービス提供の標準モデルとなったことが示されてきた。1997年までに，公務員の76パーセントがエージェンシー職員だった。新労働党政権は，1998年のネクスト・ステップス報告書において，このモデルを原則的に支持した。2002年に行われたある調査は2つの結論を示しており，そのうち1つはエージェンシーモデルが成功しているというものであった。1988年以来エージェンシーは，政府の全般的状況や政府によって提供されるサービスの応答性や有効性を変えてきた。しかし，この調査はまた，いくつかのエージェンシーではその親省庁との関係が断ち切れていることも指摘していた。政策とサービス提供との間の対立が広がったと多くの人に考えられている。このように，英国の執行エージェンシーについての評価は，控えめに言っても矛盾する立場に立った曖昧な判定に終わった（James, 2004; Pollitt *et al.*, 2004; Talbot, 2004）。鍵となる問いは本人＝代理人モデルから述べることができる。執行エージェンシーの創出は，伝統的省庁組織に比べて，本人たる政府がチームや職員のアウトプットをよりよく制御することを可能にするか，というものである。

## 3　諸外国でのエージェンシー化

サービス提供や規制業務についてさまざまなエージェンシーに頼ることは，英国政府特有のものではないし，アングロサクソン系の公共部門改革に特有の

第5章　独立エージェンシー——効率性を最大化する　　77

ものでさえない。欧州大陸諸国もまた，公共部門の業績を向上し得る新しい組織形態を見出すことに関心を示してきた。しかし，大陸の法治国家（Rechtsstaat）では法的精神がとても優勢なので，中央政府がエージェンシー化の対象となる可能性は低く，地方自治体がエージェンシー化の対象となる可能性が高い。

　これらのエージェンシーや機関の形はきわめて多様であり，その共通の核は何であるかが問われるかもしれない。法的機関である必要がないので議会の承認を必要としないだろう。また官民パートナーシップかもしれず，これはいつも完全な公共組織である必要はないことを意味する。

　エージェンシー化は，公式組織アプローチで説明されるところの一枚岩的な公共部門に対抗するものである。エージェンシーはアドホックにそして期間限定で導入され，その役目を遂行する。そして更新問題（組織形態の再検討の問題）が持ち上がったとき，その役目について責任を持つことになっている。政府の援助で資金提供を受ける場合もあるし，自身の収入を生み出す何らかの能力を有する場合もある。彼らはサービスを提供したり，他のサービス提供機関と契約する責任を負っていたりする。

## 4　「シーソー上でのテント生活」

　エージェンシー化の側面を持つ公共経営は，公的組織の基本形は何かという質問を投げかけて，いく人かの学者たちを困惑状態にした。政府の分離があまりにも進んだために，公共機関という資格を有するものとしてほとんどいかなる種類の組織形態も考えられる。さらに，すべての種類の官民パートナーシップや公共部門における頻繁な企業化がある。エージェンシー化は組織の硬直化に対する嫌悪感が原因となっている。

　公共部門改革における新しい組織形態の探求は，法的な伝統も考慮はされるものの，ご都合主義で進められる傾向がある。執行エージェンシーの概念はまさに効率性の問題に基づいて組み立てられている。つまり高度にアウトプット指向であり，短期であり，明白な責任系統を保有し，そしてそれをやめたり変革したりすることにも柔軟に対応している。国の法的伝統は，公共団体が一定の形を持つことを要求して組織の革新を抑制するけれども，新たな公的組織を

不可能にするわけではない。さらに，新たな制度が受け入れられ，新しい法的思考に埋め込まれるにつれて，法令も変化する。

　エージェンシー化は，最小のコストで最も効果的に公共サービスの提供を行う形態を見つけることを目指している。伝統的な省庁構造や法的組織は組織の硬直化を招く傾向があるので使いたくはない。公的組織にはもともと永続しようとする傾向がある（Kaufman, 1991）。このエネルギーを打ち消すために，エージェンシー化は高度に柔軟で融通が利く公共団体の形態を採用する。執行エージェンシーは議会の支配を受けることはないが，その城を建てようとせずにサービスを提供するに際し，政府の最善の利益に奉仕するという義務がある。政府におけるエージェンシー化は，経営学でいう「シーソー上でのテント生活」[訳注3]に向けた取り組みに相当するものだ（Hedberg et al., 1976）。組織が提供するものである限り，形式はどのようなものでもよい。

　しかし，組織の硬直化を減少させようという野心には，説明責任および正統性の問題を無視するというコストをともなう。ある者にとっては効率性と説明責任とのトレードオフは受け入れ可能であるが，他の者にとってはそうではない。法律を考慮するというルールはエージェンシー化においては優先度は高くはない。しかし，エージェンシー化に対してより重大な反論がある。つまり有効性自体の目標についての疑問提起である。

　省，部局，庁，委員会，（憲法上の，法律上の，執行の）エージェンシー，公企業，取引部門，トラスト病院，協会など，多くの異なる公的組織の形がある（Thynne, 2003）。この組織上の多様性は，特定のサービスのための組織を設立する際に法的に要求されるものの代替案と柔軟性の両方を反映している。この組織の多様性が官民パートナーシップと組み合わされるとき，現代の公共部門は代替機関のジャングルの様相を示す。

---

訳注3　社会的および技術的革新に対していかに組織が適応して変化できるかを明らかにした論文のタイトル。

## 5 鍵となる問い——政策はサービス提供から分離できるか？

　仕事を行うにあたって，エージェンシー化はもっぱらアウトプットとアウトカムに焦点を当てる。大きな部局では，可能な限り最小の経費でサービスを提供することに全職員が注力するために，さまざまな機能が分離され，アドホックな組織が作られることになる。機能が変化すると，組織は新しいものに変化させられるかもしれない。

　けれども，公的組織は単にサービスを提供するだけではなく政策立案の手助けもする。政策立案は，実行したことの評価を示し，改善や変革を提案するので，公共部門とその無数のプログラムにとって不可欠である。サービス提供と政策立案を分離することによって，実際に起こっていることに触れることがなくなり，政府は関連情報をより少ししか受け取らなくなってしまうかもしれない。

　エージェンシー化の側面を持つ公共経営は，具体的なサービス提供により焦点を当てる短期的利得と，これらのサービスの長期政策上の妥当性との間のトレードオフに直面する。市場だけでなく公共部門においても事情は変化する。サービス提供における技術は急速に発達し，新しいサービスが要求されるかもしれない。執行エージェンシーはもっぱら日々のサービス提供に向かわされる場合，どうすればこういった戦略的課題に対応することができるのだろうか？

　エージェンシー化は，政策革新をともなう新たな需要に対応するための能力を高めずに，さまざまな公共部門に対する政府の全体統制を縮減するかもしれない。執行エージェンシーは自己の組織上の利益を追求するので，エージェンシー化によって，どのようなサービスが実際にどのように提供されているかという正確な情報を省庁が得ることは困難になるかもしれない（Hood *et al.*, 2005）。

## 6　同じ課題を抱えるさまざまなエージェンシー

　各国は種々のエージェンシー——省庁，地方政府や地域政府，理事会や委員

会等の他の組織——を区別する際の異なる制度慣行を有している。第三のカテゴリーは，法的権限および責任を有する政府の行政体からできている。各国は中央政府機構を設計するうえで異なる慣行を有しており，大きな省庁を強調する国もあれば，むしろ小さめの傾向がある一連の省外の法的機関を採用している国もある。半独立機関，理事会，委員会を設計し資金供与するとなると，国によって違いも出てきて，それらと公共部門やその境界線上においてときとして進化する外縁団体（「クアンゴ」）との間の区別を曖昧にしている。最後に，各国は事業を行うエージェンシーと，単にさまざまなやり方で——公法に依拠したり私法の概念を用いたりして——管理や規制に従事するエージェンシーとを区別している。

ただエージェンシーの多様性を表すということだけなら，事柄がかなり明確な英国の実例（http://www.nuffield.ox.ac.uk/Politics/Whitehall/Machinery.html）について簡潔に触れるだけでいいだろう。ここでは，省外の機関として次のものが含まれる。「非省庁組織，非部局エージェンシー，公共団体，組織内組織，アドホックエージェンシー，法定機関，準政府エージェンシー，半官半民エージェンシー，外縁団体および中間団体」。古典的な分類では次のエージェンシーの区別を採用している。「経営的－経済的」「経営的－社会的」および「規制的－社会的」機関。つまり，エージェンシーの活動には以下のものがあるだろう。(1) 商業原理によって産業や公益企業を経営する商業運営，(2) 政府に代わって特定の社会サービスを提供する社会福祉法人，(3) 主に管理・監督機能を持つ監督公共企業体（Hogwood, 1995a: 208）。

英国の別の古典的な類型論は，いかにエージェンシーが政府に関係づけられるかに焦点を当てる。(1) 国会制定法による設立，(2) 資金援助による融資，(3) 長が大臣により任命される，(4) スタッフが非公務員であり，外縁団体の理事会または委員会によってリクルートされ雇用される，(5) 年次決算書が担当大臣へ提出されその後議会へ提示される，(6) 年次報告書が発行される。しかしながら，英国におけるNPM革命の後，エージェンシーの分類は不明確になった。

このように，英国におけるいわゆる外縁団体の分類には，執行機関，諮問機関，特別裁判所，特定公共企業および多様な保健医療団体が含まれるだろう。

ここで，王立委員会ないし調査委員会の他に行政行為によって設定された諮問機関があることがわかる。外注化が定期的に英国で行われていることを考慮すると，（必ずしも英国内にあるとは限らない）民間機関が公共の仕事を実行する場合，いくつかのエージェンシーはどこに分類されるのか曖昧なままである。

エージェンシーの法的地位は，行政法の区別をいかに想像的に適用するかに比例して変化する。エージェンシーに対しある種の権威づけがある限り，ほぼ何でもできる。けれども，エージェンシーの形態はとても多様だが，1つのよく似た課題を抱えている。エージェンシーの政府に対する説明責任である。エージェンシーは，政府の執行部門または立法部門に対して責任を有するかもしれない。しかし，エージェンシーの理論的根拠は，所与の効率性制約のもと，その使命に関連したサービスの提供である。ゲーム理論では，政府とエージェンシーとの間のこの説明責任の関係は，本人＝代理人アプローチによって分析される。

## 7 結 論

エージェンシー化の側面を持つ公共経営は，政府における組織の不均質性を増大させてきた。支持者は，組織革新はシーソー上でのテント生活に似ており，有効なサービス提供にとってある瞬間最も良く作用するものはなんでも見出し，数年後，必要な時期に，また可能な時期に，いつでも変わると論じる。批判者は，組織の多面性を，最悪の場合は法の支配への脅威，最良に見ても政策やサービス提供の統合にわずかに有効であるだけだとみなす。エージェンシー化は，官僚機構の伝統的な組職硬直化を削減しつつ，政府における順応性を推進している。

けれどもエージェンシー化は確実に，民間部門から引き継がれたマネジャリズムの粗雑な概念に依拠している。公共部門サービスを完全に特定し測定することができるなら，公共部門サービスへの割り当てのために専用の組織を設立できるだろう。しかし，すべての公共サービスがそう簡単に描写されず，社会の変化に応じて時間の経過とともに進化するのなら，エージェンシー化は短期的利得のみ提供することになる。省内の部署は単に生産チームというだけでな

く，長期政策の視点で価値ある情報の提供も行っている。公共サービス提供が代替可能であり，そしてその後で品切れになる場合，国家から特定の人的資本という資産を奪い，国家を空洞化させる可能性がある。

　エージェンシー化は，ポスト官僚制的な公的組織における信頼の生成を促進するのかどうかを問う者もいるだろう。私は，執行エージェンシーの考え方は，公共組織における社会関係資本関連の理念よりも，マネジャリズムの哲学に属すると考えている。けれども，エージェンシー化に焦点が当てられた関心をあわせ考えると，政府経営についての本人＝代理人の観点の妥当性が強調される。エージェンシーがどのように組織内で設立され，法的枠組みの視点から定義されるかは，重要である。


## 本章のまとめ

1　政府経営の多くの業務は，多様な公務員から成るエージェンシーによって達成される。しかし，エージェンシーとは何か？
2　多様な機関は，異なる分類法で区別され得る。重要なのは，法的エージェンシーかどうか，取引部門かどうか，料金を徴収できるかどうかである。あるエージェンシーは商品やサービスの生産を志向するのに対して，他のエージェンシーは情報部局または規制委員会であるかもしれない。
3　ほとんどの公共機関は，中央，地域または地方の政府に属する。しかし国会は，多くのエージェンシーを運営する可能性があり，その中には政府機関を調査するものもある。
4　中心的テーマはエージェンシーの自律性，すなわち，省から少し距離を置いたエージェンシーは任務遂行上より効果的だという考え方である。
5　もう1つの鍵となるテーマは，エージェンシー，たとえば，いわゆる執行エージェンシーを利用して結果に焦点を絞らせることである。
6　エージェンシーの論理は，見返り（代償）方程式である。エージェンシーはコスト以上の価値を生み出すか？


## 参考文献

Flinders, M.V. and M.J. Smith (eds) (1998) *Quangos, Accountability and Reform:*

*The Politics of Quasi-Government*. Basingstoke: Palgrave Macmillan.

Gains, F. (2003) "Executive Agencies in Government: The Impact of Bureaucratic Networks on Policy Outcomes", *Journal of Public Policy*, Vol. 23, No.1: 55-79.

Greve, C., M. Flinders, and S. Van Thiel (1999) "Quangos What's in a Name? Defining Quangos from a Comparative Perspective", *Governance*, Vol. 12, No. 2: 129-146.

Hedberg, B.L.T., P.C. Nystrom and W.H. Starbuck (1976) "Camping on Seesaws: Prescriptions for a Self-Designing Organization", *Administrative Science Quarterly*, Vol. 21: 41-65.

Hogwood, B.W. (1995a) "The 'Growth' of Quangos: Evidence and Explanations", *Parliamentary Affairs*, Vol. 48: 207-225.

Hogwood, B.W. (1995b) "Whitehall Families: Core Departments and Agency Forms", *International Review of Administrative Sciences*, Vol. 61: 511-530.

Hood, C., O. James, B.G. Peters and C. Scott (eds) (2005) *Controlling Modem Government: Variety, Comnonality and Change*. Cheltenham. Edward Elgar.

James, O. (2004) *The Executive Agency Revolution in Whitehall: Public Interest Versus Bureau-Shaping Perspectives*. Basingstoke: Palgrave Macmillan.

Kaufman, H. (1991) *Time, Chance and Organizations: Natural Selection in a Perilous Environment*. Chatham, NJ: Chatham House.

Pollitt, C., J. Caulfield, A. Smullen and C. Talbot (2004) *Agencies: How Governments Do Things Through Semi-autonoinous Organizations*. Basingstoke: Palgrave Macmillan.

Talbot, C. (2004) "Executive Agencies: Have They Improved Management in Government?", *Public Money and Management*, Vol. 24, No. 2: 104-112.

Thynne, I. (2003) "Making Sense of Organizations in Public Management: A Back-to Basics Approach", *Public Organization Review*, Vol. 3, No. 3: 317-332.

Wettenhall, R. (2005) "Agencies and Non-Departmental Public Bodies: The Hard and Soft Lenses of Agencification Theory", *Public Management Review*, Vol. 7, No. 4: 615-635.

## 第6章

# 政策ネットワークモデル
## ——官民パートナーシップの良い点と悪い点

### 1　はじめに

　政府経営は，官僚や公共機関だけでなく民間人や第三セクターの人々の利益とも関係する。それらが公共政策やその実施方法に関係しているのなら，当然，公共経営に何らかの方法で含めるべきである。公共経営の視点を公式組織や官僚制から非公式な行動パターンへと広げる中で上の考えは自然な形で流れており，実施ギャップが発見され認識された後，公共経営の主要な枠組みとして発展した。政策ネットワークは何らかのプログラムに利害関係のあるいくつかの公的組織を含むが，民間主体や第三セクター組織をも含む。

　人々のネットワークの側面や官民パートナーシップの側面を持つ公共経営は，1990年代に主要なアプローチになった。それは利害仲裁に関する文献および，オランダにおける公共サービス提供のイノベーションにルーツがあった。共同統治（co-governance）の概念のもと政策立案・実施において広範な社会参加が重要だとする理論がある。しかしそれはオランダの学者たちによって，公共サービス提供と先進民主主義国における強力な市民社会の出現とが結びつくことで，とりわけ公共経営の首尾一貫した枠組みへと発展した。

## 2 官民パートナーシップの異なる様態

　公共経営が公共部門と民間部門のパートナーシップに基づくことになる場合，次の3つ形のパートナーシップが区別される。共同統治，共同経営そして共同生産である（Public Management Review, 2006）。

　コーポラティズム：社会経済
　コーポラティズムが定着し受け入れられた国では，民間部門との連携構造を確立しようとする行政管理論が長く検討されてきた。フィンランドのような北欧諸国やオーストリアにおいて，政策決定や実施の際に組織化された利益が参加するための公式メカニズムがあることがわかる。コーポラティズムの利益媒介は次のような多くの仕組みを持っている。公的な委員会における代表制，規則を実施する責任，共同決定および協議制度，公聴活動および会費に対する減税である（Crouch and Streeck, 2006）。
　コーポラティズムの構造は，政府のさまざまなレベル（上位でも下位でも）に現れる可能性がある。コーポラティズムの枠組みで有名なものとしては，民間大企業でよくある共同決定機関の他にも，スウェーデンの失業補償管理，ノルウェーにおける漁業割当管理，オーストリアにおける産業政策立案などがある。
　コーポラティズムは，公的事項の管理において民間勢力に準公式の役割を与え得るかという中心的課題について激しい議論を引き起こした。賛成派はコーポラティズムのネットワークが政治的安定性および社会的信頼を高めると主張し，一方反対派はそれが公的正統性に欠け，レントシーキング[訳注1]を目的に使われ得ると論じた。では，官民パートナーシップのような一般的なネットワークはどう評価されるのだろうか？

---

訳注1　民間企業が官庁に働きかけて法制度や政策を変更させ，利得（＝超過利潤：レント）を得ようとする活動。

英国のネットワークガバナンス研究

英国のネットワーク研究者は，官民のパートナーシップが今後期待できる手法だと論じることに（つねに首尾一貫しているわけではないが）相当の努力をしてきた（Rhodes, 1997）。一方では，ネットワークモデルが国家の空洞化をもたらすことが「批判的に」論じられる。しかし他方では，ネットワークガバナンスが官僚機構の規模削減を補うかもしれない柔軟かつ効率的な作業単位を提示することが「積極的に」示唆される。

英国政府の広範な改革は，ネットワークガバナンスに縮約することはできない。それは，エージェンシー化，ニュー・パブリック・マネジメント（NPM），企業化および民営化のような他のタイプの改革手段を含んでいた。けれども，公共サービス提供のためのネットワークは，とくにホワイトホール外（中央省庁の外）で導入された（Goss, 2001）。英国の研究では，ネットワークガバナンスは，さまざまなレベルでの政府間の協力，あるいは民間人や非政府組織を含む実施グループ形成のいずれにも言及し得るものだった。ネットワークガバナンスの適切な定義は官民パートナーシップであり，性質上ほぼ水平的な傾向があるものだと私には思える。垂直的な相互作用は，多次元ガバナンスの理論のもとでよりうまく組み込まれる。

オランダのネットワーク理論：官民パートナーシップ

政策ネットワークが公共経営の最良形態であり，単に公共サービス提供のための1つの代替メカニズムではないという理論は，多くのオランダの学者によって展開された。この理論はたとえば水の管理といった問題に取り組むときに，公共と民間とが資源を出し合うというオランダ固有の遺制のもとに拡大したことは疑問の余地がない。しかしオランダの研究者は，政策ネットワークはどこにでも効果的な公共経営をもたらすだろうと主張した（Kooiman, 2003; Kickert, 1997; Rhodes, 1997）。もし社会関係資本や信頼といった他の一般的な考えとうまく調和しなかったら，政策ネットワークの考え方は公共経営において成功しなかっただろう。

サービス提供において協働する人々のネットワークの側面を持つ公共経営は，非公式組織の役割およびストリートレベル官僚制の重要性を考慮に入れている。

公共経営の品質は，情報の機能やインセンティブ報酬によるので，政策ネットワークアプローチは要求される知識に見合った分権的な枠組みを提供する。問題となっているサービスに本当に興味を持つ人々が集って各自の異なる経験を共有する。ネットワークの参加者は業績を向上させたいという個人的野心によって強く動かされるので，おのずと新しい知識が検索されることになる。異なる専門経験を持つ人々が共通の活動をシェアできるようになるので，ネットワークは階統制や区画化を分解することになる。ネットワークの枠組みは，よりフラットな階層への一般的な動き，より下位の職員への権限委譲とよく調和する。また，インターネット社会の形をとって，情報革命を十分に生かすこともできる。

　政策ネットワークは，問題となっている公共サービスに興味がある人であれば誰でも構成し得るし，どういった職業であるかは関係ない。このように，政策ネットワークは組織の柔軟性を重視し，次のような市民社会から人々を呼び込むかもしれない。すなわち，多くの関連知識を持って高度に動機づけられた人々を多数の NGO が潜在的に有している市民社会である。彼らは期間限定で援助を申し出て，特殊専門技術を持つ人と契約を結ぶことも可能である。

　オランダでネットワークガバナンスが好まれるのは，オランダの水管理政策の歴史的成功に由来する（Kickert *et al.*, 1997）。ネットワークアプローチの妥当性は，情報が分権的に提供されようとしていて全体に貢献する個々人のインセンティブが大きな役割を演じるような政策分野すべてに一般化することができる（Koppenjan and Klijn, 2004）。このように，技術がはっきりせず，主体間で同時に強い相互依存関係がある場合，ネットワークは比較的成功しやすい。

## 3　ガバナンスにおけるネットワーク——賛成論と反対論

　ネットワークモデルがもてはやされるのには複数の理由がある。第一に，政策実施のボトムアップ・アプローチにぴったり合う。第二に，インターネット革命や水平的相互作用を好む新しい情報通信技術の利用と方向性が合っている。第三に，政策実施および公共部門活動に関して市民社会の出番を提供する。最後に，政策立案が成功するかどうかは，進展する政策環境下での政策意識や政

策学習にかかっていることをネットワークモデルは認めている。進展する政策環境下では，官僚や専門家だけでなく，ステイクホルダーの動機づけが重要な役割を果たしている。ネットワークモデルは，官民パートナーシップで解釈されるとき，特定の文脈における政策実施にとって有用であり得るが，実施ギャップを除去する万能薬ではないと，私には思える。

　政策ネットワーク理論において明確でないのはインセンティブの役割である。ネットワークがどのようにインセンティブに報いるか，集団の主たる目標を決めるのは誰か，が問われるかもしれない。ネットワーク理論は公共経営に関するこれらの重要な問いを脇に置いておく傾向があり，非常に意欲ある人々は放っておいても全力を尽くし，とにかく当該集団に主目的が与えられることを想定している。

　英国でクアンゴ（特殊法人）が創設され，またオランダで政策ネットワークが利用されたことにより，多くの国々で小規模ではあるもののこれらのモデルが公共経営に試されるようになった。クアンゴや政策ネットワークの側面を持つ公共経営の強みと弱みに関する議論は，ほぼつねに（官僚，専門家，ステイクホルダーという）集団におけるインセンティブに焦点を当てている。ネットワークは関連情報にアクセスしたり利用したりする点でうまくいくかもしれないと認められるものの，その枠組みは曖昧な目標ゆえ批判される。ネットワークが実際に政府の政策を実現するということを，政府はどうしたら確かめられるのか？

　政策ネットワークアプローチのアキレス腱は，説明責任（accountability）と責任（responsibility）の問題には答えるのが難しいという点である。これらのネットワークは自立しすぎる可能性があるので，管理したり統治したりするのは不可能である。そして，これらの集団がかなりの裁量や自律性を行使するとき，適正な報酬の問題はどう解決されるのか？

　ネットワークは一般論として，政府機関にとって代わるものではないが，特定の種類の公共サービス提供，たとえば高齢者介護のようなソーシャルケアではきわめてうまく機能する可能性がある。特定のサービス提供において強力な民間セクターや第三セクターが存在するとき，ネットワークは適切な制度配置を提供する。たとえば，水位管理および淡水規制は，さまざまなレベルの多様

な政府の関心事であるだけでなく，農業者や市民団体にとっても重要な関心事である。別の例としては，ソーシャルケアの提供を促進する慈善団体の関心が挙げられる。

ネットワークはまた，技術が不安定でかつ多くの人々に拡散するときには，最良の制度配置かもしれない。つまり，予防ソーシャルケアや複雑なインフラ計画におけるネットワークは道理にかなう。しかしネットワークは，省庁，部局，大学または自治体の官僚制組織にとって代わることはできない。

## 4　重要な問い――政策ネットワークとインセンティブ

ネットワークの側面を持つ公共経営は，社会関係資本と市民社会の役割を強調する最近の流れにぴったり合う。多くの公共サービス提供において政府はなぜ第三セクター組織を利用することができなかったのか？　ネットワークは順応性があり代替性があるので，政府の柔軟性および適応性を高める。信頼は，政策ネットワークを結びつける接合剤であるといわれる（Bryce, 2005）。信頼の要因といわれるものは，ネットワークの側面を持つ公共経営を後押しするものとみなされるだろう。

1　非営利組織においては，信頼というものは，顧客に仕える際に関心が収束することに由来する。
2　非営利組織はその法的使命を尊重しようとする。
3　非営利組織は寄付を集めることができる。
4　非営利組織は善意を生成して，社会関係資本を増加させる。

けれども，ネットワークで働く人々は聖人ではない。彼らは，よい職場環境を求めたり組織的優位性の安定を求めたりして個人的な働きかけを行うだろう。ネットワークは，第三セクター組織が収入を得るのに資するかもしれないが，同時に，厳密には説明責任を持つ相手はいないかもしれない。

公共サービスの提供のためのネットワークを立ち上げて運営することは，こういったサービスを提供しようとするチームすべてに対して，一連の初歩的問

題を提起する。これらの問題は，ネットワークが単純に「ネットワーク」と呼ばれることにより問題を解決すると想定することによっては回避できず，実際には，これらのチームの次のような経済的・政治的基礎条件を含んでいる。

1  報酬（remuneration）：ネットワークにいる人々には支払いをしなければならず，エフォート，結果，給与の間の見返りの問題が出てくる。
2  結果（results）：ネットワークはアウトプットもアウトカムも提供した場合のみ価値があり，そのことは，ネットワーク消滅の可能性も入れて評価されなければならないことを意味する。
3  責任（responsibility）：チームにおいては調整がなければならない。それは自然になされるとは考えにくく，ネットワークに何らかの構造を課す必要がある。
4  説明責任（accountability）：ネットワーク内に権力が分散されるだろうことは真実だが，ネットワーク自身がその達成業績について部外者（政府，報道機関）に答えなければならない。
5  苦情（complaint）：ネットワークが公共サービスを提供している限り，その運営についての不満を顧客が表す可能性があるに違いない。

ネットワークのこれらの側面は，日常の活動実施に関係するので，重要なものと考えなければならない。遅かれ早かれ，立憲民主主義におけるネットワークはそれに関係する問題に答えるよう要求されるだろう。けれども，英国およびオランダのネットワークに関する文献においては，こういった側面は現実的な視点が求めるような重要性を与えられていない。

## 5　結　論

公共経営が政府（中央，地域，地方）の直接の管理下にある省庁や公共機関にとっての唯一最大の急務であるという考えを放棄すると，やがて反対の極——公共経営とは基本的に人と人との間の交流であるとする考え——に到達するだろう。いったん計画という枠組みも放棄すると，分権的アプローチで公共

サービスを提供する技術についての十分な情報を探すようになるだろう。政策ネットワークの側面を持つ公共経営はその点で，官僚制から離れ，そして集権制から離れるという2つの重要な進展をあわせ持つ。政策実施の品質が実際に階層の下位に依存するのなら，公共サービスを産出する人々に，民間部門および社会からの利害関係者とともにアドホックな集団に参加する権限を与えてはどうだろうか？　たしかに情報は増加するだろうが，目標とインセンティブはどうか？

　政策ネットワークの否定的側面はしばしばエコノミストの用語で「とりこ」「共謀」「レントシーキング」および「特殊利益」などと述べられる。基本的な考え方は，集団は当初は公益を指向することで始まるかもしれないが，だんだんと，自分自身の利益や組織化された利益など主要な民間利害関係者の利益といった狭い利益の保護に向かって発展する可能性があるということである。コアジンとコーペンジャン（Klijn and Koppenjan）はネットワークがポストモダン社会で公共サービスを提供するための最良の制度構造であると主張するいくつかの論文を書いているが，費用はつねにサービス提供に見合うのかという官民パートナーシップにおける見返りについての重大な疑問を本当には解決していない。ではそれはどのように修正されるのか？

　単に政策ネットワークを設定するだけでなく，公共経営はより多くのことをやらなければならない。これらのユニットがいかに動作し，いかに説明責任を果たすようになっているかについての問いから出発し，内部統治がそのような集団内でどのように処理されるか，そして集団が本人（たとえば中央政府）からの要求である透明性や効率性にどう対応するのかを，人は知りたがる。このように，市民に救済手段を提供するために，パフォーマンスや規制に関する市民の監視が必要とされたので，政策ネットワークはおそらく自給自足ではあり得なかった。公務員や民間企業従業員はもちろん利害関係者も包含するネットワークの観点から代理人を見ることによってのみ，本人＝代理人枠組みの適用をより複雑ではあるが冗長ではないものにする。

## 本章のまとめ

1 ネットワークの概念は，政府経営において複雑性が増大し市民社会への依存度が高まることに対する一般的な応答である。
2 ネットワークは，政策に関する一連の目的の実施に従事する人々の横断的チームであり得る。
3 ネットワークは通常は官民パートナーシップを必要とし，実施に関する地域の条件を相当程度知っている柔軟なチームを構成する。
4 私人は貢献意欲と効果的な実施に対する利益を活用することができるので，政府経営におけるインセンティブ問題はネットワークでより簡単に解決できる。
5 私人は調整の要求を容易には受け入れない可能性があるので，官民パートナーシップで運営問題を扱うのはさらに難しい。政策ネットワークの境界を特定するのは難しいかもしれない。
6 非営利団体はネットワークの新しいパートナーであり，政策実施過程に動機と情報の双方について貢献するかもしれない。

## 参考文献

Berman, E.M. (2006) *Performance and Productivity in Public and Nonprofit Organizations.* Armonk, NY: M.E. Sharpe.
Bryce, H.J. (2005) *Players in the Public Policy Process: Nonprofits as Social Capital and Agents.* Basingstoke: Palgrave Macmillan.
Crouch, C. and W. Streeck (eds) (2006) *The Diversity of Democracy: Corporatism, Social Order and Political Conflict.* Cheltenham: Edward Elgar.
Goss, S. (2001) *Making Local Governance Work: Networks, Relationships and the Management of Change.* Basingstoke: Palgrave Macmillan.
Gunn, C. (2004) *Third-Sector Development: Making Up for the Market.* Ithaca, NY: Cornell University Press.
Kickert, W.J.M. (1997) "Public Governance in the Netherlands: An Alternative to Anglo-American Managerialism", *Public Administration*, Vol. 75, No. 4: 731-752.
Kickert, W.J.M., E.-H. Klijn and J.F.M. Koppenjan (1997) *Managing Complex Networks: Strategies for the Public Sector.* London: SAGE Publications.
Knoke, D., F.U. Pappi, J. Broadbent, and Y. Tsujinaka (1996) *Comparing Policy Networks: Labor Politics in the U.S., Germany, and Japan* (*Cambridge Studies in

*Comparative Politics*). Cambridge: Cambridge University Press.

Kooiman, J. (2003) *Governing as Governance*. London: SAGE Publications.

Koppenjan, J. and E.-H. Klijn (2004) *Managing Uncertainties in Networks: Public-Private Controversies*. London: Routledge.

Marcussen, M. and J. Torfmg (eds) (2006) *Democratic Network Governance in Europe*. Basingstoke: Palgrave Macmillan.

Public Management Review (2006) *Special Issue: Co-production: The Third Sector and the Delivery of Public Services*, Vol. 8, No. 4.

Rhodes, R.A.W. (1997) *Understanding Governance: Policy Networks, Governance, Reflexivity and Accountability*. Milton Keynes: Open University Press.

# 第7章

# 市場化モデル
——政府は内部市場と公共調達をどのように使い分けるべきか？

## 1 はじめに

　公共経営と政府はしばしば「権威」の2つの異なる側面であるとみなされる。政府は決断を下し，法律を制定し，予算を作成し，政府機関を通じてそれを実践に移す（この過程は「遂行」とも「実施」とも言われるが，ここでは問題ではない）。ウェーバーによれば，現代の政府は法的合理性のある権威に依存している。公共経営が公式組織と計画立案に基づいて運営される限り，それは本質的には権威の実行であるということができた。

　しかしながら，公共経営の新しい形態の出現により，この「公共経営＝権威」という等式はもはや役に立たない。公共経営が分権化あるいは分散化された政府によって行われる場合，クアンゴ（特殊法人）や政策ネットワークに委託される場合，もはや公共経営はなによりもまず権威の実行ではなくなり，サービス提供チームのガバナンスのことを指すようになる。このガバナンスは，権威，市場および信頼という選択肢の中から調整手段を選択するのである。

　政府が購入と販売を通じてその役割を果たし得るという考えは，公共経営の思考において革命的なものであり，いわゆる内部市場の側面を持つ公共経営が政府のツールとして加わった（Hood and Margetts, 2007）。それは，サッチャー

政権下での強制競争入札（CCT: Compulsory Competitive Tendering）訳注1 のような極端な形態をとったり，単に公共サービス提供においてコストを削減するための便宜的なものであったりした。

## 2　入　　札

　政府はつねに公共サービス提供機関の運営費用を支払わなければならない。費用は容易に数値化することができ，回避できるものではない。公共経営において不可解なのは提供されるサービスの価値である。というのは市場における売買によって決定されたものではないからである。だが，政府は他の条件が同じであればつねにより少ない支払いを希望する。同じサービスが低コストで提供できれば，政府はお金を節約したり他のサービスにより多く投入したりできるのである。

　公共サービス・コストの急増は多くの国においてときに見られた。大部分は給与であり（平均的プログラムにおいて約70パーセント），インフレと労働組合の力によってつねに増加している。伝統的な行政管理は，財務省による予算枠割当内に費用を収める次のような戦略を発展させた。

1　政府機関間の体系的なコスト比較
2　全事業にわたる一般的なコスト削減
3　シナジー効果を創出するための政府機関の合併

　伝統的な行政管理は概してコスト抑制に成功しなかった。というよりは，第二次世界大戦終了後あまりに公共部門のコスト拡大が継続したため，行政管理においてはコストを抑制することは不可能ではないかとの議論さえあった。財務省は監査機関を使用し諜報活動を行ってはみたものの，公共部門の拡大に歯止めはかからないように見えた。パーキンソン（Parkinson）の官僚増殖モデル

---

訳注1　法律等で定められた特定の公共サービスを強制的に入札にかけて自治体と民間を競わせ，自治体側が落札できない場合，その部局を解散する制度。法律等で定められた業務については必ず入札にかける必要がある点，および自治体の担当セクションは一業者として入札に参加しなければその業務を失うという点で日本の入札制度とは根本的に異なる。

やニスカネン（Niskanen）の官僚予算最大化モデルは異論も多いモデルであるが，これらは公共機関がコストに関して原理的な問題に直面しており，その拡大を抑制することは不可能であることを示唆している。

　ウェーバーのアプローチに従って行政法で枠づけされた伝統的な官僚組織からはわからないが，公共サービス提供にはつねに2つの側面がある。すなわち，サービスの需要の側面と，同じサービスの供給の側面とである。サービスを注文すると同時に提供も行う政治的な委員会によって公的組織が運営されることも多かった。たとえば，官立大学はただ単に財務省にひとまとまりのサービスを提案するだけでなく，財務省が資金配分当局として大学プログラムが最も良いものになるように要求することを確かにしようとしていたのである。

　同様の需要・供給の混合が政府自身の内部にも発生していた。省庁と政府機関はその権威下でさまざまなサービスやプログラムを提供する一方で，同時にどのサービスとプログラムが優先されるべきかを判断する立場にあった。需要側が供給側と同一であるという状況において，コスト効率化が達成されるはずがなかった。古典的官僚制モデルでは，需要側としての政府の選好と供給側としての政府の利益とがつねに絡み合っていたのである。

　入札の側面を持つ公共経営は，公共部門におけるこの需要供給の合成を解体しようとして始められた。いわゆるニュージーランド・モデルにおいて体系的に展開され，オーストラリアと英国の両国において適用されて多大な影響を残している。これは，市場に類似した競争メカニズムを公共部門に導入するという考えに基づいており，政府はどのようなサービスを提供したいかを提示し，契約への入札参加者の中からサービス提供者を選択することとなったのである。それ以前にも，入札という形態はインフラ整備や建物の修理などの限られた事業において実行されていたが，ニュージーランド・モデルやサッチャリズムで目新しかったのは実行された入札の規模だった。

　問題の核心は，1980年代の公共部門改革に見られたように大規模な入札形態が導入されると，組織面に重大な影響を及ぼすという点である。古典的官僚機構は支持されるはずもなく，公共経営において入札の考えが加速度的に進行する中，官僚主義への圧力は増加していった。政府の中核における官僚制が徹底的に改革された国もあった。

第7章　市場化モデル——政府は内部市場と公共調達をどのように使い分けるべきか？　97

　入札と費用効率性は相互に，ワルラス的な競争均衡[訳注2]などの強力な経済学理論にリンクしている。入札を強調する動きは実際，公共部門の拡張に歯止めをかけ，可能なら軍事支出以外の公共支出を削減したいという一般的な政治イデオロギー——新保守主義の波——の一部であった。しかし，より社会民主主義寄りの政府においても入札政策は採用された。入札は，毎年とどまることなくコストを増大させていた内部圧力に対して歯止めをかけるための手段であると見ることができた。また，つねに賃上げを要求し続けていた強力な労働組合に対しても入札は効果的であった。

　入札の側面を持つ公共経営は公式組織の階統制ではなく契約を強調する。標準的なミクロ経済学でも述べられているように，一定の条件が満たされれば，契約は効率的な解決をもたらし得る。主要課題はこれをいかに公共経営において実行できるかである。実行が可能であれば，契約により配分効率が自動的に達成され，単位費用が削減され，非効率な部署は閉鎖される。契約の標準的なモデルはいわゆるエッジワース・ボックス[訳注3]であり，これは，完全情報保持者がいかにパレート最適[訳注4]な契約を達成するかを示している。交渉に特有な解決策はルービンシュタインの交渉モデル[訳注5]で明らかにされている。

　入札が大規模に導入された場合，それは広範囲に及ぶ組織改革と新たなガバナンス技術の導入を必然とする。すなわち外部委託と内製化である。政府における透明性の要求は，入札手続きの適切性の要求につながった。欧州連合（EU）や世界貿易機構（WTO）の加盟国の場合はなおさらだった。英国の強制競争入札（CCT）から発生した包括的入札の一般的なモデルやスカンジナビア諸国の自治体再編は「内部市場」と呼ばれ，これは官僚制度にとって代わろうとすることを強調するフレーズである。

訳注2　競争市場における価格の資源配分を定式化したモデル。
訳注3　二財二主体の単純な一般均衡モデルの均衡条件を直感的に理解させるためにエッジワースにより用いられた図表。
訳注4　誰かを不利にすることなくしては他の誰をも有利にできないという意味の最適性。
訳注5　交互提案交渉モデル。交渉において提案を交互に繰り返して提示するというモデル。

## 3　内部市場——買い手と売り手

いわゆる公共サービスを市場で配分するには原則として2つしか方法がない。1つはサービス全体を民営化することであり，もう1つは公共部門内に市場に類似するメカニズムを構築することである。政府機関が内部市場に代替される場合にとられるのは，後者の戦略である。

内部市場の側面を持つ公共経営の一般的なモデルは，サービスを入札にかけて買う部局と，応札して契約を獲得する供給者側とに政府機関を分離するものだ。このモデルは「購入主体と供給主体の分離」とも呼ばれるもので，買い手・売り手の間には入札にかけ，応札し，選考し，そして最後に契約者を決定するというプロセスがある。原則として応札者の参加制限はなく，公共機関，民間企業，第三セクター組織，民間人等であり得る。もちろん，重要な点は官僚組織がその独占，終身雇用，専門知識といった伝統的立場を失うことにある。官僚組織は応札できるが，契約者を決定する際には官僚組織だからといって特別な考慮が払われることはない。

内部市場が構築可能だということは明らかである。公共サービス提供を入札にかけるマネージャーらの購入委員会を指導するだけの資金力が政府にはある。入札手続きは，欧州委員会のように地域ごとに行ったり，世界貿易機構のように国際的に行ったりすることも可能である。通常の環境下では応札者は存在するだろうし，少なくとも独占的地位を失った政府機関からの応札はあるだろう。契約はたとえば2年から4年といった短期のものであり，契約終了後は入札手続きを再び行う。公共調達理論やオークション理論ではこのような手続きはよく知られている。内部市場の問題点はその適用範囲である。対象範囲が広い場合はいわゆる「取引コスト」が発生するのである。

## 4　内部市場の強みと弱み

内部市場の大規模な導入は政治革命——1980年代の新保守主義あるいは新自由主義の波——の一部としてのみ可能であった。政治革命は官僚主義を根絶

し，労働組合を脅かす。したがって，内部市場の大規模導入には，雇用を大幅に変える改革を最後まで遂行できる強力な政治への付託と堅固な政治決定が必要である。

官僚，専門家，何らかの終身在職権を失うことに直面する一般公務員などは内部市場の考え方に憤慨し，労働組合は組合員の解雇を恐れ反対した。しかし，重要な問題は，入札はすべての種類の公共サービスに有効かという点である。もしそうであれば，内部市場はどのような利益を公共経営にもたらすのであろうか？

まず，内部市場の一般化の可能性については疑問の余地がある。この公共経営モデルは一部サービスに適用可能であるが，そうでないサービスもある。最も重要な点は，全面的に完全に契約され得るサービスはどの程度あるのか，である。サービスが標準化され定量的であればあるほど内部市場に適する。その反対もまた真であり，サービスがより定性的で契約書において明細の特定が困難であればあるほど，内部市場が不適当となる。公共部門が提供する中核サービスのいくつかは実にソフトで，その提供には強い人的貢献が必要となる。このようなサービスは，入札手続きにおいてどのように効率的に配分され得るのか？

内部市場のスキームは公共企業を含め政府の全レベルのあらゆる種類のサービスに利用されることになっていた。伝統的な公共企業のための入札体制構築は公共企業の改革やその規制の改革を含んでいたが，これは次章で検討する。電気，天然ガス，廃棄物処理のサービスの場合は地域規制体制の形で自由市場の達成が可能だった。しかし，児童福祉や障害者福祉，老人福祉，精神保健相談といったサービスは内部市場モデルに適さない。内部市場の利用にはいくつかの限界がある。その中のいくつかを下記に挙げよう。

（1）**資産特殊知識**：資産特殊性とは，ある特定の取引への投資がその他の目的で使用される場合に比べて，より高い価値を生む程度と通常定義される。公共サービス提供において資産特殊能力がある場合，市場化は成り立たない可能性があり，内部組織による提供が好ましい。部品の中にはその生産のために特殊な装置への投資が必要なものがあり，商品の中にはその配送に独特な施設が必要なものがあり，また，サービスの中にはその提供が非凡なノウハウや技

能に基づくものがあるであろう。

　資産特殊性のケースは，買い手がその特殊資産を保有せず売り手がその特殊資産を保有するという，典型的な買い手・売り手の場面で見られる。当初は，資産特殊性によるホールドアップ（威嚇）問題[訳注6]は，買い手が売り手を威嚇するという単方向のモデルとして構築されていた。しかし後の研究者は，その両方向性，または多方向性を認めるに至る。伝統的な買い手・売り手市場においては，（その資産を有しない）買い手がもし売り手を変えることを決めた場合，その買い手には時間と他の投資先を探すことにともなう退出費用が必要となるので，ホールドアップ（威嚇）は両方向であり得る。

　(2) 取引コスト：取引コストはあらゆる商品やサービスの取引において生じるものである。相互に利益をもたらす取引が成立するためには，双方が現在の取引相手以外の売り手あるいは買い手と同様の取引が可能であることが必要であり，そこで相互に利益をもたらすような取引相手を見つけ，取引の機会を提示し，取引条件を交渉する――時間，エネルギー，お金といった機会費用がかかってくる――ということが必要になってくる。公共サービスの供給において，取引コストがゼロといった単純な仮定はすべきではない。市場化においては，市場参加者が取引を行う利益が，その取引コストを十分に上回らなければならないのである。相互利益のある取引であっても取引コストが高いために成立しないこともあり，その場合，内部組織が好まれる。取引コストの経済学においては，取引や契約前の機会費用のみならず，契約を有効なものとし施行するために事後に発生する機会費用も考慮しなければならない。

　実際，どのコストが取引コストであるかを判断するのは難しい。先行研究には，狭義と広義の両方の定義が見られるが（Furubotn and Richter, 2005），一般的に次のコストは典型的に含まれている。ある商品やサービスが市場で入手可能であるかどうか，その中で最低価格が付けられているかなどの判断に必要な調査コストや情報コスト，取引相手と合意に達するまでの交渉にかかる交渉コストや適切な契約書作成のためのコストがある。これはゲーム理論において，

---

訳注6　特定の企業でしか使えない生産設備や技能などを取引の一方当事者が投資をした後に，他方の当事者が取引を解約すると脅して，ダンピングを迫るなど当初よりも有利な条件を引き出そうとすること。

たとえば，男女の争いなどで分析されている。取引相手の契約遂行を確保するためのコスト，法的措置などのコストも含まれる。取引コストを広義に解釈すると制度的コストも含め得るが，それでは定義が曖昧になる。実際，取引コストは代替性と関係している。すなわち，経済単位の交換が容易に代替できるという性質である。個々の単位は相互代替が可能であり，同じタイプの単位で違いはない。

## 5　公共調達

　ほとんど理論化されていないが，公共調達はつねに政府の手段の1つとなってきた。官庁向けの設備などの購入を担当する中央機関を設けていた国もある。中央機関は政府から国内外における購入法についての詳細な指示を受けていた。公共調達において重要なのはマーケットスキルである。

　近年，とくに欧州連合（EU）のような地域組織が政府調達向けの地域市場を構築するなど，公共調達に注目が集まってきた。政府は省庁や官房に可能な限り低価格で調達するよう，すなわち競争力のある売り手を探すよう指示したいのだけれども，多くの省庁や官房は現在それぞれ独自の調達手続きを持っている。米国においては政府外での生産が欧州よりも歴史的に大規模で，公共調達が政府の標準であった。欧州においては政府内生産が減少するにしたがって公共調達の問題に注目が集まるようになってきた。

　公共調達には2つの側面がある。第一に，制度や従うべき規則の問題がある。EUにおいては，中央政府から地域政府あるいは地方政府の調達にいたるまで一連の共通規則があり，ブリュッセルで運営する中央入札システムによって管理されている。したがって，一定レベル以上の購入に関しては，各政府はEUのウェブサイトで契約を入札にかけなければならない。第二に，生産コストや取引コストを含むコスト全体を考慮したうえで，調達による利益を最大化するという課題がある（Laffont and Tirole, 1993）。

　公共調達を理解することが種々の理由からますます重要になってきている。以下，いくつか述べよう。

1 公共資本プロジェクトの規模拡大
2 公共契約獲得についての国際競争の拡大
3 公共資本プロジェクトに関する入札規則の統一化
4 政府内生産から外部供給への移行

　公共調達は，空港建設などの大規模プロジェクトからコンピューター購入のような小規模プロジェクトまで多岐にわたる。公共調達を地域競争や国際競争へと公開した場合に得られる利益は多大である。政府に大規模なインフラ整備プロジェクトを遂行する能力がなく，地域や国際の競争市場において公共調達せざるを得ない場合がしばしばある。公共調達は機会主義的行動を招きやすく，その唯一の防止策は透明性のある方法で明確な規則を実行することである。最後に，公共調達は原則として大規模な投資事業を扱うものの，ニュー・パブリック・マネジメント（NPM）の内部市場の考えと近似している。

## 6　中核的問題——生産コスト対取引コスト

　内部市場の側面や入札手続きの設計の側面を持つ公共経営においては，その他のサービス調達形態と比べた場合の強みと弱みを考慮しなければならないというやっかいな問題を解く必要がある。これは，相対的な制度評価の問題であり，政府にとって内部市場がもはや重荷となる限界点を見極めなければならない。この問題に対する一般的解決策はオリバー・ウィリアムソン（Oliver Williamson）や，ロナルド・コース（Ronald Coase）によって初めて提唱された組織経済学が示唆している。
　次のような場合において，政府は公共サービス提供のために入札メカニズムを採用するべきである。

1 取引コストが小さい場合
2 供給競争が見込める場合
3 資産特殊知識が公開されていない場合

## 4　機会主義への対処が可能である場合

　ウィリアムソンは，いわゆる階統制（内部生産をともなう組織）と市場（競争的環境における買いと売り）との間の一般的区別を明示した。一般的にコスト削減に向けた動機が働いていると仮定すると，民間企業は社内生産（低取引コスト）と社外委託生産（高取引コスト）の相対的コスト比較に基づいて階統制と市場とを混合する。供給競争は生産コストを削減するが，外部委託生産契約の交渉コストや契約順守を確保するための監視コストも計算に入れなければならない。政府が伝統的な官僚組織による供給と入札による供給の選択を行う場合も，民間企業の場合と同じ論理が適用される。

　全体のコスト（生産コストと取引コスト）の最小化に加え，参加者へのインセンティブが組織形態や制度デザインに影響を与えるとウィリアムソンは示唆している。たとえば，供給者の機会主義は外部組織に否定的に働き，供給者が資産特殊知識を持つことは内部組織に肯定的に働く（Williamson and Masten, 1999）。

## 7　結　論

　購入や販売の側面を持つ公共経営は，調達活動の範囲内では政府にとって従来大きな関心事ではなかった。しかし，それが大規模に実施された場合，「内部市場」と称される広範囲に及ぶ組織変革を余儀なくした。公共調達は政府内でつねに継続して行われている活動であり，契約規模が巨大化したときには地域規制や国際規制を必要としたが，内部市場戦略は革命的であった。それにより，公共組織を覆う官僚主義の魔力が解かれたといってよいだろう。

　公共経営は，命令を発することから，契約提案を入札にかけ，審査を行い，選別し，監視をするなど契約を扱うことへと移行した。政府が，契約の受注者側であるにせよ発注者側であるにせよ，潜在的サービス提供者や契約に応札しようという者が多数存在する場合はとくに，効率的な取引につながる可能性が高い。権威と独占にとって代わったのは選択と競争である。

　しかし，政府があらゆるサービスで例外なく売買を選択する場合（Osborne

and Plastrik, 1998), その効果は過大視されており政府にとって危険なものとなる。外部委託はあらゆる財政危機，財政赤字，あるいは官僚主義的非能率に対する万能薬ではない。政府は，指揮権を与えてくれる公法に訴えようともするだろう。実際には入札と外部委託は，政府がその公的権威と組み合わせて使用できる選択肢なのである。

## 本章のまとめ

1　NPM 台頭の刺激を受け，政府経営における大改革として財とサービスの分配に市場と類似するメカニズムが導入された。
2　「内部市場」という呼び名のもと，公共部門の改革は政府がいかに入札メカニズムを利用して政策を実施できるかを説明している。
3　「市場化」には民営化と外部委託および内製化を含む。
4　政府はつねに調達手法を用いてきたのではあるが，NPM が示唆するのは，その調達手法をより大規模に，全サービスにおいて市場化テストの装置で利用することであった。
5　取引コスト理論は，市場化戦略の限界の理解に役立つかもしれない。

## 参考文献

Boston, J. (2000) "Organizing for Service Delivery: Criteria and Opportunities", in B.G. Peters and D. Savoie (eds) *Governance in the Twenty-first Century: Revitalizing Public Services.* Montreal: McGill-Queen's University Press, 281-331.

Boston, J., P. Dalziel and S. St. John (eds) (1999) *Redesigning the Welfare State in New Zealand.* Auckland: Oxford University Press.

Brown, K. and S.P. Osborne (2005) *Managing Change and Innovation in Public Service Organizations.* London: Routledge.

Ferlie, E., L.E. Lynn and C. Pollit (eds) (2007) *The Oxford Handbook of Public Management.* Oxford: Oxford University Press.

Furubotn, E.G. and R. Richter (2005) *Institutions and Economic Theory.* Ann Arbor: University of Michigan Press.

Hood, C. and H. Margetts (2007) *The Tools of Government in the Digital Age.* London: Palgrave Macmillan.

Laffont, J.-J. and J. Tirole (1993) *A Theory of Incentives in Procurement and Regulation.* Cambridge, MA: The MIT Press.

McLaughlin, K., S.P. Osborne and E. Ferlie (eds) (2001) *The New Public Management Current Trends and Future Prospects.* London: Routledge.

Osborne, D. and P. Plastrik (1998) *Banishing Bureaucracy: The Five Strategies for Reinventing Government.* New York: Plume Books. 小峯弘靖・前嶋和弘訳『脱「官僚主義」——欧米の行政に革命を起こした「リインベンション」とは何か』PHP研究所, 2001年。

Pyper, R. and A. Massey (2005) *Public Management and Modernisation in Britain.* Basingstoke: Palgrave Macmillan.

Williamson, O.E. and S.E. Masten (eds) (1999) *The Economics of Transaction Costs.* Cheltenham: Edward Elgar.

# 第 8 章

# 戦略としての企業化
## ——公共企業を変革する

## 1 はじめに

　公共経営において，いわゆる取引部門から構成される公共部門ほど，広範囲で，包括的かつ一貫した変革を経験した例は他にない（Thynne, 1994）。公共企業（Public enterprise）はあらゆる面で——内的にはその組織構造が，外ではその置かれた市場環境において——変容させられてきており，伝統的な公共企業はもはや存在しない。それは公的な株式会社に変形されてきて，いわゆる事業部門以外でも利用される組織形態と考えられるようになったのである。
　国民に有料で商品を売ったり利用料を徴収したりする公共企業を抱える事業部門は，どのように組織されているにせよ巨大である。この部門は，莫大な資本支出と投資をともなうインフラストラクチャを持つ企業から構成されている。そのいくつかは巨大雇用主でもあり，公共企業の経済的影響はとても大きい。新自由主義の波は，規制緩和や企業化により伝統的な公共企業に劇的な影響を与えた。自由化の結果としてインフラストラクチャ全体が改革されるなか，取引部門は国内的，地域的，そして国際的な競争市場で活動するために株式会社の形態に変化するほかなかったのである。

## 2 古典的欧州モデルと米国モデル

インフラ向けの財とサービスは，欧州で見られるように公企業（public firms）により，あるいは米国で見られるように公益事業（public utilities）によって提供される。公益事業とは，州や地方政府によって決められた規制の枠組み内で活動する民間所有の企業である。欧州の公企業は財務省によって管理された狭い枠組み内で事業ができる官僚制組織である。それは，損失を出してでも安価な財とサービスを提供することを公式の目的とするが，非公式には雇用を創出し失業率を削減することを目的とする。

欧州の公企業も米国の公益事業も，財とサービスの価格交渉を行う一方で参入制限をする規制制度のもとで運営していた。それゆえ，基本的には独占企業だったが，価格設定は政府や規制機関が行っていた。また欧州の公企業の価格引き上げには政府の許可が必要であり，大なり小なり財務省によって管理されていた。欧州の公企業はとくに大雇用主であり，そのため，非効率であると時々批判される。

従来の公的規制はいわゆる埋没費用（サンクコスト）がその動機づけとなっていた。埋没費用とはすでに発生した費用であり，その大部分は回復不可能な費用のことである。埋没費用はしばしば変動費と比較される。変動費とは，企業の活動次第で変化する費用である。インフラ投資は巨額なものが多く，それを回収するには突出した利益が必要であり，長い期間が必要である。それゆえ，競争は免許によって制限されるべきである。しかし，ミクロ経済学理論は，変動費のみが決定に関連があるとする。合理的アクターは埋没費用を決定には影響させない。もし，影響させたら合理的アクターの価値だけで決定評価できなくなるからである。

自由化の波によりこれらすべてが変わった。インフラ部門は原則として参入自由となり，規制体制は変えられたり廃止されたりした。この変化は，規制緩和だけが効率性をもたらすとする規制に関する新理論——とりこ理論——に基づいていた。この理論によれば，効率性は規制緩和がある場合にのみもたらされる。公共企業のための公共経営は，参入の自由が価格を下げ大量の財やサー

ビスを供給させるような規制緩和された市場をもたらす主な媒介としての役割を目指さなければならない。規制緩和された市場では，公共企業は公共または民間からの新規参入者に直面する。地域市場や国際市場での競争が起こり，その結果，規制緩和は公企業組織に変化をもたらした。公企業はもはや財務省管轄の官僚制組織としての取引部門ではなくなった。競争相手に直面しなければならかったので，すばやい意思決定と企業利益を促進するガバナンス構造が必要となった。すなわち，戦略としての法人化が生まれたのである。

規制緩和と民営化の結果，欧州は公益事業モデルを採用したといってもよい。欧州と米国での唯一の違いは，これらの株式会社の株式所有者が欧州の場合は国家であり，米国の場合はそうではないという点である。基本的には，従来の取引部門や公共企業は欧州には残っていないが，巨大なインフラ企業は株式会社のように経営されてはいるものの，依然，国家の統制下にある。

## 3　公共経営における私法の適用

規制緩和にともなう公共企業の変質は，イアン・サイン（Ian Thynne）によって「法人化」と呼ばれた。これは，組織と戦略の大規模な変化を描写するのに最もふさわしい命名である。政府はそれ以前にも，産業政策のためとか当該企業が倒産したからといった理由で種々の民間企業株式を所有していたことはあるものの，ここで驚くべきは企業化の規模であった。鉄道，郵便，上下水道，電力，ガス，情報通信等，あらゆる種類の公企業が法人化されてきた。さらに部分的にあるいは完全に民営化されたケースもあった。

伝統的な官僚制組織たる公共企業の準拠法は公法だが，株式会社は私法に準拠する。公企業の経営形態として株式会社が広く受け入れられることは，公共経営の多様化に最も重大な影響をもたらしてきた。株式会社形態を認めることは，政治的影響力の範囲を制限し，事業の範囲を拡大することを意味する。変容の速度はとても速く，巨大企業の完全な民営化につながったケースもあった。完全な民営化は当然公的部門の相当な縮小をともなったが，単なる企業化だけでも，公共企業が管理されてきた仕方全体を変化させた。

私法が公法にとって代わったとき労働者の状態も変化した。公共企業は，規

制緩和された市場において効率性向上のため雇用を縮小したのである。これは，株式会社であることにより容易となった戦略であった。株式会社は始終自己資本を維持しなければならないし，否定的な結果を見せることはできない。行政法管轄下の官僚組織であったときに比べると，株主として新たな資本を拒否しコスト削減を要求するのは容易である。企業化の側面を持つ公共経営は，インフラ事業に競争をもたらし公企業がより利益率を高め損失を減らすための国際戦略として使われた。

## 4　公共経営とコーポレート・ガバナンス

組織の枠組みとして株式会社形態をとることは固有の事業部門に限られたものではなく，サービス提供部門で働く人々のチームを構成することにも拡張され得る。したがって，内部市場体制下にある場合，保健医療部門において法人化を適用することも可能である。地方政府や大学はときに「株式会社」と呼ばれることがあるが，企業化の側面を持つ政府経営は，私法が株式会社として区別している特別な経済企業を利用するということをも含んでいる。

### 強み

企業化した組織の主な強みは柔軟性があることと，事業へ明確に焦点を当てていることである。法人化された経済単位として資本を維持する必要があり，恒常的赤字はその消滅，すなわち倒産につながる。株主は，投資した以上のリスクは負わない（有限責任）。くわえて，法人格を持つ企業は，刻々と変化する環境において何をすべきか自主的に決断を下すことができる。

会社には，法人格を付与する特別な法的枠組みと法律自体が必要であり，それによって会社は架空の人格，あるいは法人とみなされる。会社法により，会社は財産の所有，拘束力のある契約の締結，税金の支払いが可能であり，株主とは別の決断を下す能力を有する。

たとえば倒産による精算の際，会社は優先的に債権者に資産を譲渡するが，株主は資産を回収できない。株主に対する個人的債権者は通常は会社の資産を引き出すことができない。株式会社に最も有利な制度は次のものを含む。

**有限責任** 共同経営や個人事業とは異なり，現代の株式会社の株主はその会社の債務や義務に対し「有限」責任がある。結果として，株主が負う損失は株式購入のために支払った金額や手数料等を超過しない。また，有限責任は，株式取引に関する会社債権者の権利を消去することによって，匿名で株式取引が実行できるようにしている。また，有限責任により，株式会社は株主からの資本を合わせて自身の資本とすることができる。有限責任は会社にかかわる株主の損失を低減するので潜在的株主が負うリスクが軽減される。これにより，より多くの投資家がより多くの株を購入することになる。

**永続生命** 株式会社の資産と構造はその株主，債権者，従業員の寿命を超えて存続する。これにより，投資資産の解体と分配を行わなければならない場合に比べ，資本を蓄積してより大規模な長期事業に投資できるのである。会社がその設立許可を取り消され法人としての存在が消滅することもあり得るが，会社自体がそう申告するか，毎年の申告義務を果たさなかった場合に限られる。

**代用性** 会社の価値はその資産によって計られ，会社は部分的に切り売りが可能である。したがって株主は，いわゆる残余持分のみに対する権利がある（非営利団体は除く）。会社が消滅した場合には，株主は債権者や会社内で利害関係を持つその他の者の後，最後にその資産に対して権利を主張できる。くわえて，有限責任の恩恵により株主の責任はその投資した分についてのみ発生する。

政府は，普通株式のルールを利用して，株式会社をガバナンス目的で使うことを望むこともあるだろう。（1）株主は会社の利益や精算された資産の残余請求者である。（2）契約は会社の存在期間に限られる。（3）取締役会を通じて，マネージメントチームの設立，管理層の監督，会社監査の要求を行い，会社業績に精通しその投資計画や事業提案にも参加することができる。政府が公共サービスの供給業務を株式会社に移行する場合，代替的なガバナンス構造は違ったアウトカムにつながることを考慮するべきである（Williamson, 1996）。

一般に，コーポレート・ガバナンスには2つの形態がある。第一に，企業管理が技術的には株主によって選出された取締役会によって決定される場合。実

際には買収の場合を除き，取締役は前取締役会によって決定される。第二に，企業管理が2つの階層に区分され，監督委員会が経営委員会を選出する場合。共同決定枠組みの場合，監督委員会の半数は社員代表で占められることもある。

　指導者——社長や最高経営責任者（CEO）——は会社を経営するために委員会により選出される。株式会社の理想としては株主により統制されることが望ましいが，銀行を含めた債権者が統制することもあり得る。実際にはCEOによって管理されるのが一般的である。融資の見返りとして債権者が株式会社の取締役会の議席を1つ以上要求することも可能である。たとえば，米国や英国では銀行による外部企業の株式保有は禁じられているが，ドイツや日本では銀行の株式保有は一般的である。

　コース（Coase）やウィリアムソン（Williamson）の提唱する経済組織学理論は，株式会社が会社経営にまつわる主要問題にいかにチームが着手するかを説明している。株式会社の制度は経営管理のみならず，リスク資本やベンチャー資本の調達を可能にする。公共サービスを供給する株式会社は，官僚組織のように階統制である一方，より大規模な外部委託を行うこともある。サービスの販売により歳入を獲得するためその利益性には透明性があり，市況によっては資本を調達し投資も行う。公共サービス提供を事業とする株式会社は，経済的組織として古典的な内部問題に直面する。すなわち，どのように取引コストを削減するか，社員の機会主義を回避するために資産特殊情報をどう処理するかなどの問題である。たとえばインフラ部門のように，公共企業が大きなプレイヤーの場合，その企業化に際して市場構造政策を要求して，市場参入を容易にし独占を回避すること——規制緩和——がなされる。

弱み

　公的株式会社の第一の弱みは，政府の管理が及ばないこと，そしてそのマネージャーの議会に対する説明責任が弱いことである。株式会社として経営される公共企業はどのようなものであれ単なる企業体ではなく，民間株式会社に類似しているため，管理や説明責任の問題が大きく立ちはだかる。公的株式会社は公共サービスを提供するのであるから，政治の範囲に属する。とくに何か大事があった場合には，会社のトップがさまざまな政府の機関に責任を問われ

るが，コーポレート・ガバナンスには大きな自律性があると主張されることに対しては，政府の諸機関は反対するだろう．

さらに，公的株式会社は単に事業や利益追求のみに焦点を絞るわけにはいかない．市場で販売できるものも含め，公共サービスの提供には経済的側面以上の意味があり，公的株式会社は国民に対する政治的説明責任のため議会のみならず政府によって厳重に監視されるであろう．したがって，これら公共企業に通常の民間企業と同量の自由裁量を委ねるのは有用ではない．たとえば人命や財産に甚大な被害を及ぼす電車脱線事故や原子力発電所の故障等は，即刻政治的問題となる．

### 要約

公共企業は，以前は失業対策のための政治任用を行うものとして機能しており，過剰雇用による赤字を政府が補填していた．従来の取引部門から株式会社への制度変更により，政府は公共企業に利益を増やすよう要求する自由を得た．したがって，政府は株式会社の経営者に損失を減らすよう，すなわち過剰雇用を解消するよう指導できる．もし，経営がうまくいけば，政府は株式配当も要求するかもしれない．

しかし，公共サービスの提供は，通常の単純なビジネスではない．独占や寡占の問題が発生するのを防ぐよう注意しなければならず，そのためには規制が必要である．さらに，サービスの品質も確保されねばならず，それにも規制が必要となる．株式会社による公共サービスの提供が招くこのような問題の解決法の1つは，欧州連合（EU）に見られたように地域主義と規制とを結びつけて，私的財と公共サービスのための共通市場を構築することである．

## 5　インフラ向けの新しい地域市場・国際市場

公共部門の事業に関して新自由主義がもたらしたものの評価はまだ固まっていない．研究文献の評価は混合している．規制緩和と法人化において，情報通信は最も成功した例としてみなされており，国によっては完全民営化されている．英国鉄道とその軌道の民営化は悲惨な結果をもたらした．電気，ガス，水

道においては結論は混合している。一般的に，法人化は下記の結果を生んだ。

1 会社の効率性の上昇：職員数が減少する一方で生産は増加した。
2 市場の効率性の上昇：市場参入者の増加にともない，生産量の合計が増加した。
3 競争の増加：規制緩和された市場はいまや地域あるいは国際的にさえなっている。
4 価格は一律に低下してきたわけではない：航空サービスなどで単位価格は低下したが，運送や電気価格は，燃料コストの上昇を一部受けて上昇した。
5 株式会社の利益は急上昇してきた：ここで重要な点はその経済的利益が政府と国民のどちらに帰するかという点である。

　法人化戦略の評価を行っている国では，歴史的な遺制，改革の経路依存性，あるいは（サッチャー政権下で行われた急速な民営化などの）特異な政策決定を反映して，それぞれ異なる評価となっている。ただ，法人化と規制緩和は独特の状況を作り出した。巨大な公的株式会社は，その所有者から自立して民間の大企業と肩を並べて競合している。国内，地域，国際規制体制において合法であればいかなる提携も可能である。独占が馴れ合いと寡占競争にとって代わられてきたと言う者もいるかもしれない。その真否は別として，国民／消費者と公的株式会社の距離がこれほど大きかったことはかつてない。国境を超えた戦略や提携により公的株式会社は人々の資産というよりは，高給取りのマネージャーの収入源となったのである。
　政府が法人化と市場の規制緩和の戦略に乗り出した際，伝統的な公共企業に関して，所有権の問題は解決されなかった。EC（欧州共同体）の自由化プロセスにおいては，国家独占が直面する法的・経済的課題が浮上した。情報通信，郵便，エネルギー，航空，鉄道輸送等の領域においては，短期間にこれらの主要な産業部門で重要な展開が見られた。自由化と民営化によって浮き彫りにされた課題には情報通信や航空部門の「戦略的提携」はもとより，消費者保護や公共サービスの義務も含まれる。比較法や国際法の視点は，米国における独占が競争に開放されてきたことも扱っている。WTOの枠組みで交渉された自由

化方策はとくに情報通信の分野に関連している。

## 6 リスクと複雑化を減少させる
―――インフラにおける官民パートナーシップ

インフラ事業がますます複雑になるなか，政府が公共企業の枠を超え大型事業にかかる重大なリスクを分担するパートナーを求めるのは当然である。民間部門がインフラ事業にかかわる場合，資金調達や支払いのやり方を変えなければならない。合弁事業によりある程度の利益率を達成できる場合のみ，民間企業はいわゆる PPP（官民パートナーシップ）に賛同する。政府にとっての利点は最新技術にアクセスでき，また民間部門が資本投資の相当額を出資することによりリスクを分担できることにある。

民間企業によって提供される民間部門の資金提供は，政府と連携して公共インフラ施設の建設や運営を促進するかもしれない。オーストラリア，カナダ，欧州大陸，香港，英国の例が思い浮かぶ。途上国や移行経済国においても潜在的な官民パートナーシップがある。官民パートナーシップはいまや，経済学者，技術者，投資銀行や政府機関にとってのより重大な関心事である。

公共部門のインフラの調達と維持の方法として，官民パートナーシップは下記の部門で国際的にますます広がっている。(1)運輸：道路，橋，トンネル，鉄道，港，空港，(2)社会インフラ：病院，学校，刑務所，公共住宅，(3)公益事業：水道，下水処理，廃棄物処理，政府庁舎や官舎の管理，(4)その他特別サービス：情報通信ネットワークと国防装備，である。

官民パートナーシップによる調達をとるかどうか考慮するとき，また官民パートナーシップ契約においてこの政策アプローチを適用するとき，政府は国際慣例に従う。国際慣例は，公共政策の枠組みの中で官民パートナーシップのための資金調達に関する統合的アプローチを提供して，官民パートナーシップ政策の展開や交渉の記録として機能する。

政府が巨大インフラ事業の巨大な責任について官民パートナーシップを用い始める場合には，伝統的な取引部門よりも法人化された公共企業によるほうが向いている。公的な株式会社は，柔軟性や効率性が向上するので，大小さまざまな民間企業との協働がよりやりやすい。事業において株式会社形態は組織を

第 8 章　戦略としての企業化──公共企業を変革する　　115

柔軟性に富んだ，自律的で，効率的なものにする。
　したがって，建設産業において官民パートナーシップは重要な問題であり，建設業者や，資金調達者，施設管理者にとって大きな関心事となっている。リスク管理手法は，病院，学校，廃棄物処理や住宅分野の官民パートナーシップにおける調達管理の複雑な過程に役立つ（Grimsey and Lewis, 2007）。

## 7　民営化──管理についての課題

　民営化は本質的に論争を引き起こす政治的課題である一方で，管理について深刻な問題を抱えている。国営企業（State-Owned Enterprises）について民営化を追求してきた国もある。いくつかの国では，情報通信，エネルギー，水道，廃棄物処理の巨大公企業が売却されてきた。民営化への動きは本質的な政府経営論というよりは，国家と市場の分離という政治的イデオロギーを反映している。しかし，いったん政府が民営化政策に乗り出すと，さまざまな実質的課題に直面する（Megginson and Netter, 2001）。基本的な課題は正しい価格の決定である。
　民営化は，政府が国営企業の「正当な」価格を受け取り，公共サービスが将来つつがなく継続されたとき，成功したといえるだろう。1980 年代から 1990 年代の新自由主義パラダイムに基づく大規模な民営化改革はまさにこの 2 点において批判されてきた。
　民営化は特定の公共サービス（利用者に全額支払ってもらっている事業部門）について政府をその運営責任から解放する。しかし，その全般的な計画は政府経営の責任である。したがって，民間企業が失敗した場合でも政府はこれらのサービスが無事提供されるようにしなければならない。民営化は公的規制の負荷を重くし，責任は公共企業から規制当局に移動する。

## 8　結　　論

　今日公共経営にはいくつかの方法があり，組織形態の選択肢が与えられている。継続的な公共部門改革の結果，公共経営は行政法と私法の両方を駆使して

サービスを提供し，人材を組織する。戦略としての法人化が政府の事業部門全体とサービス提供部門の多くで採用されてきた。サービスの提供が税金によって支払われている場合においても，その契約請負人の多様なチームは株式会社形態で立ち上げられるかもしれない。

法人化戦略はガバナンス構造を多様化して，公共経営の複雑さを増す。そしてそれが入札やクアンゴ（特殊法人）の形態と組み合わさったとき，公共部門の説明責任はより曖昧になる。民営化と組み合わさったとき，公共サービスの大半は民間部門に移行する。しかし，インフラについての最終的責任は政府にある。担当企業の所有者が誰であろうと，国民には，たとえば，インフラが整備されることを期待する権利がある。したがって，政府はたとえ自身でサービスを提供しないとしても，監視する義務があるのである。

## 本章のまとめ

1 伝統的な公共企業はしばしば国の経済のかなりの部分を占めていたが，いまではもはや過去のことに属する。
2 公企業（欧州の伝統）や公益事業（米国の伝統）の変革は公共部門改革の重要な焦点となってきた。
3 法人化と規制緩和はしばらくの間政府の重要な政策となってきたが，いくつかの国では大規模な民営化がなされてきた。
4 株式会社形態の組織が政府の事業活動において最も適したもののようである。
5 規制緩和の波に続き，シカゴ経済学派の教えに反して再規制が起こった。実際には規制が増加，複雑化したとする批判もある。
6 国民に対するインフラ提供は，民営化，企業化，そして規制緩和後においても，政府の主要課題である。公的株式会社あるいは半民営株式会社が多大な利益を得たとき，独占や寡占の問題が再浮上する。

## 参考文献

Akintoye, A., M. Beck and C. Hardcastle (eds) (2003) *Public-Private Partnerships: Managing Risks and Opportunities.* Oxford: WileyBlackwell.

Campbell, C.T. and M. Wouters (eds) (2000) *International Deregulation and*

*Privatization*. Ardsley, NY: Transnational Publishers.

Coase, R., P.J. Buckley and J. Michie (eds) (1996) *Firms, Organizations and Contracts: A Reader in Industrial Organization*. Oxford: Oxford University Press.

Eliassen, K.A. and M. Sjovaag (eds) (1999) *European Telecommunications Liberalisation* with H. Ungerer (Foreword). London: Routledge.

Geradin, D. (1999) *The Liberalization of State Monopolies in the European Union and Beyond*. London: Kluwer Law International.

Grimsey, D. and M.K. Lewis (2007) *Public- Private Partnerships: The Worldwide Revolution in Infrastructure Provision and Project Finance*. Cheltenham: Edward Elgar.

Megginson, W.L. and J.M. Netter (2001) "From State to Market: A Survey of Empirical Studies on Privatization", *Journal of Economic Literature*, Vol. 39, No. 2: 321-389.

Ogus, A.I. (2004) *Regulation: Legal Form and Economic Theory*. Oxford: Hart Publishing.

Thynne, I. (1994) "The Incorporated Company as an Instrument of Government: A Quest for a Comparative Understanding", *Governance*, Vol. 7, No. 1: 59-82.

Tirole, J. (1988) *The Theory of Industrial Organization. Cambridge*, MA: The MIT Press.

Williamson, O.E. (1996) *The Mechanisms of Governance*. New York: Oxford University Press.

Yescombe, E.R. (2007) *Public-Private Partnerships: Principles of Policy and Finance*. Oxford: Butterworth-Heinemann.

Young, A. (2001) *The Politics of Regulation: Privatised Utilities in Britain*. Basingstoke: Palgrave Macmillan.

## 第9章

# 本人と代理人
## ——公的規制

## 1　はじめに

　公共部門改革は官僚主義に基づき経営されていた公共部門の一枚岩的イメージを破壊してきており，それに代わって政府の各層でさまざまな組織が活性化してきている。外部委託により多くの民間組織が公共サービスを提供し，企業化により公共組織の多くはますます民間組織の様相を呈してきた。最後には第三セクター組織まで公共サービス契約の入札に多大な興味を示すようになってきている。この多様化した代理人はどのように監視され，説明責任が確保されるのか？

　公的規制は公共経営にとってつねに大きな課題となってきた。サービスや財の提供について価格，量，品質などの特定の要素を管理する目的を持ち，公共と民間両方の組織を対象とすることもある。財務書類の監査にリンクすることもあるが，これは必須ではない。保険医療分野において患者が医療ミスと考えて訴訟を起こすことができる場合のように，法的傾向を持つ可能性もある。一枚岩的な公共部門の解体とそれにとって代わった多様な主体の出現によって，組織的にいえば公的規制と監督の必要性が急増したのである。

　公的規制には公共サービス提供を対象とするものと民間部門の活動を対象とするものとがある。過去20年間の傾向として，両方のタイプの規制が急増し

た。なぜだろうか？

## 2 伝統的公的規制——参入規制

伝統的な公的規制は公共企業や公益事業を対象とし，配分効率を達成する体制の構築に焦点を当てていた。企業に財とサービスの提供を許可する一方，政府が価格と量を設定するというこの参入規制理論について，2つの論点が議論された。基本的に，これはそれらの企業にとって都合の良い参入規制と，（少なくとも理論的には）不都合な価格・量の決定との間のトレードオフである。2つの論点というのは次のものである。

1 インフラにとって配分効率性とは何か？
2 大型の財と埋没費用を踏まえ，これをどう達成するか？

ここでは，これら2つの論点に対し多様な答えを提供する代替的な理論（Tirole, 1988）には言及しない。政府が参入規制に力を入れなくなるにつれ，伝統的規制はもはや適切性がなくなっている。政府は規制緩和論に呼応して参入はできるだけ自由にするという姿勢をとってきている。いったん参入規制が放棄されると，多様な者の間での競争が起こり，規制の焦点は製品規制に移行してきた。その重要な問いは，「公共・民間競争者の供給競争のなか，製品の質と安全性はいかに促進され得るか？」ということである。

クワンゴ（特殊法人）と政策ネットワークの導入によりこの問題はより妥当性のあるものとなった。政府はその管理を離れた公共サービスの考えを単純に受け入れたのではなく，透明性，説明責任を向上させ，責任を強化するよう公共サービス提供を監視するために，規制委員会を創設したのである。

## 3 新しい公的規制——製品に関する規制

規制緩和，自由化，そして民営化により伝統的な公的規制はほとんど見当違いのものになってきた。参入規制はもはや目指されておらず，国内，地域，国

際レベルにおける公平な参入確保に焦点が置かれている。供給における競争の重視は委託契約・受託契約の両方を促進し，公共サービスの提供は多様化してきた。すなわち，複数のサービス提供者が競争してサービスを提供するようになってきた。公共組織対民間組織，官僚組織対企業，組織対起業家，異なる地域政府や自治体間等，あらゆる種類の競争が考えられる。そして，次の問いが浮上する。サービスの最低品質保障はどう確保されるか？　消費者からの苦情はどのように処理されるか？

人々が要求する公共サービスの量と質を規定するため，新たな公的規制の波は製品規制に焦点を当ててきた。いくつかの国々では，製品規制への動きにより規制活動が拡大しただけではなく規制委員会が極度に増加してきている。分散した公共サービス提供組織が存在する英国においては規制緩和が始まれば公的規制が減少すると期待されていたが，逆に，規制国家の急激な拡大を経験した。

公共サービス提供の新たな形態は規制のパラドックスとも言えるものとなった。自由化が進むにつれ，規制が強化される。競争を確保するだけでは消費者は満足しないと解釈できるかもしれない。たとえば，保健医療部門では規制緩和に続いて再規制が起こってきている。水道などのインフラ部門でも同様である。このように新しい規制あるいは再規制が頻発するなか，この多様な規制体制をどう理解すべきであろうか？

### 4　規制とリスク

ポストモダン社会における規制の拡大と規制主体の増加は，リスクが規制拡大の主要因であるとの議論を刺激してきた。経済的に発展し強固な法体系の存在する国々（ロールズ（Rawls）のいう秩序ある社会）においてなぜ新しい規制が発生しなければならなかったのだろうかと問うてもよい。

民間部門で製品保証の要請があるように，公共サービスの品質保証も必要である。公共部門改革により公共サービスの供給が増加し，またその供給者の数も増加しているので，消費者は多様な供給を監視する機関の必要性をますます感じている。規制緩和が再規制につながるというパラドックスは上記のように

説明できる。

　規制国家の拡大を説明すべく，相反するリスク理論が掲げられている。第一に，いわゆるリスク社会においてリスクが実際に急上昇してきたとする客観的理論がある。リスク社会という語はドイツの社会学者ウルフリッヒ・ベック（Ulrich Beck）によって命名されたもので，リスクを明らかにするというマスメディアの役割に焦点を置く。リスク社会においては，進行する経済の近代化に起因する危険と不確実性に対する体系的な研究方法がある（Beck, 1992）。ベックは，経済や社会からの「人工的リスク」にともなう自然災害を阻止しようとしたのである。

　ベックによれば，ポストモダン社会においては多様なリスクが常時増えており，リスク社会となる。その上リスクを製造する人々がそのリスクにさらされるので，リスクには「ブーメラン効果」が潜んでいる。将来的にはすべての人々が，増加した多様なリスクにさらされるので，リスク社会が階級（現代）社会にとって代わる。リスクの分配は富ではなく知識に由来するので，リスクは上流階級と下層階級を差別しない。リスク・エクスポージャー（リスクにさらされること）は根本的に知識と情報へのアクセス次第であり，経済的状況との相関関係があるかどうかはわからない。

　ポストモダン社会は複数のリスクの導入によって変化してきた。リスクは人々の間に平等に分散していないのは確かである。リスクはQOL（生活の質）を左右するので，政府はリスクについて人々に知らせ，リスクをやわらげる義務がある。人々は，危険に関する情報やリスク回避嗜好によって，社会リスクについての立ち位置を決定する。ベックは「これはいくつかの側面で階級・階層の不平等に沿うものだが，基本的には異なる分布を示している」と述べている（Beck, 1992: 23）。

　地震や津波などの自然災害は人口密度の高い地域では甚大な被害を及ぼすのは明らかである。しかし，ベックのいうリスク社会という概念は，人工的リスクに主たる関心がある。人工的リスクが自然リスクと違う点は，気候変化，地球汚染，ウィルスや伝染病の蔓延，有害物質の拡散などの場合，人間の営みがリスクを創造しまた軽減する点である。人工的リスクは人間の活動により起こるため，リスク・エクスポージャーやリスクの規模の削減に効果がある政策を

とれる可能性がある。

　しかし，反論としてリスクの認識こそが重要であるという主張もある。これが主観的リスク理論である。リスクは主に主観的なものであり，出来事をリスクと機会に分類する際に各人の見方が反映される。社会グループは多様でありリスクについても多様な理解がある。したがって規制政府の台頭はポストモダン社会自体が招いた結果というよりは，文化によるものである。これは，アアロン・ウィルダフスキー（Aaron Wildavsky）が『安全性の追求』（*Searching for Safety*, 1988）で提唱したものである。ウィルダフスキーは規制国家を極端な平等主義の台頭という文化的背景と関連して考えているのである（Wildavsky, 1991）。

　リスクへの対処法は政府により異なるため，鍵となるのはリスクに対する認識である。そして，このリスク認識は，リスクに対する過剰評価あるいは過小評価——すなわちバイアス——に通じる価値に依存する。異なる社会集団は異なるリスク評価をするため，リスクと文化は区別がつかないものとなる。これは，フッドらのような文化理論を政府経営に適用する学者の議論である（Hood *et al.*, 2004）。したがって，ウィルダフスキーのリスクに対する主観的アプローチは客観的アプローチよりもしっかりしているように見える。しかし，たとえば2008年の世界的金融恐慌のように世界各国が大規模リスクを「作り出して」いることは否定できない。信用市場におけるリスクについての知識は幅広く行き渡っていたにもかかわらず，金融機関は過剰レバレッジにより，深刻なリスク・エクスポージャーを招いた。信用逼迫が引き起こした世界的影響はベックの提唱する客観的アプローチに当てはまるように見える。

　客観的主張であれ主観的主張であれ，リスク論議で鍵となる課題は，その予防原則が確立しているかどうかであり，このことはさまざまな政府で受け入れられている。予防は，リスク社会における客観的な状況により保証されるものなのか？　それとも，イデオロギー——市場経済と経済成長に対するバイアス——に牽引されるものであろうか？

## 5　規制の形態

　規制が増加するなか，そのさまざまな形態を整理して相違点と類似点を見つけようとするのは当然のことだ。欧州連合（EU）の規制は米国の規制の方法とは異なるものであると議論されてきた。たとえば，EUでは権威ある委員会の決定に基づいて市場に直接介入する形をとるのに対して，米国では司法制度において裁判所が最終決定を下す。この違いは歴史的に見て，シビルロー（大陸法）とコモンロー（英米法）の違いからきている。米国における公的規制は反独占や環境規制違反の訴訟において裁判での対決という形態をとる。EUでは規制権限が委員会にあり，その決定を覆すために欧州司法裁判所（ECJ）に異議申立てをすることもできる。

　多様な規制体制を理論化しようとする試みは，規制の増加のために難航している。最も徹底した試みはフッドら（Hood *et al.*, 2004）がいくつかの異なる製品，分野，トピックについて英国の公的規制の難解な性質を調査したものである。リスクをときに過小評価し，ときに過剰評価している公的規制においてパラドックスが起こるのは真実である。リスクと規制にともなうあらゆるものに何らかの傾向は見出されるだろうか？　とりわけウィルダフスキーにより初めて唱えられた新文化理論に依拠して，フッドらはあると信じている。彼らは，社会におけるすべての国家介入を含め，多様な公的規制を説明するいくぶん複雑な理論枠組みを構築した。

　国や地域組織がそれぞれ異なる規制モデルを採用するなか，さまざまな規制形態が話題になりがちだが，重要な問題は規制体制の中でどこが裁定するかである。国によっては普通裁判所が経済的規制違反の調停の場であり，他の規制体制においては規制機関が直接評決し違反者に罰金を課してもよい。

## 6　規制における信頼と自律性

　公的規制の多様性はよく研究された現象である。その量，方針，方法などの規制の相違点は各国の歴史的遺制や，さまざまなリスク哲学や文化を持つ異な

表 9.1 信頼ゲーム

|  |  | プレイヤー 2 | |
|---|---|---|---|
|  |  | 信頼する | 信頼しない |
| プレイヤー 1 | 信頼する | 1, 1 | −1, 2 |
|  | 信頼しない | 0, 0 | 0, 0 |

る社会集団を参照することにより説明できる。では，すべての公的規制に共通する中核は何であろうか？　本人＝代理人フレームワークは政府（本人）と規制当局（代理人）の間の見返りで説明しようとする。

クレプス（Kreps, 1990）は，機会主義や共謀などの本質的特徴をとらえた単純な信頼モデルを示唆している。信頼モデルの概要は表 9.1 のとおりである。

信頼ゲームのパレート最適解[訳注1]は $(1, 1)$ であるが，第二のプレイヤーはつねに支配戦略[訳注2]である「信頼しない」を選択するためそのナッシュ均衡[訳注3]は $(0, 0)$ である。協調的な解決が許されるのであれば，効率的な解は 0 と 2 の間の組み合わせで合計 2 になる解である。それに加え，もしゲームの繰り返しが許されれば，メタ戦略によりパレート最適解にたどり着く可能性もある。

信頼ゲームは次の二重の意味で公的規制と関連している。

1　政府は多様な公共サービス提供者を信頼するかもしれず，彼らに詳細な規制はしない。リスクは，公共サービス提供者が機会主義的行動をとること，すなわち多少サービス提供を怠ったり，価格を偽ったりすることである。そこで，政府は包括的な規制を行う。
2　政府は規制機関が最大の努力をしてその役割を果たすと信じるかもしれない。これは，規制機関が政府とは切り離され自律的に運営されることを意味する。しかし，自律性は機会主義を誘発し，過剰規制あるいは過小規制になる。これに対して政府は規制機関を監視したり，競合する新たな規制機関を設立したりする。

---

訳注1　誰かを不利にすることなくしては他の誰をも有利にできないという意味の最適性を満たす解。
訳注2　他のプレイヤーがとる戦略の組のすべてに対して最適反応となっているような戦略。
訳注3　すべてのプレイヤーにとって，他の人の戦略を考慮したときの自分にとっての最適な状態。

信頼ゲームはあらゆる形態の公的組織において起こり得る。その中で政府は政府機関を信頼して公共サービス提供を委ね，自律性を許し報酬を与える。もし政府がその政府機関を信頼しなければ，公的規制という手段に訴える可能性もある。しかし，今度は規制当局に関して信頼ゲームが再浮上する。すなわち，規制は万能薬ではない。

## 7　英国の規制国家——病理学？

　市場経済と民間部門に対する政府規制は，参入規制（規模の経済）と製品規制（品質）とを区別する公的規制理論により経済合理性が付与された。資源配分（サービスの生産）や所得再分配（社会保障）のような公共部門の他の機能に加え，政府規制は特別な役割を与えられている。

　参入規制に対する批判は大規模な規制緩和を招いたが，金融安定，銀行・財政システムの健全化や，民間企業が公共的義務を尊重することなど，肝要な経済部門における政府規制の合理性は否定されていない。マーケットが機能するには規則枠組みの制度化が必須であるというのは法と経済学の研究における基礎的理論であり，その制度化には一連の監視機関が必要である。EUが単一市場を確立した際に行われた大規模な規制（現在は20人の委員が市場監視に当たっている）をその例として挙げることができよう。

　しかし，規制政策が，分配，再分配にかかわらずその他の数多くの公共部門改革と組み合わされたとき，ゴミ缶過程と呼ばれるリスクが発生する。ポリット（Pollitt）によると，これは大規模に繰り返し行われた英国公共部門改革において発生したものである。公共サービスが部分的に民営化され，部分的に契約化された際，政府は実際の供給にはもはや関与しないものの，品質確保の必要性に迫られた。解決策は，以前は官僚制組織や取引部門によって提供されていた財とサービスの提供を監視する規制機関を多数設立することであった。いくつかの理由により，この複雑に絡み合った規制機関は，合理性を欠いたように見える継続的な変化や拡張によって混乱したのである。

　英国が政治革新の実験室と化したのはなぜか？　英国は，サッチャーとブレアの政権下において自由化と分権化が進んだという通説に対して，ある学者は

あえて挑戦している。それに代わる理論として，モラン（Moran）は，市民社会の独立領域を今日まで干渉国家として植民地化し支配してきた結果から（英国の政治革新が）生まれたと論じている。

## 8 規則とインセンティブ——公的規制の限界

政府は経済制度を運用して，経済的営みにおけるアウトカムの形成を促進している。もっとも，効率的な規則を政府が確定し施行しようとしているかについては賛否両論がある。法と経済学の信奉者は，政府が最大取引コストの最小化に寄与する制度進化に関与すると主張するが，ここで指摘されるべきは，規則は人間の行動を完全に制御できるものではないということである。経済的アウトカムにとってインセンティブは決定的に重要である。

2008年の金融危機に関し規制当局を非難するのは簡単である。しかし，主な責任は，当時「冬眠中」であった金融機関の所有者にある。本人だけが銀行や金融機関の資産保護に最も真剣である。もし彼らが警戒しなければ，政府がどのような金融規制システムを整備しようと，惨事につながる確率は無視できないものとなる。

## 9 結　論

経済の一般的な規制緩和の動きが基調にあったことを考えれば，公的規制の増加は驚くべきものであり，ますます多様化する公共サービス供給に対する合理的対応であったとしか説明できない。きわめて多様な提供方法が出現したので，人々はその質の管理と改善を望んだ。

文化理論はいくつかの国家で見られた特異な規制体制に分析の眼を向けた。リスクに対する異なる姿勢——これは世界観ともつながるかもしれない——が大きな役割を担ったことは疑う余地はないであろう。

さらに，政府経営の規制形態の論理を求めるのは当然である。公共サービスを含む財やサービスを提供する共通の市場に関する地域規制や国際規制が1つの理由である。これは，多次元ガバナンスの理論に明記されている。しかし，

状況がますます複雑化するので，規制国家は過剰な取引コストに直面する。たとえば，英国の年金支払い業務がインドに外部委託されることにより，苦情申立てが，（英国という）国民国家に対する人々の忠誠を低下させてしまうというリスクをともなうようなやっかいな事態となるかもしれない。政府と規制当局との間の関係を信頼ゲームとしてモデル化すると，規制当局も機会主義に陥るかもしれないのである。

公的規制の基本問題は，「規制当局は誰が監視するのか」というものである。2008年の金融危機により完璧な規制の枠組みを創造することは不可能であることが思い出される。多くのアクター——中央銀行，格付け機関，海外投資家，証券取引委員会（SEC），米国連邦準備銀行（FRB），金融取引業規制機構（FINRA），金融サービス機構（FSA）——が国際金融システムの監視監督に当たるなか，銀行と金融制度が受ける打撃の規模を予告できたプロのエコノミストはいなかった。

## 本章のまとめ

1 近年，政府経営論において，規制における政府の多面的役割が強調されてきている。
2 公的規制は従来いわゆる参入規制をターゲットとしていたが，規制緩和プロセス後の今日，製品規制に焦点を当てている。
3 公的規制は民間部門や，多様な政府機関——病院，保健医療，学校や教育機関など——に及ぶこともある。
4 公共部門改革とNPM改革の後に公的規制は普及した戦略となり，ポスト・ウェーバーの政府機関の規制につながった。
5 規制の中核にある問題は本人＝代理人に関係するものである。すなわち，政府はいかに規制当局が政府の目的に忠実であると同時に効率的結果を生み出せると信頼できるのか？　民間部門の公的監督は効果的か？

## 参考文献

Beck, U. (1992) *Risk Society: Towards a New Modernity.* New Delhi: Sage. (German Risikogesellschaft published in 1986.) 東廉・伊藤美登里訳『危険社会——新しい

近代への道』法政大学出版局，1998 年。
Black, J., M. Lodge and M. Thatcher (eds) (2005) *Regulatory Innovation: A Comparative Analysis*. Cheltenham: Edward Elgar.
Cooter, R. and T. Ulen (1999) *Law and Economics*. New York: Addison Wesley. 太田勝造訳『新版 法と経済』商事法務研究会，1997 年。
Ericson, R.V. and K. Haggerty (1997) *Policing the Risk Society*. Toronto: University of Toronto Press.
Gibbons, R. (2001) "Trust in Social Structures", in K.S. Cook (ed.) *Trust in Society*. New York: Russell Sage Foundations, 332-353.
Hood, C., H. Rothstein and R. Baldwin (2004) *The Government of Risk: Understanding Risk Regulation Regimes*. Oxford: Oxford University Press.
Jordana, J. and D. Levi-Faur (eds) (2005) *The Politics of Regulation: Institutions and Regulatory Reforms for the Age of Governance*. Cheltenham: Edward Elgar.
Kreps, D.M. (1990) "Corporate Culture and Economic Theory", in J.E. Alt and K.A. Shepsle (eds) *Perspectives on Positive Political Economy*. Cambridge: Cambridge University Press, 90-132.
Maor, M. (2007) "A Scientific Standard and an Agency's Legal Independence: Which of these Reputation Protection Mechanisms is Less Susceptible to Political Moves", *Public Administration,* Vol. 85, No.4: 961-978.
Moran, M. (2007) *The British Regulatory State: High Modernism and Hyper Innovation*. Oxford: Oxford University Press.
Pollitt, C. (2007) "New Labour's Re-disorganisation", *Public Management Review,* Vol. 9, No. 4: 529-543.
Slovic, P. (2000) *The Perception of Risk*. London: Earthscan Publications.
Tirole, J. (1988) *The Theory of Industrial Organisation*. Cambridge, MA: The MIT Press.
Viscusi, V. and J.E. Harrington (2000) *Economics of Regulation and Antitrust*. Cambridge, MA: The MIT Press.
Wildavsky, A. (1991) *The Rise of Radical Egalitarianism*. Washington, DC: American University Press.
—— (1988) *Searching for Safety*. Edison, NJ: Transaction Publishers.

# 第 10 章

## 多次元ガバナンス
―― 地域の二側面を取り込む

## 1 はじめに

　政府経営の多次元ガバナンス形態と呼ばれるものの理論化が近時試みられている。公共経営の多次元ゲーム形態についての文献は，地方分散や地方分権についての伝統的な行政管理の焦点を超え，地域レベルを公共経営の主段階ととらえる。多次元ガバナンスの理論は，いくつかの超国家的機関や政府間機関を巻き込んだ欧州連合（EU）の進化に影響を受けてきた。多次元ガバナンスにはすべてのレベルの統治機関（近隣，市町村，県，国民国家，地域機関や国際機関）間の関係が含まれる。ガバナンスという言葉は，政府経営が政府アクターや政府構造に限られるのではなく，利益団体や組織，国民をも含むということを意味する。
　多次元ガバナンスの概念は，国民国家の現在の役割や権力の主要な変化を理論化しようと試みる。能力の移転，すなわち，超国家的組織（上へ），準自律的なアクター（横へ），地方機関（下へ）への能力の移転は，国家政府の構造および能力の変化を表す。多次元ガバナンスの概念は，責任を分担し，地域化が増大するという文脈の中で，異なるレベルのガバナンスと政府の間の動的な相互関係を理解するための枠組みとして登場してきた。国民国家が下位政府や超国家的組織と相互に作用し，政治権力がますます流動化していることは，国

家のネットワーク理論だけでなく，国家が空洞化しているとの批判の妥当性を示唆する。政府に関する国家中心アプローチからの離脱ということの1つの側面は地域主義である。

## 2　内部の地域化と外部の地域化

　多次元ガバナンスが政府レベル間のさまざまな関係に沿った国家機関の実践として理解されるなら，それは過去20年間で変化した。第一に，分権により自治体や地域政府がより強力に政策を形成し提供できるようになってきた。自治体や地域政府は，地域経済の競争力や住民福祉を改善して，ますます積極的に公共政策に影響を及ぼすようになっている（内部の地域化）。そのような地域政策のガバナンスは，多数のアクター（公共だけでなく民間も）を巻き込んで，中央政府や下位政府がどのように協調すべきかの再考を迫って，より複雑なものとなり，また要求度も増している（Keating, 2004）。
　第二に，複数の国家からなる地域ブロックへと向かう傾向がある（外部の地域化）。第二次世界大戦以降，多くの自由貿易地域，関税同盟，共通市場および通貨同盟が作られてきた。そして，これら地域ブロックはますます活発に政策形成するようになってきており，いくつかのケースでは，事務総局，委員会，中央銀行および最高裁のような超国家的組織につながっている（Farrell *et al.*, 2005）。
　さらに，多次元ガバナンスは内部か外部かにかかわらず地域主義以上のものであり，官民パートナーシップや公共サービス提供の民営化も含んでいる。
　総合すれば，これらの変化があわさって，政府からガバナンスへの変質をもたらしている。

## 3　多次元ガバナンスの鍵となる要素

　ガバナンスの「新しい」形態を含む多次元ガバナンスは，主要な三側面（段階）から構成されている。
　第一に，垂直方向では，EUのような外部の地域機関を含んだ高次や低次の

政府間での相互作用からなる。多次元ガバナンスの内部の地域化の側面は，国家領域のガバナンスや都市開発や農村開発における主要テーマである。多次元ガバナンスの外部の地域化の側面は，加盟国の地域ブロックの規制強化，国内法令の変更，および経済ルールの合理化が含まれる（たとえば，いわゆる欧州化の過程）。垂直的組織は多次元ガバナンス（すなわち，多次元行政）となる。また，垂直的組織は，経営レベル者間の，また，交渉と合意に基づいた他のプレイヤーとの間の，共同管理形態である。

　第二に，多次元ガバナンスは，領土領域管理や都市・農村地域の業務で表面化するのみならず，政府間の水平方向のネットワークやいわゆる官民パートナーシップの形で出現する。水平的パートナーシップは，地域または地方レベルで見られ，そこでは政府がさまざまないわゆる機能的組織（1つの特定の機能に責任を負う特殊な提供形態で，管轄範囲が重複する）を調整する。水平連携は，地方公共サービス提供の有効性を向上する手段とみなされる。

　第三に，多次元ガバナンスには，インフラ事業者のように公共サービスの民間提供者を含むことがある。「官民パートナーシップ」の英米における概念は，福祉業務をターゲットとして，公共部門改革に市場的解決を導入する。パートナーシップに関するEUの枠組みは，民間組織とのより強力な水平的・垂直的連携をともなう多次元管理に焦点を当てる。EUは，構造基金および地域開発計画の形をとるINTERREGプログラム[訳注1]からの支援を実現するための条件として，多次元ガバナンスを進める。

　多次元ガバナンスは，政府に関する国家中心アプローチをとらず契約によるアプローチを提案する。とりわけ中央政府から下位レベル政府への交付金移転に関する設計や，自治体間の多様な契約や市民社会との間の各種契約（官民パートナーシップ）である。では，多次元ガバナンスのロジックというのは何だろうか？

## 4　多次元ガバナンスの理論および概念

　階統制と市場が混じった混成型統治システムにおいて多次元政府が発展する。

---

訳注1　国境を越えた地域間協力の促進を目的とする戦略的プログラム。

そこでは，民主主義，正統性および参加がその中心的関心事である（Bache and Flinders, 2004）。これは公共部門を管理する新しい条件への回答のように見えるかもしれない。多次元政府は，伝統的・階統的な政治・行政システムを変更する。地方開発や地域発展を促進するため，階層と市場の間の相互作用を結びつけることが望ましいとされる。多次元ガバナンスはポスト官僚制の公的部門管理に関する新しい枠組みと言えるかもしれない。というのは，典型的な多次元ガバナンスは，サービス提供に関する契約アプローチに焦点を当てた交渉だからだ。

従来の政府経営は，公的プレイヤーによって記された制度によって，ゆっくりとある程度置き換えられる。公的プレイヤーは，開発目標を推進するために，交渉し，契約し，民間企業もしくは市民社会とのパートナーシップを形成する。このように，公的プレイヤー同士で，あるいは民間プレイヤーと，または市民社会との間で等，異なるタイプのネットワークの中で契約が結ばれる。そして，これらの契約や合意はガバナンスの基盤となる。

しかしながら，多次元ガバナンスの枠組みに対し，精巧な理論というより単一の概念だとの異議が生じるかもしれない。さまざまな政府が徐々に結びつくことを提案することによって，多次元ガバナンスの枠組みは超国家的アプローチと政府相互間の枠組みとの間の鋭い対立を見事に繕っているが，新しい構造における権限についての本質的な疑問に答えていない。

1 多次元ガバナンスは，政府に加わるのか，または完全に政府にとって代わるのか？
2 そのような構造には義務や統制があるはずだが，多次元ガバナンスにおいては権限はどのように実行されるのか？
3 多次元ガバナンスに参加している人々のインセンティブは何か？

多次元ガバナンスを地方分権や地方分散の新しくてより高度な試みと分析する者もあれば（Hooghe and Mark, 2003），官僚制や権限とは別の代替的調整モードとみなす者もいるかもしれない。

## フージェとマークの枠組み

分権についての2つの明確なアプローチが,ガバナンスについての異なる概念をもとに提案されてきた。「I型」および「II型」である (Hooghe and Marks, 2001)。

「I型」分権は,(1)下位政府は多目的である,(2)下位政府の構成員は重複しない,(3)下位政府の層の数は固定的である,というものである。

I型の分権は,強固で首尾一貫した構造を提供する。欧州諸国におけるこの単純な制度には,それぞれが幅広くて,同一の権限および責任持ち,特定の地域や人々に対する明確で重複のない責務を有する州政府が関連する。多くの国々では,国の中の州または地域レベルに関連して,もう1つ他のレベルの領域的な公的組織が存在する。

他方,「II型」分権は,(1)業務が特定されている,(2)構成員が重複している,(3)管轄レベルの数は限定されない,というものである。

II型分権は,柔軟な設計を提供する。現代の例は米国の巨大な都市部で見ることができる。そこでは異なる機能やサービスに対する責務(学校,警察,道路交通,鉄道輸送,バスサービス,病院,都市計画,電気,ガス,水道など)が多数の異なる機関に分けられ,それぞれが独自の方法,それぞれに異なる管轄の境界線,異なる数の下位レベル組織で構成されている。II型システムはばらばらに見えるが,それらは複雑な環境にうまく順応するかもしれない。

「I型」および「II型」という用語の使用が残念だと私は思う。というのは,この用語が統計学において全く異なる確立された意味(I型エラーおよびII型エラー)を持つからである。領域的分権と機能的分権の間で区別することがより適切なようだ。これが,いわゆる財政連邦主義[訳注2]の理論において分権が分析されてきた方法であり,連邦国家のみならず単一国家をも対象としている。

## 財政連邦主義

財政連邦主義の理論は,機能ベースと同様,領域ベースで公共サービス提供をどのように組織化するかに関する一般的な処方箋を提供しようとする。それ

---

訳注2 税および財政支出に関する決定権を中央政府だけでなく地方政府にも認める方式。分権的政府の財政的メリットを強調する。

らは，代替的制度をとった場合の個々の費用便益の計算法に基づくものとされている。効用を最大化する個人はどのような政策コミュニティ（領域または機能）を選択しようとするのか？　この理論の主要発案者の1人，オーツ（Oates, 1999）の答えを見てみよう。

　財政連邦主義が分権の説明に失敗したのは，多次元ガバナンスのような新しい枠組みへの関心があったからだとも主張し得る。それは，さらに地域調整メカニズムも含むものかもしれない。財政連邦主義の理論は，厚生経済学のような強いミクロ的基礎に由来しているが，領域的分権や機能的分権のようなマクロ構造についての多くの正確な予測を提供してはこなかった。財政連邦主義は政治を純粋に経済的な枠組み（退席して意思表示を行うティボー（Tiebout）の（足による投票）理論やクラブ理論）だけで説明しようとしている点に難がある。これらの経済的な枠組みは，理想的な解決策についての規範的な処方箋を提供するが，それは公共選択理論によって簡単に取り消されてしまう。個人的見解では，財政連邦主義の理論は，配分の効率性と平等という分配の正義との間の矛盾を含んでいる。この意味を簡単に説明しよう。

　財政連邦主義は公共サービスの提供分配の土台は，個人の利益やコストに見出されると主張する。人の好みはさまざまであり，生産コストは場所によって異なるため，分権アプローチのみが公共サービスの効率的な供給を行うことができる（パレート最適な地方公共財）。これは財政連邦主義の第一の原理であり，ティボー理論を言い換えたものである。

　財政連邦主義の第二の原理は，公共サービス提供がいわゆる（正または負の）外部性や「ただ乗り」に直面しているというものである。公共サービスや財の最適供給を引き出すためには，これらの外部性を内部化しなければならず，ただ乗りをやめさせなければならない。公共財やサービス提供の単位はすべての利益を含み，かつ，関連費用をすべて構成員に支払わせている場合にのみ，効率的な供給を行うと伝えることになる。地域や地方の管轄の規模やメンバーシップは，次のような合理的な方法により算定され，決められ得る。

1　分権：サービスまたは財は，他の条件が同じなら，可能な限り管轄区域の近くで提供される必要がある。

第10章　多次元ガバナンス――地域の二側面を取り込む　　135

2　スピルオーバー：サービスや財を提供する管轄区域の境界線は，外部性の広がりと一致する必要がある。
3　底辺への競争：単一の人や会社によって完全に内部化されるだろう利益またはコストは，中央政府によって同等に，管轄区域全体に対して割り当てられるべきである。

　これらの結果を用いて，公共サービスや財の提供に対する管轄区域の最適な構造を提案できるかもしれない。それはさまざまな好みや環境があることを考えると，非常に異質なものとなるかもしれない。
　しかしながら，財政連邦主義は上述の3つの意味合いとは完全に対立する第三の原理を提供している。さまざまな管轄区域における富や豊かさの差は，中央政府によってできる限り均一化すべきであるというものである。弱いコミュニティの予算を強化し，管轄区域が自身では予算が組めない特定のプログラムを誘引する，というものである。これは財政連邦主義における第三の原理であり，管轄区域間の財政的均等化を求めている。巨額の補助金の利用が差異を最小化するという目的に寄与する場合，さまざまな管轄区域間の差異の最大化を許容する財政的分権の原理を妥当とするのは何なのか？
　財政連邦主義の理論は，領域単位間での能力の実証的配分に関する仮説として機能することは全くなかった。米国においてさえそうである。しかしながら，財政連邦主義の理論は，多次元ガバナンスの理論にとって，興味深い1つの意味合いを含んでいる。それは，

　機能的分権は，領域的分権より効率的な傾向がある。

というものである。よって，多次元ガバナンスにおいて，水平的パートナーシップだけでなく単一の機能的単位を支持する議論が繰り返し起こる。ある理論は，単一の機能的単位は賢明な領域競争で用いるべきだと述べている。

## 競合管轄区域の議論

スイスの経済学者フライとアイシェンバーガー（Frey and Eichenberger）によって概念化された管轄区域のモデルによれば，政府の仕事は，複数の組織に分けられるだろう。各管轄区域はそれぞれ別の政治的単位であり，たとえばそこに暮らしている個々人に税を課してもよい。さらに，各管轄区域は，教育，警察，道路など，単一の事項のみを取り扱っている機能的なものである。管轄区域は重複するだろう。というのは，1つの管轄区域は1つの機能だけを提供しているので，その管轄区域によってカバーされている個々人は，他の機能に関しては他の複数の管轄区域によってカバーされているからである。FOCJ（Functional Overlapping Competing Jurisdiction，機能重複競合管轄区域）の理論における主たる考えは，同じ機能を提供する管轄区域を互いに競争させることである。

いくつかの機能に関しては，各個人はどのFOCUS（FOCJのもとでの政府の仕事の単位）が適用されるかを選ぶこともできる。しかし，その機能が領域に結びつけられている場合は，それぞれの町がFOCUSを投票して選ぶ。たとえば，あるFOCJ国は3つの警察を有してもよく，それぞれの町は3つのうちのどの警察に警察機能を提供してもらうかに関して投票する。

これは，私が思うに，かなり非実用的な考えで，地方や地域サービスを提供している公共組織を民間企業としてモデル化している。公共組織は公法で領土権と結びついており，その基本的考え方や原理を変更する必要はない。地域か地方かを問わず，政府機関は他の政府機関の管轄区域において業務を行わない。さらに，政府機関は，その可能性があったとしても，いかなる管轄区域でもサービスを販売することで収益を得る目的を持って動いているわけではない。もちろん，公共部門におけるサービス提供者は，たとえば株式会社として組織され，複数の管轄区域にサービスを提供することを希望するかもしれない。これは，医療分野において単一の管轄区域で病院を保有する場合よりも，複数の管轄区域に地域病院がサービスを提供している場合において生じることが多い。

## 5　EU 地域主義——国内政治と国際政治の融合

　EU は，多次元ガバナンスの例としばしば解される。実際のところ，EU の研究は，別の視点を持った2つの異なるフェーズによって特徴づけられている。第一フェーズ（政府間主義）は，国際関係分野の研究が優勢だった。第二フェーズでは，超国家的洞察が公共政策立案および実施を含む国内政治分野の研究から追加された。EU を他の国際機関（たとえば NATO）と同様のものとして取り扱うことからシフトして，特異な地域組織と考えるようになってきた。よって，ある活動領域（第一の柱）において，EU は国際機関と比較して，国内政治システムを思い起こさせるような特質をより多く示している。

　多次元ガバナンス理論は，国内政治および国際政治の領域を交差させ，両者の区別が欧州統合の文脈においてなくなりつつあることを示している。多次元ガバナンスの理論は，この第二フェーズに属する。多次元ガバナンスは，公的部門と民間部門の両方から，異なる領域レベルに位置づけられるアクターの関係が変化しつつあることを特徴づけている。多次元ガバナンスは，最初に EU 政策の研究から生み出され，次に EU の意思決定に関してより一般的に適用された。初期の説明では多次元ガバナンスを「いくつかの領域層において入れ子状になった政府間の継続的交渉システム」として言及し，いかに「超国家的政府，国家政府，地域政府，および自治体が，領土的に全体にかかわる政策ネットワークに巻き込まれていったか」を述べている。

　多次元ガバナンス概念の中核は，政策立案，より一般的には EU 政策の立案に結束して動員される非政府アクターと政府アクターとの間の頻繁かつ複雑な相互作用を強調している。

　多次元ガバナンスのテーマは，国家の役割，権力および権威についての新たな疑問を提起している。というのは，EU ほど広大な地域統合によって特徴づけられる国際協力メカニズムは他にはないからだ。EU は，欧州層（欧州委員会（EC），EU および欧州議会），国家層，地域層をともなった政治体制である。これらの層は，二種類の方法で相互作用する。まず，政府のさまざまな層にわたるもの（垂直的側面），次に，同じ層内の他の関係するアクターとのもの

（水平的側面）である。EUは主権国家と広大な超国家的統合との間の政府間協力の混合を示しており，欧州政策レベルと加盟国の国家政策レベルとの深い絡まりを招くこととなる（Hix, 2005）。多次元ガバナンス理論は，EUは多次元レベルで相互に結びついた制度を有する政治体制であって，固有の政策機能を有すると述べている。しかし，多次元ガバナンスの概念は，EU以外の地域組織や地球規模の組織には適用されることはほとんどない。これらの地域協力メカニズムはより国際機関に類似しているからである。

　欧州化の概念は，EUがいかに欧州の国民国家に影響を与えるかを観察する研究者とともに一般的になってきた。このように，これは機能主義者，超国家主義者および政府間主義者の論争においては，伝統的な下からの視点というよりも，上からの視点により基づくものである。欧州化の具体的な現れはEU法の新しい部分である（Craig and Burca, 2003）。ニルの分析（Knill, 2001）は，加盟国での多様な行政調整を示しており，EUの環境政策が英国およびドイツに及ぼした行政上の影響を詳細に説明することによってこの主張を立証している。

　ポストモダニストがしばしば使用しているが，私は「欧州化」は，あまりにも不明瞭な概念だとここで忠告しておきたい。実際，この用語は2つの異なる事柄を意味している。(1) 上からの視点——EU制度が加盟国の政策および行政に与える影響に言及するもの。(2) 下からの視点——地域レベルでの共通の制度（政治，経済，法）という点で，加盟国の政治的・法的統合が高まりつつあることを意味するもの。

　ラドリッヒを引用して，「欧州化」は，第一の意味で定義されてきた。すなわち，「ECの政治的，経済的動態が国内政治や政策立案の組織的論理の一部分となるまで，政治の方向や形を順応させる漸進的過程である」（Ladrech, 1994: 69）。

　欧州化に関する文献での議論の対象は，EUが加盟国に及ぼす影響の強さの評価に関してである。ラドリッヒは，国内の組織的論理の順応が欧州化の特徴であるものの，欧州全体での国内慣行の完全な同一化が近い将来に発生することはないだろうと示唆した。むしろ，既存の国内の構造が，「外部」圧力への重要な調整効果を有する可能性が高い。これは，欧州化の効果について，国家特有の適応に焦点を当てて理解する「下からの視点」アプローチとなる前述の

定義に一致するものである。

　欧州化のテーマに特有のわかりにくさは，部分的に研究上のジレンマに起因する。どのようにEUレベルから国内構造——政策構造（法的および行政構造の変化にまで広げて），国内構造システム全体（国民国家全体の変化）——に及ぼす影響を識別し測定するのか？　学者の中には，国特有の行政遺制や政策様式がトップダウン型の影響を緩和するという意味の「経路依存性」を強く支持している。

　しかし，コウルズらによれば，「欧州化」は，前に述べた第二の定義によって定義される。すなわち，

　　（欧州化とは）明確なガバナンス構造の欧州レベルにおける出現および発展である。そのガバナンス構造とは，アクター間での相互作用を公式化する政治課題解決につながる政治的，法的，社会的制度であり，また，権威のある欧州規則の立案に特化した政策ネットワークである（Cowles *et al.*, 2001: 3）。

　もちろん，この欧州化の定義（2）から始まり，コウルズら（Cowles *et al.*, 2001: 3）のいう欧州化の「下向きの因果関係」（1）を問うてもよい。欧州化の文献は，ほとんどが説明的で定性的であって，第二の意味（2）での欧州化が強いか弱いかといった基準を特定することは困難だ。憲法草案が中途半端になっているように，欧州化は新しい統合提案の変わりゆく宿命とともに変動しているからだ。

　英国を見て，「欧州化」を「EC／EUの要求や政策が，加盟国の政策アジェンダおよび目標の決定に影響を与えた範囲」とバルマーとバーチが解釈した点に言及してもよい。これは，引用した第一の見方，すなわち，「EU慣行，運用手続きおよび行政価値が，加盟国の行政慣行に影響を与え，埋め込まれる程度」（Bulmer and Burch, 1998: 602）という見方に一致する。彼らは，変化は（たとえ強力なものであっても）多かれ少なかれ，全体として英国の伝統，つまり経路依存性に準じるものになると主張した（Ibid, 603）。

## 6　規制メカニズムとしての EU

　原則的に，多次元ガバナンスは，政府経営の分配機能のすべてにかかわるものである。しかしながら，EU は主として規制の仕組みであり，それにいくつかの再分配業務が加えられたものである。公共サービスに関しては何も生み出さない。EU は，地域およびサービスの受け手への経済支援と組み合わせた経済的規制に専念している。

　経済的規制は，単一市場の創出および運営に関連して必要とされる。これは欧州内の主要な制度革新の 1 つとしての EU 法の登場を説明するものであり，各国特有の規制を打ち破り地域統合を図る有名な「相互承認」アプローチを含んでいる。地域規制の側面である多次元ガバナンスをさらに特定した概念に関して限界はあるのだろうか？　金融市場規制への EU 介入提案（2008 年提案）を取り上げてみよう。

　この EU 提案は，新自由主義の時代に金融市場で幅を利かせてきたアングロサクソン流の軽いタッチの規制アプローチ（ワシントン・コンセンサス）を拒絶するきっかけとなった。主な目的は金融市場における「短期主義」を抑制し，説明責任（accountability）や責任（responsibility）を改善し，うまくリスクを評価し，透明性を高めることにある。ヘッジファンドやプライベート・エクイティは，直接的な規制に直面することはあまりない。EU としてはこの提案がまずは G20 によって，そして次に新興国経済によって，世界規模で支持されることを期待している。この提案には，多くの国の市場にまたがる大銀行の監督や銀行の内部業務の監督のための仕組みを含んでいる。内部業務では，リスクを制限する手続きは単純に無視されてきた。この提案はまた，過剰なリスク負担につながる財政インセンティブを抑制する行動規範についても議論している。

　欧州委員会が汎欧州金融規制を始める独占権を有することは真実である。だが新しい EU 提案は，新興国に世界的金融フォーラムでの発言権を与え，信用格付機関，会計規制の立案者，銀行およびそれらの幹部の説明責任を高めるものである。EU はまた，「金融安定化フォーラム」の拡張を図ることを求めて

いる。このフォーラムは，G7およびその他の主要経済の，規制当局者，中央銀行の銀行員，財務省職員，ならびに国際金融機関および監督グループから構成される。しかし，金融市場の多次元的規制は本当に役立つのだろうか？　すでに金融機関の国内および国際的な規制は数多くある。問題は，規制がいつも機能するとは限らないということである。いくつかのEU規制スキームがあり，ブリュッセルの委員によって運用されている。しかし，それらすべてが良好な結果を出しているわけではなく，包括的に評価されているわけでもない。

## 7　地域または全世界レベルのガバナンス

　地球気候変動の科学的研究を含むグローバル・ガバナンスの政治は，多次元ガバナンスによく適合する。地球システムの分析は，自然科学によって発展してきたので，地球環境変動に関する制度の分析に組み込まれる。1つの包括的な超国家的組織というより，「多次元」機関のシステムが提唱される。産業界の自己規制，国内政策の水平的移転，地域統合，国際環境組織間の調整改善，ならびに，資源の持続可能な利用に関する基本原則が，環境についてのグローバル・ガバナンスを推し進めるかもしれない。

　地域調整の増加および国際調整のさらなる強化は，国民国家にとって，その間での外部性の内部化がますます困難になっていることを示唆する。ともかく，多くの政策課題はもはや国内的でも地方的でもなく，むしろ国民国家を超えた問題となっている。財政連邦主義は，意思決定を上向きに移動することを必然的にともなうだろう。国家間の地域ブロックや，真に世界的な多国間解決策への移動である。外部性が市町村を超越する場合，同じ論理が地方問題に適用される。このように，小さな村から地球村まで，多次元ガバナンスの概念は現れる。これらの相互依存を扱うことによって生じる複雑さは，領域的なものと機能的なものの両方かもしれない。しかし，多次元ガバナンスはどのように実践されるのだろうか？　それは要するに統治の新しい方法，権威とコンプライアンスよりも交渉とコンセンサスに焦点を当てたポストモダニストの一式の道具なのだろうか？

## 8 多次元ガバナンス——権限委譲や積み荷降ろし以上のものか？

　多次元ガバナンスは，政府機関や公権力が（上位レベルへの権限委譲および下位レベルへの分権を反映して）管轄区域（超国家，国家，地域，および地方）を越えて分配されるかについての新しい説明というだけではない。これはまた，権力が，ネットワークに参加しているプレイヤー間の交渉にとって代わられるという考えを含んでいる。このように，民間企業のプレーヤー（会社，企業家，市民社会，NGO）を含めた水平的ネットワークと，垂直的ネットワークとがある。

　ガバナンスの概念は，権威から交渉へというこのシフトを特徴づけることを意図している。「交渉社会」では，だれが優るかを決めるのは，国家権威の所有ではなく交渉スキルである。上位レベルへの権限委譲および下位レベルへの分権により，政府はいよいよ複雑さを増してきていることは真実であるが，ガバナンスとは交渉である，と述べることは本当に正しいのだろうか？

　EUについて言えば，すべての政策立案もしくは意思決定を「交渉」と特徴づけるのは誤解を招くようである。こうした政策立案や意思決定はしばしば法律，つまりEU機関によって執行されるルールとなる。欧州理事会の法令制定の多くは加盟国間の交渉によりもたらされることはもちろん真実であるが，欧州委員会および欧州裁判所の活動は，交渉ではなく権限のもとに行われている。EUの決定ルールは，加盟国で実行が必要とされる改革を，加盟国政府が遮断できる数多くの機会を提供している（シャープ（Scharpf）のいう共同決定の罠[訳注3]）。だが，いくつかのEU組織は，単に交渉技術ではなく，権限を行使している。

　分権は交渉と同じではない。法的権限が政府階層の下位レベルへと移譲される場合，地域政府および自治体は対応するサービス提供を外注化する決定を行ったり，官民パートナーシップを創出したりするかもしれない。しかしながら，法的権限に関する責任はいまだに政府機関の側にある。いくつかの法的権

---

訳注3　全会一致が不可欠な交渉では参加者が拒否権を持つため現状維持や非効率的な選択がなされる傾向があるというもの。

限が地域または地方自治体に移管される場合，全体的な結果は中央政府を解体させ，空洞化させるということかもしれない。ただこれは交渉が国家全体を主導するということではない。

## 9　政策ネットワークとしての地域主義
### ——ローズ氏の最終弁明？

　第6章の政策ネットワークの概念と本章の多次元ガバナンスの概念とを結びつけると，地元の村から国民国家を超えた地域機構までのあらゆる層の公共アクターと民間アクターの間のネットワークが未来社会のモデルになる。これはまさにローズ（Rhodes）の世界だろう。

　ローズは早期に政策ネットワークモデル（Rhodes, 1981）を提唱し，続いて英国の学者たちが，EU研究に適用した。ローズモデルによれば，政策ネットワークは一組の資源依存組織である。第一に，ネットワークは，以下のさまざまな種類の依存関係を示す。利益集団，メンバーシップ，垂直的相互依存，水平的相互依存，資源配分である（Rhodes, 1988: 77-78）。第二に，ローズは，高度に統合された政策コミュニティからゆるやかに結合したイシュー関係のものまで，5つの異なるネットワークのタイプを特定した。この中には，専門家ネットワーク，政府間ネットワークおよび生産者ネットワークがそれぞれある。

　連続体の一方の端に，ローズはいわゆる政策コミュニティを置いた。これは，安定的な関係，非常に限られた会員資格，共通のサービス提供責任に基づく垂直的相互依存，他のネットワークや例外なき一般大衆からの分離，といった特徴がある。彼らは，高度の垂直的相互依存と限定的な水平的接合を有するだろう（Rhodes, 1988: 78）。この連続体のもう一方の端に，ローズはイシューネットワークを置いた。これは，多数の参加者，限られた相互依存関係によって区別されるものである（Rhodes, 1988: 78）。

　政策ネットワーク・アプローチの主要な特徴は力への依存の概念である。ネットワークの中の組織は，相互依存的であると考える。各組織は何らかのリソース（財政，情報，政治，組織，憲法や法）について他の組織に依存している。ある組織がこれらのリソースを管理し動員できる程度が，与えられた状況下の力を決定するのである。これらの「リソース依存」は政策アウトカムを形

成する主要な変数である。しかしながら，相互依存は「ほとんどつねに非対称」であり，そして場合によっては，ネットワーク内の「一方的なリーダーシップ」を語ることも可能である (Rhodes, 1986b: 5)。

　政策ネットワーク・アプローチは，ボトムアップの視点によると政策実施に重点があるので，多次元ガバナンスをカバーするところまで，もちろん拡張し得る。つまり，「衝突する利益の間の交渉過程である。政策は『失敗する』のではなく，実際は，（表向きの）実施者間の交渉の過程で形成される」(Rhodes, 1986a: 14)。ネットワークを制限するものはともかく何もない。というのは，ネットワークにはすべてのレベルの政府，財界，市民社会も含むかもしれないからである。

　しかし，この緩やかなパートナーシップ内での調整はないのだろうか？　コア・エグゼクティブ・アプローチは，この反論に対して次の回答を有していた。政府の中核とは，単に重要な公式制度（政府の部局，内閣府，内閣や関連の委員会など）だけでなく，それらをとりまくネットワークも含むと見るべきである。与えられた状況下でのコア・エグゼクティブの相対的な影響は，リソースを動員する程度に関連する。コア・エグゼクティブ・アプローチが強調するのは，公式制度と非公式過程の間の相互依存関係であり，また，政府を解体する必要性である。中央政府は，そのようなコア・エグゼクティブを通じて欧州化の圧力を調停するだろう。

　公式制度の構造は，アクターによるリソース配分の枠組みを提供するが，政策アウトカムを決定するわけではない。アクターの有効性は，「彼らがリソースを利用する際に使う戦術，選択，戦略」(Smith, 1999: 5) に大部分は依存する。中央政府はもはや一枚岩ではなく，多次元ガバナンスにおいては，議院内閣制や首相権限といった概念は，より広い政策ネットワークの構成要素として政府の核心に存在する相互依存関係を研究するツールを提供しない。

## 10　結　論

　多次元ガバナンスの理論は，公共経営に関するはっきりとした仮説をほとんど提供していない。これは現象を説明する明確な信念というより，世界を語っ

たり描いたりする方法という意味において，ネットワーク理論に類似している。消極的には，ガバナンスから国家主権の最後の痕跡を削除するものであり，積極的には，垂直的にせよ水平的にせよ相互依存性を単に強調するものである。

　EUのように地域の文脈に明示的に置かれる場合，多次元ガバナンスの側面を持つ公共経営は，より本質的な意味を持つ。強い超国家的組織や政府間メカニズムがあるとき，多次元ガバナンスの議論は意味を持ってくる。とりわけ，下位政府がかかわってくる場合はなおさらである。多次元ガバナンスを地域から地球規模の文脈に移したり，分権のすべての形態と同一視したりすることは，あまり役に立たない。

　多次元ガバナンス理論は，それが何であるかの説明が明確でないために漠然としている。一方では，インターネット社会やフリー・コミュニケーション社会においてますます増大する相互依存関係を強調して，すべてのものはすべてに依存すると言っているのに近い。他方で，垂直的または水平的に結びつくことによりサービス提供の生産性が向上させられていることを意味するようである。

　多次元ガバナンスが地域規制とリンクする場合，この新しいアプローチはより意味を持つ。EU法の出現は，各国政府が欧州で活動する方法を変更した。多くのサービス提供に関する共通の規制枠組みに直面したからだ。国民国家のこの「欧州化」は大量の同様な規則をもたらしただけでなく，超国家的な機構による各国の法令順守の監督をもともなう。欧州化の過程がどれくらい進んでいるか深く論争されている。ルーマニアおよびブルガリアのような国の「欧州化」についての話はおそらく意味があるものの，EUの中核をなす国々は，鍵となる各国の特徴のいくつかを維持する傾向がある（Hesse, 2007）。

　しかしながら，多次元ガバナンスがいかなる政府レベルのいかなるネットワークであれ特定されるとき，その概念は，単に相互関係を表す。それはネットワークと同じであるため，（集権的）国家解体後の政府を分析する新しい枠組みとして採用されるにはあまりに曖昧である。

## 本章のまとめ

1 政府経営は重要な地域的側面を有する。1つは下位政府レベルの役割であり、もう1つは政府間メカニズムが国家に及ぼす影響である。
2 一方で中央政府のもとでの州および地方政府と、他方で国家を超えた地域統合という、国家の二重の地域化は、ネットワーク的思考の強い要素を持つ多次元ガバナンスの理論を刺激した。
3 多次元ガバナンスは、公的機関や政府と民間企業や企業家との両方を包含しているので、水平的リンクと垂直的リンクの両方を含むものとしてモデル化できる可能性がある。
4 ここでの問題は、多次元ガバナンス構造は、それが非常に拡散していて網羅的なので、およそアクター間のほとんどすべての種類の相互作用をカバーしている可能性があることである。ネットワークの概念と同じ曖昧さに悩むのである。

## 参考文献

Bache, I. and M. Flinders (eds) (2004) *Multilevel Governance*. Oxford: Oxford University Press.
Blakeney, A. and S.F. Borins (1998) *Political Management in Canada*. Toronto: University of Toronto Press.
Bulmer, S. and M. Burch (1998) "Organizing for Europe: Whitehall, the British State and the European Union", *Public Administration*, Vol. 76: 601-628.
Cowles, M., J. Caporaso and T. Risse (eds) (2001) *Transforming Europe: Europeanization and Domestic Change*. Ithaca and London: Cornell University Press.
Craig, P. and G. de Burca (2003) *EU Law*. Oxford: Oxford University Press.
Farrell, M., B. Hettne and L. van Langenhove (eds) (2005) *Global Politics of Regionalism*. London: Pluto.
Frey, B.S. and R. Eichenberger (1999) *The New Democratic Federalism/or Europe – Functional, Overlapping and Competing Jurisdictions*. Cheltenham: Edward Elgar.
Hall, P.A. and D. Soskice (2001) *Varieties of Capitalism – The Institutional Foundations of Comparative Advantage*. Oxford: Oxford University Press. 遠山弘徳ほか訳『資本主義の多様性——比較優位の制度的基礎』ナカニシヤ出版, 2007年。

Hartley, T. (2004) *European Union Law in a Global Context*. Cambridge: Cambridge University Press.

Hesse, J.J. (2007) "The Europeanisation of Governance: Comparative Government and Public Administration Revisited", in *University of Tokyo Journal of Law and Politics*, Vol. 4: 28-46.

Hix, S. (2005) *The Political System of the European Union*. Basingstoke: Palgrave Macmillan.

Hooghe, L. and G. Marks (2003) "Unravelling the Central State, But How? Types of Multi-level Governance", *American Political Science Review*, Vol. 97, No. 2: 233-243.

Hooghe, L. and G. Marks (2001) *Multi-level Governance and European Integration*. Lanham, MD: Rowman & Littlefield.

Keating, M. (ed.) (2004) *Regions and Regionalism in Europe*. Cheltenham: Edward Elgar.

Knill, C. (2001) *The Europeanisation of National Administrations: Patterns of Institutional Change and Persistence*. Cambridge: Cambridge University Press.

Ladrech, R. (1994) "Europeanization of Domestic Politics and Institutions: The Case of France", *Journal of Common Market Studies*, Vol. 32, No. 1: 69-88.

Oates, W.E. (1999) "An Essay on Fiscal Federalism", *Journal of Economic Literature*, Vol. 37, No. 3: 1120-1149.

Rhodes, R.A.W. (1997) *Understanding Governance: Policy Networks, Governance and Accountability*. Buckingham: Open University Press.

—— (1988) *Beyond Westminster and Whitehall*. London: Unwin-Hyman.

—— (1986a) *The National World of Local Government*. London: Allen&Unwin.

—— (1986b) " 'Power Dependence' Theories of Central-Local Relations: A Critical Assessment", in M.J. Goldsmith (ed.) *New Research in Central-Local Relations*. Aldershot: Gower, 1-36.

—— (1981) *Control and Power in Central-Local Relations*. Aldershot: Gower.

Sand, I. (1998) "Understanding the New Forms of Governance: Mutually Interdependent, Reflexive, Destabilised and Competing Institutions", *European Law Journal*, Vol. 4, No. 3: 271-293.

Smith, M.J. (1999) *The Core Executive*. Basingstoke: Macmillan.

Snyder, F. (ed.) (2000) *The Europeanisation of Law: The Legal Effects of European Integration.* European University Institute Law Department. Oxford and Portland, Oregon: Hart Publishing

# 第11章

# 社会保障の管理
## ——支払い不能問題

## 1 はじめに

　財政的には社会保障制度に関するものが政府経営の大部分を占めている。一方では，その掛け金，分担金あるいは税金を扱うことであり，他方では，その支払いや支出にかかわることである。いかなる社会保障制度であっても，その基本問題は公共経済学の一分野である財政学理論の標準的テーマである。本章では経営課題だけを取り扱い，社会保障制度構築の中核であるミクロ経済学，マクロ経済学の話題は扱わない。

　将来市民に還流されるべき大量の資金が流入しているので，社会保障制度は大金を扱っている。社会保障制度全体の規模は，国がとる体制によって異なる。福祉国家は管理に最もコストがかかるが，自由放任主義だと最も安い。先進資本主義諸国は，何らかの社会保障制度を運営しているが，多くの第三世界の国々では支払いは最低限のものであり，慈善事業への依存がそれに加わる。

　社会保障制度の管理は，その規模や複雑さがどのようなものであっても，公共サービスの管理に比べると全く別個の問題を提示する。本人＝代理人の観点からの問題，すなわち，エフォート，インセンティブや実際のアウトカムの間の関係という問題はなく，むしろ，最も重要なことは，長期的に持続可能な方法で，預け入れおよび支出の制度をいかに管理するかである。

## 2　ルールに焦点を当てた管理

　社会保障制度は基本的には基金である。そこでは人々が義務を順守して，長い期間をかけて財産を1カ所に集める。基金の規模が何であれ，1つの国家基金であれ地方レベルの基金であれ，資金の出入りは社会立法（社会保障にかかわる法律）によって決定される。移転的支払い，つまり，年金，疾病手当，失業手当，児童手当などは，詳細に法律や関連法令で規制されており，基金の職員はその法令を執行しなければならない。税金，賦課金，義務的拠出金などいかなる形態をとるにせよ，基金の収入面は支出と同様に法令で規制されている。

　社会保障制度を管理するということは，正確な情報を得ることに全面的に焦点を当てることである。したがって，システムに参加している各個人を識別する必要があり，彼／彼女の基本収入プロフィールを正しく確立しなければならない。基金からお金を受け取る権利は，部分的には終身にわたる拠出金に基づいているので，これを正しく記録しなければならない。市民権には，たとえば，基礎年金などの受給資格が付随する。このように，社会保障の管理は，国民，他国からの移民，他国への移民に関して継続的に更新された情報を必要とする。

　社会保障管理の一面は，システムにおける情報の質であり，また，いかに速く何らかの偽造の試みを検知できるかである。実在しない人の口座があったり，死人が継続して資金を受け取っていたり，家族の数を多くするために申請を偽ったりするような妙な話が広まっている。しかし，社会保障の管理は，他のシステムの情報を用いて最新のIT技術を利用するかもしれないので，不正行為は社会保障ではおそらく重大な問題ではない。

## 3　ワークフェア——社会保障に努力と裁量を導入する

　「ワークフェア（workfare）」[訳注1]という用語は，字義通りには「あなたの福祉のための仕事」「仕事のための福祉」を意味する。「ワークフェア」の概念および政策は米国に端を発しており，そこでは，「福祉（welfare）」は，米国福祉

---

訳注1　勤労を条件として公的扶助を行うべきであるとする考え。

政策における最低レベルのセーフティネットである「社会扶助」を意味する用語である。異なる国々のワークフェア・プログラムは，4つの特徴を持つ (Deacon, 1997; Torfing, 1999; Hvinden, 1999)。ワークフェア・プログラムは，恩恵の見返りとして，受給者が健常者である場合に努力または労働を提供することを実際義務づけているが，この条件（労働等の見返りの恩恵）は労働市場における同等労働条件よりも劣っている。それゆえ，彼らは，基本的に政府による公的生活扶助世帯の最下層と関連している。

ワークフェア・システムは，すべての福祉受給者に無条件で支払われる既存の福祉制度に代わって，受給者から見返りとして提供されるサービスに応じて扶助費の支給が条件付きで与えられるという相互契約となる (Marshall, 1950/1992; Titmuss, 1958; Solow, 1998)。契約は選択メカニズムのように機能して，エフォート——民間企業における仕事かもしれないし，または代替的に公的雇用の創出企業における仕事かもしれない——を刺激する。これは本当に必要とする人だけが実際に公的支援を受けるということを確かにするだろう。「ワークフェア」は，社会扶助の受給者に対して労働するか，教育や職業訓練プログラムに登録するかを見返りとして要求する。もしそれを拒否すれば，財政的援助や関連する利益に関する権利が縮小したりなくなったりされ得る。いくつかのワークフェア・プログラムは，雇用主に対して，受給者に対する給与のすべてまたは一部を短期ベースで提供することを推奨している。

働く準備をしているか雇用につながるプログラムに参加していない限り，個人は国から資金援助を得るべきではないということをワークフェアは意味している。そのような仮定は，財政援助を求める個人には，厳重な規則を課す規律が必要であるとみなす哲学に由来する。ワークフェア・プログラムの意図は，社会扶助を受けている人の数を，彼らを雇用に誘導することによって減らすことである。肯定的に見ると，ワークフェア・プログラムは失業者に訓練または教育を提供し，それによって働く能力を身に付け，自立した市民となるということである。否定的に見るとワークフェアは，福祉国家における受給権の考え方と衝突する。

ワークフェア・プログラムは，主として高校レベルの教育，地域組織や民間産業部門の仕事で構成されるかもしれない。あるスキームでは，参加者は福祉

受給額より約 100 ドル上回るものを受け取り，それゆえ，ワークフェアを拒否することは受給額の削減を意味するので，それに参加することは相当なインセンティブとなった。地域組織と民間企業のいずれも補助金を受け取っており，これには 6 〜 12 カ月にわたる職業実習がある。プログラムによって得られたものは最小だったという評価が明らかになった。「ワークフェア・プログラムの利用によって社会扶助受給者の数や，彼らが社会扶助を求める期間の長さの増加を止めることは，今日の経済状況下ではできない」(Shragge and Deniger, 1997: 80)。他の作業プログラムの評価も同様であった。「実際に行われることは，失業者の入れ替えのようなものである」。

　ワークフェアは地域組織や民間産業部門に安価な労働力を供給する。地域組織は十分な人材を得るのに苦労する典型例だし，民間企業は補助金付きの労働供給を歓迎する。ワークフェア・プログラムを実施するという発表は，福祉受給者に厳しく対処するという政府の意図を公表することによって，政府に国民からの支持を獲得する機会を与える。ワークフェアは国家と市民の間のバランスを根本的に変える。すべての市民に，失業中は財政援助を受ける権利を有すること（受給権）を保証するというのではなく，ワークフェアはこの権利が労働エフォートを通じてだけ利用できると主張する。ワークフェアが，国や企業部門が雇用を提供する政策や，社会扶助を必要とする個人に選択の機会を提供する政策に置き換えられなければならないと主張する者もいる。これによれば，一部の個人は研修・教育プログラムと自主的な取り組みを選択して，このプログラムで成功すると主張するだろうし，他の者は自宅にとどまって，子供や年老いた家族を介護することを選んでもよい。

　ワークフェアの概念は，「義務」と「積極化」の区別を曖昧にする。ワークフェアは「相互義務」を求めている。すなわち，受給者は受け取った受給金に対して何らかの貢献をしなければならない。北欧型の積極的労働市場政策においては，特定された資格条件を満たさないと失業給付金を失う可能性があることは真実であるが，依然として，個々人すべてに対する基本的な社会扶助は存在する。この状況に反して，ワークフェアは「拒否できない」申し出を提供する (Lødemel and Trickey, 2001)。つまり，北欧型の著名な積極的労働市場政策は，受給者により多くの選択肢を提供する。これらの政策は，受給を請求する

第 11 章　社会保障の管理——支払い不能問題

者の義務の遂行をより緩やかにし，受給レベルをより高くする。別の例は，「相互義務」の概念をともなったオーストラリアの 1998 年の「失業手当のための労働」スキームである。ワークフェア・プログラムは，訓練の要素および選択肢を欠いている（Kildal, 2001）。

　クリントン政権下の個人責任および就労機会調整法（1996 年）[訳注2]の後，ワークフェア・プログラムの数は激増した。この法律は，政府の教育研修プログラムを制限し，ワークフェア・プログラムに関する制約を排除し，2 年後に給付を終了するというものだった。米国のデュアル・ウェルフェア（二重の福祉）[訳注3]は，「福祉」に残された労働をしていない市民の範疇をカバーしている。この「福祉」は，資産調査をしたうえで低レベルの多くのプログラムを提供する。主な受給者グループは，一人親（ほとんどが若い黒人の母親）であり，その所得補助は 1935 年の米国福祉給付の導入[訳注4]以来問題とされてきた。ワークフェアの背後にある主な考え——寛大で許容的な福祉給付は，受動的な姿勢と個人責任の欠如（「依存文化」）を助長する——は，新自由主義，新保守主義の時代に多くの支持を受けた。デンマークでのみ，ワークフェアの主として肯定的結果が報告されている。

　米国のワークフェア・プログラムは，無収入の貧しい人々の多様なグループを対象としている。米国政府は，失業と戦うための積極的労働市場の政策立案を行ったこともなければ，（高齢者を除いては）市民所得を守る十分な福祉制度も構築しなかった。ワークフェアは労働倫理を強化し，福祉費用を削減して，モラルと財政的な困難の双方へ回答するものであった。米国福祉政策の主要目的は，つねに貧困を削減することである。しかし，クリントンの福祉改革後のワークフェア・プログラムの増加は，1990 年代には頑張って働いている人たちの間でさえ貧困が増加したこととあいまって，ワークフェアは連帯意識にお

---

訳注2　福祉に依存してきた労働能力のある者に依存をやめさせ，就労によって個人と家族の責任を果たさせるという目的で制定された。
訳注3　持てる者と持たざる者という米国社会の二重構造を前提として「持たざる者／低所得者層」にターゲットを当てた福祉プログラム。
訳注4　1935 年の社会保障法で「要扶養児童扶助（ADC）」が導入され，1962 年に「要扶養児童家族援助（AFDC）」として改正されて以降クリントン政権まで継続した。受給家族の多くがシングルマザーでありとくに婚外子が多いことが家族の崩壊を助長していると批判されていた。

ける寛容というよりも，罰ともいうべきものであるという批判を増やすことになった。

英国のニューレーバーは，いわゆる「依存文化」を減少させる努力の中で，第三の道の重要な鍵となる要素として「福祉から労働へ」政策を開始した。ブレアは，18～24歳の若年失業者，25歳以上の長期失業者，一人親，障害者に対応したプログラムから構成される，官・民部門間のいわゆるパートナーシップを創出しようとした。このプログラムは，次の4つの選択肢を提供した。①6カ月補助金付きの民間部門の雇用，②6カ月補助金付きの非営利団体の雇用，③（基本資格がない人向けの）有料の研修・教育，または，④新しい「環境タスクフォース」で働くこと，である。給付金を受給するという5番目の選択肢はなく，失業者は給付金を失うという制裁を受けた。

受給者の働く義務と，育児などのようなサービスを提供する国の側の義務を結びつけた「新スタイルのワークフェア」という用語を好む者もいる（Nathan, 1993）。「ラーンフェア（Learn fare）」「公正なワークフェア」もまた人気のある用語である。

## 4　集権的または分権的管理

社会保障の管理には，あらゆる種類のバリエーションがある。1つの巨大な官僚組織が制度全体を担う国もあれば，中央政府の部局と州や地方政府との混成に依存している国もある。さらに，特定の職業集団や従業員の部門への支払いを扱う，機能的に特定された基金がある場合もある。社会保障制度を設計し，運営するとなると，制度的なバリエーションは大きい。

社会保障の理論における主たる課題は，システムが資金の積立をどのように行い，またどれくらいの支払いを集団や個人にそれぞれ行う必要があるかに関連する。長い間，次の利点・欠点について議論されてきた。

1　最低限の保険か，包括的な保険か
2　賦課方式か保険数理方式か
3　税により手当するか，個人負担方式とするか

4　財務管理の政策

これらの問題（1～4）に対するあらゆる種類の解決策は，世界中の異なる社会保障制度に見られるかもしれない。1つの最適なシステムがあるとすれば，それはスイスの社会保障制度であり，これまで大きな難局を経験したことがない。それは，かなり高度に分権化されており，また，保険数理方式を意図しているが，きわめて包括的に人生の機会をカバーしている。

## 5　社会保障の大きな問題——支払い能力

ワークフェアは，貧困緩和や失業対策のようないくつかのプログラムにおいてモラルハザードを低減する試みをしているが，社会保障における基礎的リスクは，「効率」に対するものではない。全体としての社会保障については，主な懸念事項は収入が支出に対して十分であるかどうかである。社会保障の持続可能性は，依存比率の悪化によって脅威にさらされる。

1　より多くの人々が高齢化し長生きをするようになると，社会保障において福祉を受ける人を支援する人口の部分が，受益者に比して小さくなる。
2　労働市場に参入する若者がより少なくなると，社会保障で福祉を受ける人を支えるためにその若者らにかかる負担が増加する。
3　（社会的な疎外を通じて）労働市場に入っていない人数が上昇するにつれて，社会保障における支出は上昇する。

経済におけるこの影響力の大きな動向は徐々にシステム全体に縛りをかけ，均衡を維持するために収入の拡大と支出の縮小を要求する。

人生の機会に関連して包括的に社会保障を行うことを拒否することにより，政府はこの依存比率の罠を回避することができるかもしれない。年金受給者，失業者，疾病や障害者に対する支給を最小レベルに引き下げることに集中すると，支払い不能のリスクはもちろん急激に減少する。しかしながら，そのような戦略は第三世界でのみ実行可能であり，そこでは資源の不足が社会保障の政

策決定を制限している。

　国によって与えられる最低限のレベルの保証を超えた民間の保険に入ることを人々に許容することによって，政府は費用のかかる社会保障の部分を市場に委ねてもよい。このように，国は第一の「柱」と第二の「柱」を分け，後者を個人の掛け金に強く結びつけるか，単純に市場に委ねる。依存比率の問題が進展することが必然である中で国にかかる今後の負荷を減らすため，社会保障の一部を最近民営化した政府もある。しかし，包括的な福祉国家体制をとっている国々では，有権者はそのような社会保障の民営化に熱心ではない。すべてのリスクを考慮に入れて，有権者の多数が社会保障に関する何らかの国の保証体系を望む国もある。

## 6　年金の難問

　老齢年金を保証する現実的な財政システムを構築し支えることは微妙な問題だ。世界中には，政府経営の形態に関して，膨大な制度上の多様性がある。そして，改革ならびに崩壊の双方の種類の変化が，時間とともに発生する。

　世界の公的年金制度を比較分析すれば，鍵となる区別が見出せるかもしれない。すなわち，

1　拠出建て制度（確定拠出年金）か給付建て制度（確定給付年金）か
2　積立方式か非積立方式か
3　保険数理年金か非保険数理年金か

　確定拠出年金では，拠出率は固定されているが，支払いは変化する。確定給付年金では，支払いは全額一括払いか個人の過去の所得によって総額が決定されるかのいずれかである。財政的援助の度合いは，総計給付額を現在勤労している世代の税金で手当てする非積立（賦課方式）システムを，かばっている。全額積立方式システムでは，給付金は以前に蓄積された年金基金に対するリターンによって手当される。「保険数理」という用語は，個人レベルの拠出金と給付金との間の関係（リンク）に関連する。非積立（賦課方式）システムは，

完全に非保険数理か，強い保険数理的要素がある「準保険数理」のどちらかの可能性がある。積立方式も同様に，完全に非保険数理または保険数理のいずれかである可能性がある。さらに，現実の年金システムの一部の要素は確定給付だが，他は確定拠出型である。

年金制度の重大性をめぐる政治的な議論は，勤労インセンティブにかかわるもの（保険数理的／非保険数理的という側面），資金構成（積立／非積立という側面），およびリスク分担（確定給付／確定拠出という側面）を含んでいる。最近の年金改革は，より保険数理へ，より積立方式の方向へ（賦課方式をより少なく），そして，より確定給付の方向を向いている。年金給付の支出増加に直面したとき，単に定年年齢を引き上げることにした政府もある。

どのような方式で年金制度を設定するにしても，その運営は，当該国の経済発展によって異なる。たとえば，弱い経済成長と依存比率の増加は，政府が年金システムを維持することを困難にする。問題は経済的営みにおけるリスク分担である。拠出金を株式市場に投資している年金基金もあるが，それは幸運となる場合もあれば，悲惨な状態になる場合もあるだろう。

実世界の年金システムは，4種類の年金に具体化している。(1)基礎年金——あらゆる人に同等，すなわち，誰に対する支払いも減少しないという保証された年金，(2)既拠出金に関連づけられた付加的，強制的年金，(3)団体交渉の結果に基づくことが多い職域年金，(4)任意加入の私的年金である。スカンジナビア諸国のように賦課方式を運営する国もあれば，スイスのように堅実な積立方式をとる国もある（Orzag and Stiglitz, 1999）。

## 7　分配——政府経営の基本的作業

効率性や有効性の要請からくる公共サービスの割り当ての他，政府は，コミュニティにおいて分配に対する関心が強いことに対応したプログラムを提供する課題に直面している。これらの分配作業は，政府経営が人々の多様な保険をカバーすることになっているとき，実際に包括的かつ非常に高価になるかもしれない。約20年間の最近の公共部門改革の間，配分効率問題は支配的だった。それは，新自由主義，新保守主義，NPM運動，およびワシントン・コン

センサスの背後にある政治イデオロギーを反映するものだった。さらに，2008年の急激な景気後退は，深刻な世界規模の経済危機と連動して，分配問題に対する関心をよりひくことになった。

1　貧困緩和，または取り残された者のための基本的な社会扶助
2　疾病，傷害および失業から身を守る所得補償
3　銀行での貯蓄保護：最後の貸し手の仕事

　分配政策立案は，ロールズ（Rawls）の著名なミニマックス原理（格差法則）のような政治哲学——これは分配責任に深くコミットする欧州福祉国家の支援を提案している——によって導かれる可能性がある。しかしながら，フリードマン（Friedman）の功利主義やノージック（Nozick）のリバタリアニズムのような他の政治哲学は，別の提案，すなわち政府経営におけるより少ない分配作業を提案する可能性がある。

## 8　結　論

　社会保障の管理は，公共サービス提供に特有のものだが，本人＝代理人の問題を全く見せない。ある国がどのようなシステムを選択しても，基本的な問題はシステムの支払い能力である。収入は将来の支出を賄うのに十分だろうか？
　もちろん，政府は義務を守らず，いわば，政府にとっての本人である国民を欺く可能性がある。その意味で，本人と代理人の間の賭けは社会保障制度でも発生する。社会保障制度は，依存率の低下のために，いたるところで圧力を受けている。ますます多くの人がシステムの福祉を受ける側になる一方で，社会保障という配られるケーキを焼くような労働市場に参入する若者は，ますます減少している。

## 参考文献

Castro-Gutiérrez, A. (2001) "Principles and Practice of Social Security Reform", http://www.actuaries.org/EVENTS/Seminars/Brighton/presentations/castro.pdf (last accessed on 7/11 /2008).

Deacon, A. (ed.) (1997) *From Welfare to Work: Lessons from America.* London: IEA Health and Welfare Unit.

Enjolras, B. and I. Lødemel (1999) "Activation of Social Protection in France and Norway: New Divergence in a Time of Convergence", MIRE *Comparing Social Welfare Systems in Nordic Europe and France.* Paris: Drees.

*Europe's Demographic Future-Growing Regional Imbalances* (2008) Berlin: The Berlin Institute for Population and Development.

Ferrcra, M. and M. Rhodes (2000) "Recasting European Welfare States: An Introduction", *West European Politics.* Vol. 23, No. 2: 1-10.

Giddens, A. (1998) *The Third Way.* Cambridge: Polity Press. 佐和隆光訳『第三の道——効率と公正の新たな同盟』日本経済新聞社, 1999年。

Gout Andersen, J. (2000) "Welfare Crisis and Beyond. Danish Welfare Policies in the 1980s and 1990s", in S. Kuhnle (ed.) *Survival of the European Welfare State.* London: Routledge.

Gutmann, A. and D. Thompson (1996) *Democracy and Disagreement.* Cambridge, MA: Harvard University Press.

Hvinden, B. (1999) "Activation: A Nordic Perspective", in M. Heikkilä (ed.) *Linking Welfare and Work.* Dublin: European Foundation for the Improvement of Living and Working Conditions.

Kildal, N. (2001) "WorkfareTendencies in Scandinavian Welfare Policies", Geneva: International Labour Office, http://www.ilo.org/public/englishlprotection/ses/download/docs/workfare.pdf (last accessed on 1/12/2008).

Lindbeck, A. and M. Persson (2003) "The Gains from Pension Reform", *Journal of Economic Literature,* Vol. 41, No. 1: 74-112.

Lødemel, I. and H. Trickey (2000) *An Offer You Can't Refuse: Workfare in International Perspective.* Bristol: Policy Press.

Loftager, J. and P.K. Madsen (1997) "Denmark" in H. Compston (ed.) *The New Politics of Unemployment.* London: Routledge.

Marshall, T.H. (1950/1992) *Citizenship and Social Class*. London: Pluto Press. 岩崎信彦ほか訳『シティズンシップと社会的階級――近現代を総括するマニフェスト』法律文化社，1993年。

Nathan, R. (1993) *Turning Promises into Performances*. New York: Columbia University Press.

Orzag, P. and J. Stiglitz (1999) *Rethinking Pension Reform: Ten Myths About Social Security Systems*. Washington, DC: The World Bank.

Sayeed, A. (1995) *Workfare: Does It Work? Is It Fair?* Montreal: The Institute for Research on Public Policy.

Shragge, E. and M.A. Deniger (1997) "Workfare in Quebec", in E. Shragge (ed.) *Workfare: Ideology for a New Underclass*. Toronto: Garamond Press.

Solow, R.M. (1998) *Work and Welfare*. Princeton, NJ: Princeton University Press.

Titmuss, R.M. (1958) *Essays on "The Welfare State"*. London: Alien & Unwin.

Torfing, J. (1999) "Workfare with Welfare: Recent Reforms of the Danish Welfare state", *Journal of European Social Policy*, Vol. 9, No. 1: 5-28.

第 12 章

# 政治と法学
## ——法と国家

## 1　はじめに

　法は，すべての形態の政府経営，つまり行政管理とニュー・パブリック・マネジメント（NPM）の両方に入りこんでいる。公式組織においては，能力の配分，主要職員の責任，部局のサービスの受け手への説明責任についての問題が必ず起こる。NPM において条件を平等にすることは，さまざまな競争方式で配分される契約を求めるサービス提供者の間で主要関心事となるだろう。

　大陸法系諸国では，国家における最も重要な法が憲法であり膨大な量の行政法を準備していたので，法学と行政学とはかつては密接な関係があった。公共部門のガバナンスも公共組織も，法令とその執行に大きく依存して，制度化された現象を構成している。しかし，法令は規範と同じであり，どのような法的なものであれ法学は規範の科学である。では，政治学者ハンス・ケルゼン（Hans Kelsen）がそう考えたように，法と国家があらゆる点で完全に一致すると結論づけることはできるだろうか？

　公共サービス提供組織内における法の役割は疑いもなく大きいものだが，それに見合うだけの関心をほとんど惹き付けていない。法はいくつかの方法により公共サービスに影響を及ぼす。サービス提供に必要な要件を定めるとともに，適格性を定義し，苦情救済の道や補償の可能性を提供し，品質および使用料金

を規制している。行政学は公共サービス提供を組み立てる際の問題をかなりの程度扱ってきたものの,公共組織や公共サービスの法的影響はあまり調べてはこなかった。

公共部門は,秩序だった社会においては法の支配の規制のもとに運営されることを考慮すると,行政学や公共経営において法と政治の関係を理論化することは重要である。この章の目的は,いくつかの重要な問題を特定し,論争点を提供してそれを議論することにある。

## 2 法と経済学,法実証主義,実用主義

リチャード・ポスナー (Richard Posner) は,法の背後にある経済的考慮を強調する実用的アプローチの例を述べて,法の性格に関する議論に多くの刺激を最近与えた。しかし,これは,法の支配の概念を通じて法と政府の結びつきを際立たせている政治学からの議論と比較されるべきである。法は,法の支配とその含意の基礎無くしては,単なる純粋な規範のシステムとして想像することはできない。

近時,法の性質に関する問題について多くの関心が寄せられてきた (Posner, 2004)。倫理哲学者は,法は道徳に近く,裁判官は好むと好まざるとにかかわらず法的裁定を下すときには道徳概念によって影響を受けると主張してきた。他方で経済学者は,法は実用的であり,脚光を浴びる道徳哲学の方向というよりは,社会における効用最大化を目指していると反論した。また一方で政治学者は,哲学者と経済学者が主要関心事のテーマについて議論しているところに入るのが少し遅れている。近代国家は,法と緊密な関係にある (Kelsen, 2005)。公共政策が行政管理の形になったときにはつねに,官僚や官庁によって市民に関連して執行されるべき法令の形態をとっている。

法と政治の間の関係はもう一度精査されるべきであることを私はここで主張したい。これは公法と私法の明確な区別を再び活性化する取り組みではない。それは,大陸法系諸国の伝統でしか有効ではない。むしろ,政治が法なくしては機能しないことを主張したい。これは,政府の理論にとっては法の性質の理解が不可欠であることを意味する。法と経済学派は,法学と経済学とを結びつ

け，契約法の解釈，とりわけ不法行為法の議論において，市場を考慮することの妥当性を指摘している (Posner, 1999)。裁判官や弁護士は，法が効用よりも公正に関するものであると指摘しがちなので，この立場はずっと議論されてきた。つまり，法学は経済学より政治学により近い可能性があり，法と政府を結びつけるのは法の支配である。

公共部門のすべての分野で人はルールやその適用に出会うことになる。ルールがある場合，もちろん，それにとって代わる可能性がある他のルールを提案することで賛否両論を議論することができる。これは，ルールの妥当性や有効性というやっかいな問題——どちらのルールが有効な法を構成する法秩序に含まれるのか——につながる。法実証主義者は，国のルールは単に道徳規範ではなく，法を道徳から分離するいくつかの付加的な性質を有すると主張した。1つの識別基準は政策立案であり，それはルールが政府または議会において定められたことを意味する。もう1つの認識基準は裁判所の決定であり，たとえば裁判例である (Hart, 1997)。最後に，ルールは何らかの形で施行された場合に有効なのに対して，道徳規範は敬意を払われない場合でも有効性を維持するようである。道徳哲学および政治哲学が法および法学の領域に入ってくるにつれて，法実証主義者の理論はますます批判を受けるようになった (Barry, 1996)。では次に，規範とは何だろうか？　規範は存在するのだろうか？　もし存在するならどのように存在するのだろうか？

## 3　基本的な未解決問題——規範性とは何か？

社会科学は，構成するものがなんであれ社会的な現実を研究する。法学は規範性を検討する。つまり規範の意味やそれらが日常生活でどのように解釈され施行されるかを検討する。政治学，経済学および社会学が存在を扱い，法学が義務や権利を扱うとすれば，これらの科学はどのように相互に関係するのだろう。規範は社会科学において異彩を放っており，法学は何が有効な法か，つまり実際に存在する法規範かを研究する。そうだとすれば，法学と社会科学の違いは，何を強調するかだけなのか？　ポスナーは，法学者や裁判官が社会科学でより多くの教科を受講して自らを改善するように提案した。

表 12.1　存在論および認識論の規範性

|  |  | 存在論 | |
|---|---|---|---|
|  |  | 事実 | 規範 |
| 認識論 | 中立的 | I | II |
|  | 規範的 | III | IV |

　規範性の問題は以下の方法で形成できるかもしれない。これは，ケルゼンがすでに1911年に『ハビリテーション』(*habilitation*)（公法理論における主要問題）において気づいた逆説を示している。

1　規範は法および社会システムの中に存在する。すなわち，それらは現実である。
2　規範は現実の変化を目指して，そうあるべきことを述べる。
3　このように，規範は，実際に存在する現実に属するものではない。

　規範性の問題は，混乱を招く認識論的含意をともなう「べき」と「ある」の間の衝突として表現されている。このように，存在論と認識論の規範性は分離し得る。
　4つの組合せは皆可能であり，それがまた混乱を助長する。実証経済学は事実だけを説明していることからカテゴリーIに属し，それに対して規範経済学は規範基準に照らして既存の慣習を評価することからカテゴリーIIIに分類されるだろう。法学はある学派によればたとえば国の法制度に示される規範を分析しておりカテゴリーIIに当たる。最後に，法学は認識論的にも存在論的にも完全に規範的であるとするカテゴリーIVの立場がある。

## 4　法の定義

　法学の文献において法の概念の確立された定義はない。むしろ，法についての意見の相違は大きくかつ根本的なものである（Posner 1993）。法哲学におけるいくつかの重要な立場には次のようなものがある。

## 第12章 政治と法学——法と国家

1 法は，規範または命令である。
2 法は，裁判官による決定の一式である。
3 法は，法的装置の発動である。
4 法は，国家である。
5 法は，道徳原則の一式である。

　法理論の一般的な表示は，自然法，実証主義，現実主義，実用主義およびマルクス主義の間の区別に基づく。しかも，関連する問題は非常に複雑で多岐にわたっており，これらの法学派の中でも異なるバージョンがある。ここでは，多様な観点を包含する定義をあえて提案したいと思う。

　　法は裁判官による意思決定のシステムであり，国家によって高い確率で実施される。これらの決定は，法に記載されていたり，判例において自然的理性（natural reason）と書かれていたり，実践的考慮がされたりしているところの規範によって導かれる。

　ドゥオーキン（Dworkin）の自然法のアプローチは，道徳哲学——自然的理性——と裁判官の決定との関連性を強調する（Dworkin, 1998）。いわゆる難しい裁判の場合，裁判官は判決を下す際に道徳理論を参考にする。悲しいかな，少なくとも道徳哲学は曖昧なものである。これまでのところ，ソフトかハードかにかかわらず，訴訟事件を決定するために依拠し得る首尾一貫した道徳理論はない。もし道徳理論の究極の価値に固執する場合，（私はそうするが），たとえばマックス・ウェーバー（Weber, 1949）が主張したような普遍的な道徳的真理に訴えるのは躊躇するだろう。どのような価値や規範を追求し，生活において重視するかについて，合理的な人々は合意しないかもしれないので，規範性には理性を超える何かがある。にもかかわらず，ヒューゴ・グロティウス（Hugo Grotius）によって論じられたように，いわゆる自然規範と呼ばれるものや，約束を守る，真実を述べる，他者に属するものを敬う，他者を侵害したときに弁償するといった考え方がある。
　実証主義者のアプローチはいくつかあるが，そのうちの2つをここに述べよ

う。(a) 規範のシステムとしてのケルゼンの純粋法学理論，(b) 法と訴訟の両方を対象とするハート (Hart) の認知論。(a) も (b) も，自然的理性が十分でないことを所与として，裁判官が採用する規範を特定する問題に焦点を当てている。実証主義者は皆，法的規範は究極的には国の制裁で実施されることに結局のところ同意する。たとえ，道徳原則によって支持されたとしても，制度の力を欠いた規範は法であるはずはない。しかし，いくつかの規範が妥当性を持っていたり互いに衝突したりする場合，裁判官はどの規範を国家に施行させるのだろうか (Posner, 1999)。

ケルゼンは，適用される規範を選ぶ指標としての根本規範 (basic norm) の理論で有名である。彼にとっては，法的妥当性は，論理的推論プロセスを通じて規範に与えられ，それは一般法則のさまざまなレベルにおける首尾一貫した規範として法のモデルを表している (Kelsen, 1967)。他方，ハートは各国の国内法制度は一体感のある一揃いの基準を持っており，彼が第二次規範と呼ぶものとして制定されると主張する。その区別は，一次的ルールと二次的ルールとしてなされ，一次的ルールが行為を支配し，二次的ルールは一次的ルールを作成したり変更したり廃止したりすることができるようにするものである。しかし，二次的ルールは階統的に命令されたようには見えず，また完全に首尾一貫しているようにも見えない。それらは議会の立法に含まれ得るが，裁判における裁判官の法的解釈にも含まれ得る。自然法学者はこのアプローチを受け入れることができなかった。というのは，警察によって執行されるとしても，人種隔離政策を導入する立法は真の意味での法ではないからである (Kelsen, 1996)。

ハートのいうさまざまな二次的ルールは，そのうちの1つが別のものより重要かどうかという問題を必然的に提起させる (Hart, 1997)。これは制定法の支持者と判例法の主唱者との間で，あるいは大陸法系とコモンローの伝統との間で議論されてきた。公共政策を分析している政治学者にとって，制定法が政策枠組みにおいて膨大な役割を果たしているということはほとんど疑問の余地がないが，米国法においては，法を定義する裁判官の役割が強調されている (Posner, 2005)。

しかしながら，ハートの一次的ルールが本当に施行されるか，あるいはいわゆる立法者が意図した方法で適用されるかは，どのようにして確かめることが

できるだろうか。現実主義者のアプローチは，法は裁判官の行動であり，裁判官がさまざまな訴訟をどのように処理する傾向があるかに関する規則性だと議論する。つまり，問題となるのは，弁護士や市民の間でのルールの概念が何であれ，ルールの実施において実際何が起きるかということである。法は，鍵となるプレイヤー——裁判官——の行動に応じてだけ動く巨大な装置である。とにかく，法学は，社会科学における予測と完全に異なるというものでもない。法的妥当性が特別な形で存在するわけではないからだ。このアプローチによれば，政策実施と法の執行は基本的には同質であって，官僚の起こす行動である。ハーゲストローム（Hägerströn），ロス（Ross），オリベクローナ（Olivecrona）といった北欧の現実主義者によれば，法的妥当性は法の効率性と同じである。

このように法にアプローチすれば規範性は崩壊する。法は，裁判官や行政が決定するものである。米国現実主義では，裁判官にとっての解釈範囲が北欧現実主義よりかなり大きい。興味深いことに，自然法も法実証主義者もともに，現実主義者の立場を認めるだろう。規範性を完全に捨象するようにみえるからである。これは，法に関して妥当性および効率性がどのように関連しているかというやっかいな問題を惹起する。

現実主義者の観点からは，これらのものは結局のところ同じになるが，そうすると，規範性は現実と同じということなのか？　最近，第四のアプローチが出現した。実用主義者の立場である。これは現実主義者の見解に近いが，法の実用主義の典型は実践的考慮——効用——を強調することであり，裁判官が裁判で利用する可能性のあるものである。法が適用される場合，それは単に正しい規範を探してそれを適用するというだけの事柄ではない。問題となっているのは，社会全体にとって全体的あるいは平均的効用を最大にする適用を探し出すことである。このように，暗黙にまたは明示的に裁判官の熟慮に実用性を考慮することが組み入れられる。これは不法行為法に関するある訴訟におけるカラブレイジ（Calabresi）の有名な解釈であり，それはポスナーが経済学に近いものとして法の一般理論へと発展させたものである。規範が衝突したり，利用可能な規範がなかったりする場合，裁判官は効用以外の何をよりどころとすることができたのだろうか？

法へのこの4つのアプローチを前提として，法を政治の視点から見ることで

何を学ぶことができるだろうか？　政治および法を取り巻く根本問題は憲法の専門家，マルクス主義者および自由主義者によって分析されてきた。司法化の強力な過程を所与のものとして，私たちは上の問題を再度提示し，法と政治のいくつかの難題を解決できるかどうかを見るべきである。法と国家は根本的に同一であると述べる理論を拒否して，古典的なテーマの再評価から始めよう。

## 5　国家イコール法

これは，ケルゼン（Kelsen, 1966, 2005）の立場であり，法学者としての長いキャリアの早期に，政治および行政管理に対する鋭い関心をもって述べている。この理論の基礎は，法も国家もともに実施，すなわち制裁の実施に依存するという考えである。すなわち，法は制裁なしには考えられないし，それを実現するのは国家である。同様に，制裁を実施する機構たる国家は，制裁の適切な時や適用方法について述べる規範なしには，その実施が不可能である。

この同一性の本質が「国家」および「法」の概念分析で解明できるとは思わない。とくに政治学者にとって，それ以上のものが関連していると思う。実証的アプローチをとり，この同一性の問いは開放的なものであるといったやり方で問題をフレーム化することに興味を持つ人がいるかもしれない。つまり，原則として，いかに国が法を支え，尊重し，あるいは廃止するかといった数多くの調査ができるはずである。

おそらく，示唆された同一性は，もしケルゼンが，国家というものは（政府や行政が高い確率で法の支配を実現する）いわゆる法治国家（*Rechtsstaat*）になりやすいと主張したとすれば理解できる。だが，ケルゼンの主要あるいは純粋な法に対する考えではこれが除外されており，彼にとって国家とは，国際公法のもとのいかなる国をも意味する。

法と国家の間の同一性は次の理由で曖昧である。

1　国の活動の多くは実際は法によってカバーされていない——おとり捜査，不規則活動，臨時のよくあるイベント，独裁国における恒常的なルール違反などである。

2　たとえば慣習のように，一部の法は国家の外にある。それらを施行するために国家は必要とされないが，それらの法は有効である。

　この概念的同一性に反論する基本的なすき間が法と国家との間にある。法が時代遅れになっても，国はその役にたたない法を運用し続ける。そして，国の活動は，米国のイラク侵攻のように一切のルール上の正統性なしに行われることもある。このケルゼンの同一性に疑問を投げかけることは，さまざまな国々における法を支える方法の違いを研究することをも可能にする。たとえば，貧困国における法の執行は豊かな国におけるよりもはるかに問題があることはよく知られているとおりである。

## 6　国家と裁判官

　裁判所が訴訟に対して判決を下す場合，国家が取り入れた規範を執行することによって国家を支援することになる。基本的な考えは，裁判所における公平性が国家の正統性を強化するということである。しかしながら，裁判官が国家の強化を熱望しているというのはおかしいように見える。裁判官はまた，法を破る国家の職員に対して法を適用することになっているからである。
　法なくして制度化は困難だろう。政策が決定され施行されたら，それは，従うべきルールや予算をともなったプログラムに変換される。典型的には，政策の施行は，施行する手段と同様に，達成すべき目標に焦点を当てる。実施の段階は，法，指示，予算等，政策を実践するために必要なツールの算出をともなう。裁判官は，この制度化を可能にする際に重要な役割を果たす。ではどのように？
　裁判官は，通常裁判所か行政裁判所かにかかわらず，ルールの正統性の保証人として行動する。①ルールのもとで不正行為を処罰する，②どのルールをどのように適用するかの可能性を試す，という2つの重要な立場を含む。社会的営みにおけるルールの重要性を考慮して，多くの国々では，第三のタイプの監督，つまり，オンブズマン制度をとっている。
　一方でルールを破った場合と，他方でルールをより透明性の高いものにする

場合とで，裁判官の役割は多少異なってくる。ルールの施行を確率的な現象だとしてあまり軽視することはできない。裁判官は，判決が確実に絶対正しいと保証できないが，ルールに従わない人々に判決を下す際に重要な役割を果たす。警察は，自身でルールを施行することになっている場合，多くの不確実性に直面する。ルールを破ることはつねに2つの側面を含んでいる。検察官や訴訟当事者が当該案件で有罪判決を主張する側面と，被告人が自身の案件については無罪であると述べる側面である。裁判官は，最終の仲裁人の役割を与えられる。

裁判官はルールとその適用を明確にする。それは規範の文言から具体的適用までの長い道のりである。ある規範は他の規範と相互作用して複雑性を作り出す。裁判官は状況を明確にすることを求められる。市民は，施行中のルールについて，どのルールが適用されるか，それらがどのように解釈されるかを見出し，審査する選択肢を必要とする。デンマークのオンブズマン制度はそのようなルールの審査のための機構を提供しており，市民であればだれでも利用できる。また，スウェーデンのオンブズマン制度は国会を代表しており，検察官となることもできるし，オンブズマン自ら審問を開始する権利を有する。

## 7　政治家としての裁判官

自然法学者および現実主義者は，実用主義法学と同じく，法が何であるかを定義する裁判官の役割を強調する。それぞれ別の理由ではあるが，裁判官は主要なプレイヤーである。自然法の場合，「困難な案件」を裁定するのは裁判官の道徳である，というのが理由である。現実主義学派では，法は裁判官の行動であり，話はそこで終わってしまう。法を適用することと法律を定めることとの間の区別は，多くの場合裁判官の行動に関連して行われる。政治体制が法的審査を受け入れた場合，この区別は維持することができるか？

自然法および法の現実主義者理論にとって，規範の合憲性を審査する権限が裁判所にあるかどうかは，根本的には意味を持たない。裁判官は，いかなる場合も正しい理由や効用の最大化に反する規範は適用しないだろう。これに対して法実証主義者の場合は，裁判官の行動範囲が飛躍的に増加するので，法的審査の制度は決定的な違いをもたらす。

第12章　政治と法学――法と国家　　　171

　法的審査によって，裁判官は，憲法とその基本原理の重要な保護者の役割を引き受ける。彼らは単に法律違反者を罰したり規則を解釈したりするためだけにそこにいるわけではない。彼らはまた，規範の合憲性を審査することによって，国の政治を形成する。米国のように法的審査が広範になる場合，政治の司法化の過程が強化される。最高裁判所は，両議院を上書きするような権限を有して，ほとんど第三院のようになる。

　法は，法的審査に基づいて政治に多くのものを持ちこむだろう。基本となる政治原理に基づいて政策を審査するのである。同時に，注目を浴びる案件を裁判官が裁定する際に，政治的な前提を通じて考える必要があるだろうから，政治は法学を刺激するだろう。

## 8　法の自律性

　法の支配がある場合，税金によって運営されているという事実にもかかわらず，裁判所は政府から独立している。立憲民主主義では，司法府のこの独立性は最も優先度が高い。公平性および中立性が高い場合のみ，法は尊重されるだろう。

　法の自律性は，一般的な国家よりも，国家の一形態である法治国家に対する場合のほうが，貢献度は高いだろう。裁判官の政治的独立性は，国家権力の行使を抑制する。法は人権の守護者となる。法のこの観点は，自然法学者の場合にのみ顕著である。法実証主義は，ホッブズ流の全体国家（*Machtstaat*）とロック流の概念で政府を信託と考えるものの，両方の考えの流れを含んでいる。法現実主義および法実用主義では，中核をなすのは権利の保護ではなく，効用や有用性についての実践的考慮が中心となる。

　権利の保護に関する法の貢献は，法学のいくつかの学派では無視されてきた。というのは，それらの学派では権利の性質自体の問題に焦点を当てすぎたからである。「権利は存在するのか」は古典的問題だった。この哲学的問題を解決する試みは，権利は入口のようなものだという立場から，権利は独立した基準を持たない法的な言語装置に過ぎないという立場まで幅広い範囲に及んだ。

## 9 道徳と規範性

　規範は政治において重要な役割を与えられる。ウェーバーは言う。政治体制はつねに実際の行動が方向づけられている秩序であり，それは合法であるかどうかが考慮される，と。そして，新制度論者は，豊かさや民主主義といったアウトカムにとって，規範の制度化が重要であると力説する。これらの社会的に重要な規範は，その正当性をどこから得るのだろうか？　これは，道徳の有効性という一般的な問題に隣接する規範性の問題である。

　法学は，どの規範が適用されるかを明確にすることによって，政治の世界において，法の支配の概念へ重要な貢献をする。立憲民主主義が人類の発明した優れた体制と考えられているとすれば，それと他の体制とを区別する一連の規範が分析される必要がある。法の支配の国家においては，規範は透明性の高い形を持たなければならない。これは政治への法学の大きな貢献である。しかしながら，法学の規範性は，一般的な道徳からどのように分離できるか？

　自然法学者と実用主義者とは，道徳が法を制定する際に主要な役割を果たすと主張するが，法実証主義者や法の現実主義者はこれを否定して，裁判官は判決を下すことだけに注力するべきであると述べる。哲学者のスキャンロン (Scanlon) によれば，自然法学派は，誰も合理的に拒否しない基本原理があるので，道徳は法に対して指導できると言う (Barry, 1996)。法実用主義者は法学が道徳をともなうことに同意するが，実践的に意味を持つのは，日常的に行われる道徳的考慮である。現実には，裁判官は，何が正しいかを究極的に追求するというよりも，社会にとって実用的または有用となることは何かを考慮して裁定することが多い——正義はなされよ，よしや世界が滅ぶとも (*Fiat Justitia, pereat mundus*)。

　道徳は強くぶつかる議論——政策決定を導き得る抽象的な原則に関するいかなる合意もない——を惹起するので，規範性と道徳を鋭く分離するのは努力を要することだと理解できるだろう。ウェーバーは，規範が社会的営みで生じるとき，それらは，公平かつ客観的な方法で分析されなければならないと強調した。社会科学のウェーバー理論の観点から，法学は科学的基準を緩和したり，

道徳や規範経済学と区別がつかなくなったりするように語られてはならない。

## 10　有力な正義論——ロールズ対ポスナー

　道徳または政治哲学における1つの基本的な議論によれば，法学は，正義を熟考する際に人間社会で何が合理的で何が合理的でないかについての自然法概念に導かれるべきである。権利，適正手続き，自由対平等といった難しい問題は，有力な正義の原理の吟味を通じて理解され，そしておそらく解決されることすら可能である。これらの原理は，裁判においてだけでなく政策決定においても方向性を示すことができる。この立場に固執する者——ロールズ（Rawls），ドウォーキン（Dworkin）およびバリー（Barry）——はすべて平等主義，アファーマティブ・アクション，所得や富の国家での再分配を支持している。

　この有力な原理の議論は，2つの理由から批判される場合がある。一方では，平等主義以外の，たとえば，リバタリアニズム（自由論）や功利主義のような有力な原理を提案する者もいるだろう。ブキャナン（Buchanan）は，政府や社会を導くだろう非常に保守的な一連の道徳や政治原理を唱え始めた。他方で，ポスナーがいくつかの本でそうしたように，法が道徳や政治哲学には実のところ基づいていないと論じられる可能性がある（Posner, 1993, 1999）。法は，政府の政策における公正性，経済的効率性，効用および政治といった多様な考慮を混在させ強力な経路依存性を示している，規範の自律的構造である。それは代替可能な合理的な原理の間でのトレードオフをともない，緊張をもたらしたり，支離滅裂をもたらしたりする（Posner, 2004）。

## 11　新制度論

　法の背景にある最も基本的な関心事は法の支配である。法の支配を推進すると，社会科学が規範性を理論化することや，政治学と法学のつながりを理解することを強いられる。すべての形態の公共政策に対してルールの範囲が広がっている。それでは，政府に関する法はどうか？　ポスナーは，政治家と裁判官とは同じ種に属すると示唆する（Posner, 2005）が，私はそれを大いに疑う。法

は，ポスナーが考えるよりも自律的であるが，同時に，それは経済効率性よりも政治に結びついている。

政治学，社会学および経済学における新制度論は，とくに組織において行動を形成する制度の役割を強調する。ヨハン・オールセン（Johan P. Olsen）によれば，「制度」とは，一方でルールと規範の両方を意味し，他方で慣行と文化を意味する。法の観点から，制度は，何らかの制裁，とりわけ国家の制裁を通じて高い確率で施行されるルールである。公共部門の制度を変えることは制度デザイン論における主要関心事である。この理論は，アウトカムにとっては，どのルールが執行され，どのように施行されるかが決定的に重要であると主張する。

公共サービスの提供が官僚組織によるか内部市場の手段によるかにかかわらず，関係するプレイヤーは相互作用を支配する制度を注意深く見ている。制度の透明性は，優れたパフォーマンスにつながる——これは制度デザイン論における基本教義である。法的観点から考慮するものは，機能している制度の質と，それらの迅速かつ予測可能な施行の両方である。

官僚制や公式組織は，為政者や政府の側の恣意性や職員の私的利用から部局を保護するときに，法を利用する。官僚制におけるルールのデザインは明確な目的を持っている。すなわち，公的なものを私的利益に充当するリスクを低減するというものである。

同様に，入札制度および内部市場は，最良のアウトカムを生成するために，いかにトーナメントやオークションが行われるべきかについての厳しいルールを含む。どの公共調達形態でも「袖の下（*pot-de-vin*）」，リベート，手数料，直接的な賄賂につながる制度歪曲のリスクがいつもある。

## 12　結　　論

社会学的制度論者は同意しないだろうが，私は，法が，慣習やしきたりよりも制度統合をより強く守るとあえて述べよう。もしそうなら，法は，公共部門において制度を正しくするという重荷を負っている。しかしながら，法学者たちの間では法の性質について意見が激しく対立している。法についてのあらゆ

る種類の議論に国家が現れてくるので，すでに簡単に見たように，政治学者は法の基本的な哲学に関連する制度デザインや進化についての教訓をもしかするともたらすかもしれない。

法的制度が公共部門の構造化において妥当性を持つことを認めたうえで，私は法の性質に関する以下の2つの極端な理論に対して警告しておきたい。

1 国家イコール法，または同一性仮説。政府が行動するとき，法的状況は多くの場合不透明性や曖昧さによって特徴づけられる。どのルールが適用されるか明確ではない。規範の適用が透明で明確になるまでには，通常は時間がかかる。
2 法イコール経済効率性，法と経済学仮説。公共サービス提供における法的制度は，直接的にはアウトプット最大化および取引コスト最小化といった目標のためにあるのではない。その代わりに，正義としての法が主要な役割を果たしている。そして，特定の集団に対する特別扱いが合理的に動機づけられない限り，社会のすべての集団に対して同一の条件での公平な供給がなされるように公共サービスを方向づけている。

法および法学は，公共部門における制度の進化に参加している。直接的に新しいルールの制度デザインの形の場合もあれば，間接的にすでに存在するものの法律解釈を通じてという場合もある。それは，法の支配の要求を通じて政策実施に影響する。そして，それは，少なくともある程度，道徳哲学とリンクするという政策によって政策変更の指示を与える。

法はいたるところに存在するとともに不透明である。それはすべての社会的関係にいきわたるが，曖昧である。これが法の性質だとすると，法実用主義者や法現実主義者は，法の本質や法学をめぐる論争において優位に立つ。直近の包括的な法理論で，ポスナーは，法の継ぎ目のない性質を強く強調した。さらにポスナーは，これが法学をより科学的でなくし，効用主義的または政策志向にすると結論づけた。この含意はあとに続かない。というのは，たとえ法が複雑で，支離滅裂でかつ不完全だとしても，依然としてそれを習得するために専門教育が必要で，法学は単なる技術（craft）というだけでなく進化する科学

事業だということを意味するからである。


## 本章のまとめ

1 　政府経営は，物事をなすための最も重要な手段の1つとして法を用いる。法と規制は，行政管理の必要不可欠な部分であり，それらは，いかなる形態の民間部門の規制にも含まれる。
2 　法学を政府経営の理論と高い関連性を有するものにして，法と国家の同一性を主張する理論もある。
3 　法の性質を反映することは，一般的に制度に，また，とりわけ公的ルールにいくつかの洞察をもたらす。
4 　道徳哲学に基づく法理論は，ホーフェルド（Hohfeld）の類型に従って政府経営への権利の妥当性を強調するだろう。
5 　政府経営における法の採用は，法学への実用的アプローチに比べてはるかに一致しているようである。神経過敏な道徳哲学を強調するのではなく，もっと実際に運用されている動きのある国家での裁判所および審判所の役割に焦点を当てている。
6 　法のベンチマークとして正義の代わりに効用を強調するポスナーの考えは，係争案件に適用する規範間の矛盾がある場合も多いので，全く根拠がないことではない。裁判官は，完全に有効な規範が衝突する場合，効用を考慮して判決を下すかもしれない。しかしながら，総効用や平均効用の最大化が直ちに正義の問題に優先するわけではない。


## 参考文献

Barry, B.（1996）*Treatise on Social Justice: Justice as Impartiality Vol 2.* Oxford: Clarendon Press.
Dworkin, R.（1998）*Law's Empire.* London: Hart Publishing. 小林公訳『法の帝国』未來社，1995 年（1986 年版の翻訳）。
Golding, M.P. and W.A. Edmundson（eds）（2004）*The Blackwel Guide to the Philosophy of Law and Legal Theory.* Oxford: WileyBlackwell.
Hart, H.L.A.（1997）*The Concept of Law.* Oxford: Clarendon Press. 長谷部恭男訳『法

の概念(第3版)』筑摩書房,2014年。
Kelsen, H.(2005)*Pure Theory of Law*. London: Lawbook Exchange.
—— (1996)*Theorié Générale des Norms*. Paris: Presses Universitaires de France.
—— (1967)*Reine Rectslehre*. Wien: Franz Deuticke. 長尾龍一訳『純粋法学(第2版)』岩波書店,2014年。
—— (1966)*Allgemeine Staatslehre*. Bad Homburg: Verlag Dr Max Gehlen. 清宮四郎訳『一般国家学(改版)』岩波書店,1971年。
Posner, R.A.(2005)*Law, Pragmatism and Democracy*. Cambridge, MA: Harvard University Press.
—— (2004)*Frontiers of Legal Theory*. Cambridge, MA: Harvard University Press.
—— (1999)*The Problematics of Moral and Legal Theory*. Cambridge, MA: Harvard University Press.
—— (1993)*The Problems of Jurisprudence*. Cambridge, MA: Harvard University Press.
Rawls, J.(2001)*Justice as Fairness: A Restatement*. Cambridge, MA: Harvard University Press. 田中成明ほか訳『公正としての正義 再説』岩波書店,2004年。
Weber, M.(1949)*The Methodology of the Social Sciences*. New York: Free Press. 祇園寺信彦ほか訳『社会科学の方法』講談社,1994年。

## 第 13 章

# 環境保護と政策
## ——どうやって結びつけるか？

### 1 はじめに

　国家というものは，組織，資源，事業をともなっており，物理学や生物学によって限界が定められる一連の人工メカニズムである。それゆえ，自然科学が社会科学に及ぼす影響を政府は尊重しなければならない。生物学や物理学（そして化学）は人間活動の自由度を定める。人間活動の組織はきわめて多様なので，自然が国家に及ぼす影響は大きく制限されているわけではない。さらに，政府は政策立案において増大する環境保護の需要に直面している。

　地球という惑星の環境問題が悪化するにつれて，人類の社会システムがとり得る多様性の範囲は縮小してきた。政府は，もはや地球気候変動と政策との関連性を否定できず，社会の発展が環境に与える影響を従来よりずっと高く考慮せざるを得なくなっている。21 世紀中にはエネルギー環境の問題が表に出るので，政府にとっての自由度はより少なくなっている。

### 2 環境保護と政策

　政策立案に環境保護の側面を入れることを明言する政府がますます増えている。環境影響評価なくして政策なし——これは政策立案における基本的メタ

第 13 章　環境保護と政策——どうやって結びつけるか？　　　　　　　　179

　ルールとなってきた．人間の活動は自然環境に対して程度の差はあれつねに深刻な痕跡を残すということが認識されたのは，最近のことである．社会システムは物理学，化学および生物学によって設定された枠内で機能するという認識である．21世紀初頭には，人間のシステムと自然の間の相互作用に対するこの環境意識は，決して拡大してこなかった．

　環境影響評価は，空気，水，生態系システムといったほとんどすべての環境構成要素について行うことができる．それは，規則，起点調査，影響予測，関連する緩和手段，対策の有効性の調査，採用される方法の限界からなる．

　環境影響評価は，提案されているプロジェクトが自然環境に与え得る影響——正でも負でも——の評価であり，意思決定者がプロジェクトを続行するかどうかを決める際に環境の影響を考慮することを確実にする．国際影響評価学会は，環境影響評価がどのようなものであるのかを確立した．それは，主要な決定がなされる前に開発プロジェクトの生物物理学的影響，社会的影響などの影響を特定するとともに，それらを緩和するものである．それは客観的および主観的にリスクがどのように評価されるかによって，異なる方法によって行われ得る．

　自然環境評価は，政策過程のインプットとアウトプットの両方に言及する．インプット側では，自然が生産工程用の原料を提供し，エネルギー，水，土地および新鮮な空気といった公共サービスの提供がもたらされる．都市計画，建設，インフラの運営は，膨大な環境資源を必要とする．これらの天然資源の価格や入手可能性は，政策や政策立案過程に組み込まれなければならない．きれいな土壌，新鮮な水，魚といった生命維持に不可欠なものの枯渇という脅威は，ますます多くの国で，政策を作り，実施する際に政府に立ちはだかっている．これは単に物理的計画や領域管理といった事柄だけではない．というのは，自然環境的側面はあらゆる政策で聞かれることだからだ．

　政策のアウトプット側では，産業社会や都市化の出現以来，多様な廃棄物の処分，水資源の保護，環境維持といった特定の重大な業務について，政府は責任を負うべきだということが知られてきた．政府がどのようにこれを行い得るかはずいぶん議論された課題だ．というのは，これらのサービスは官僚制に依存する必要はなく民間供給者とも契約できるからだ．

より豊かになればより環境意識を持つようになるといわれる。つまり，環境は，貧しい国よりも，豊かな国における政策の広大なネットワークによってよりよく保護されると言われる。ともかく富の成長は，きれいで健全な環境への要求を広め，環境を考慮した政策立案への支援を提供する。貧しい国々では，そのような政策は，しばしば高価すぎるとか，資金提供が不可能であるとみなされている。豊かさと環境保護の間のこのつながりから，経済成長は環境に難問を提示するのではなく，逆に，きれいな環境を支えるものだとの結論を導いた学者もいる——より豊かになると，よりきれいになる。

だが逆説的なのは環境汚染が経済発展のレベルに密接に結びついていることである。つまり，最も環境汚染しているのは豊かな国々であり，とりわけ豊かな大国である。中国やインドが強力な経済発展過程をたどるとき，それらは地球の主たる環境汚染者の１つになる。豊かさは単に環境保護を刺激するだけでなく，環境汚染やより重大な環境への痕跡を残すことにもつながっている。

## 3　２つの環境保護政策原理

環境保護的な政策立案は，政策の内容や数において異なる方向性を示す２つのメタ原理に基づいて行われ得る。一方では，環境問題が発生した後にとられる行為であるレジリエンス（回復力）がある。他方で，潜在的な環境の脅威が現実の災害になる直前に除去されることを提案する警戒ルールがある。環境政策立案についての２つの指導原理の信奉者間の議論は，人間の意思決定モデル，リスク概念，責任戦略のすべてに関係する。それは基本的には，環境政策に事後または事前のどの時点でかかわるかという問いである。

レジリエンスの考えは，限定合理性の概念と密接に関連する。人類が完全情報や明確な選好順序を持たないとすれば，どのようにしてあらゆる種類の環境課題や脅威を正しく予測できるのだろうか？　完全な合理性が不可能だとするなら，災害を待ち構え，そして適切な措置を講ずることのほうが良いであろう。

警戒の概念は，重大な負の結果につながるいかなる活動も人は行うべきでないということを含む。損害をこうむった後に合理的に行動するというだけでは十分ではなく，大災害の発生防止を積極的に進めるべきだ。もし災害発生を確

第 13 章　環境保護と政策——どうやって結びつけるか？

実に予測することができないとしても，一定の確率で負の結果につながるだろう活動を少なくとも控えることは可能である。

　環境保護政策立案のためのこの 2 つのメタ原理は，一般的ゆえ抽象的である。本質的な問いは，政府がさまざまな政策分野で具体的な決定を行おうとするときにこの 2 つのメタ原理が示すものは何かということである。レジリエンスの原則は，事後的には状況をほとんど改善できないほど巨大な災害が起こるかもしれないという問題に直面する。他方で，警戒の考え方は，人間のさまざまな事業にとって耐えがたいリスクのレベルはどのようなものかを特定する困難さに直面する。解釈次第では，すべてのリスクを排除することは，すべての機会を奪ってしまうことを意味し得る。

　どちらの原則——レジリエンスか警戒か——が，環境保護を考慮する必要を認めながら経済成長の維持を目指すポストモダン社会において是認されるのだろうか？　コーヌコピアン[訳注1]と環境保護論者の間の議論は激化してきている。それは，環境保護の側面をともなう政策立案に関するメタルールとして上の 2 原則のうちの 1 つを導入することの利点や欠点に焦点を当てている。この問題は，大災害の可能性についての実証的な議論と，リスクと機会の性質についての概念的または哲学的議論の両方を含んでおり，やや複雑である（Posner, 2006）。

　レジリエンス対警戒の問題の核にリスク認識があると論争的に主張する理論もある（Slovic, 2000）。その上この議論は，これらのリスク認識は文化的に決定されると付け加える（Douglas and Wildavsky, 1983）。ここは新文化理論に関する是非の議論を概観する場ではない。環境保護論の政治は，脅威や汚染の事実評価だけではなく，自然についてのさまざまに異なる評価や，ときに他の種と競争してまで人類が自然をどの程度まで利用してよいと言われているのかにも関連すると言えば十分であろう。文化議論の過激なものは，政策立案で環境保護を考慮せよとの要求が増大し続けることと，経済制度とりわけ資本主義の状態をめぐる闘争とを結びつけている（Wildavsky, 1997）。

---

訳注 1　資源枯渇に関する楽観主義者。

## 4 政策の環境保護的側面

　たとえば，フランス政府はすべての新規政策には環境影響評価を付すと決定したが，これは警戒原理を受け入れるということではない。少なくとも，危険性のあるすべての方法を非合法化するような最も制限が強い形の警戒ではない。政策と環境保護を組み合わせるこの試みは，インプット側にせよアウトプット側にせよ，政策立案が環境へ与える影響について注意喚起をしようとするに過ぎない。それは，環境保護と経済的関心の間の衝突をどう処理するかに関する約束をともなうものではない。そもそもフランスは，核廃棄物問題の解決策がないにもかかわらず，核事業の大幅な拡張を計画している。

　とはいうものの，政策立案の環境保護的側面を継続的に認識するよう求めるメタルールを有することは，環境への影響が無視されたり意識的に排除されたりしていた以前の政策立案パターンと比較すると大きな進歩である。環境影響評価が，より詳細にそしておそらく量的基準で行われる可能性について問う人もいるだろう。政策の環境コストを見積って，同一政策のより具体的な経済効果と比較検討するための取り組みが行われてきた。そのような精密な費用便益の評価は，環境資源の政策へのインプットの推定値で補完されるかもしれない。

　環境宣言と環境アウトカムは2つの異なるものであることは周知のとおりである。政府が，環境保護と政策をつなぐ新しい高度に野心的なメタルールを宣言してもよいが，それは単に言葉だけとか，戦略上のことかもしれない。環境コストに対する経済的便益を考えるようになったとき，政府はただ乗りの選択肢をとり，国内で内部的に，または国外で他者によって環境汚染問題が取り上げられることに任せるかもしれない。

　国内的にあるいは国際的に環境を保護する困難さを考えたとき，政策と実施の間の区別は大きな意味を持つ。多くの第三世界諸国では，多数の環境法令や規則があるものの，それらは施行されていない。環境保護と政治における有名な実施のギャップや損失が，強い力——ただ乗り，外部性，非能率的な官僚制，弱い企業，脅し，腐敗，単に運命論またはポイ捨て文化等——によって推し進められているのである。環境政策立案の未解決問題——外部性を誰がどのよう

に内部化するか——は，実用的であるが最善の解決策を求めるなかで，かなり理論化されてきた。

## 5　環境汚染の主要タイプ

環境汚染防止政策は，やや迅速に一連の政策ツールを発展させてきた。ポイ捨てのような小規模な環境汚染と，オゾンスモッグ，廃棄物処理および水の浄化といった中規模の環境汚染，そして最後に，酸性雨や温室効果ガスのような地球規模の環境汚染を区別することもできる。これらはそれぞれ，独自の適切な政策技術を必要とする。

貧困国で問題となっているポイ捨てを防止するためには，政府は環境意識を高める必要がある。中規模の環境汚染は，廃棄物処理を確実に行うための施設の大規模な設置場所や水浄化のための適切な装置が必要となり，資源をかなり必要とする。適切な環境汚染防止政策がない貧困国はこれらの資源を持っていないので，水質や土壌はしばしばひどく汚染されている。環境意識が欠けている場合，廃棄物処理のための資源が限られていることともあいまって，鉛，水銀およびヒ素のような有害廃棄物による汚染は，地域社会全体にとって致命傷になる可能性がある。最後に，危険排出物が空や海を経由して長距離を移動する場合，環境汚染は地球規模となる。それらと闘うために，国際協力と信頼が必要となってくる。

## 6　地域的または国際的な環境保護の処方箋

たとえば汚染を近隣諸国に拡散する等，環境問題に関する機会主義的な行動に陥る誘惑を克服するために，環境保護的な配慮が政策立案に取り入れられ，グループ国の間で法の枠組みが定められ受け入れられるべきである。地域の国家グループ（EU）に推奨されるか，国際的な国家グループ（国連）によって推奨されるかに依拠して，環境基準はますます地域的あるいは国際的になってきている。

地域的あるいは国際的な環境計画が支持している一連の政策原理を抜き出し

てみよう。

- 負の外部性としての環境汚染：すべての形態の環境汚染は識別され登録される必要がある。どれだけ非定型で拡散した環境汚染であっても，それは，どのような場合においても政策形成過程で考慮されなければならない。環境に与えるインパクトの形は公表されなければならないので，環境破壊を隠すのは犯罪の一部となる可能性がある。
- 環境資源の不足：たくさんの環境資源があると考える時代は去った。エネルギー，土地，新鮮な水，新鮮な空気などすべての形の環境資源が減少し枯渇する過程について，今日鋭い認識がある。
- 汚染者負担の原則：環境破壊は，それがどのような形態をとるにせよ，地方か地域かまたは国家かを問わず，地域社会に外部性をもたらす。そこで，その費用はどうにかして支払われなければならない。支配的な意見によれば，環境汚染コストを負担すべきは汚染者自身であり，これは汚染費用の賦課は税に優先するということをも含んでいる。
- 環境保護のバランスまたは持続可能性：多様な目的のために環境資源を活用するという人間の権利を完全に否定するような極端な環境保護論者はほとんどいないが，大部分の人は，いかなる形の環境への介入をも受け入れるような積極的な人間中心的立場を拒否するだろう。これら両極論の間の妥協点は，持続可能性の考え方で取り上げられるが，政策立案とその実施においてそれが具体的に煮詰めるものが何かというのは曖昧である。
- 環境汚染権に対する市場的解決：環境汚染に対する課徴金は，それが環境汚染の真の費用を反映し，環境汚染を出していない人々の価値を反映するように設定されるべきである。汚染課徴金を市場で売買され得る環境汚染権に変えることは，配分効率を高めると考えられている。

環境政策立案に関して市場で解決するための最も有名な仕組みは，京都議定書に基づいて構築された二酸化炭素取引スキームである。排出権取引は，温室効果ガス排出削減を進める重要な手段として浮上している。排出権取引の背景にある根拠は，削減費用が最も低いところで排出削減が行われ，それゆえ気候

変動に立ち向かう総コストの低減を確かにすることである。

排出権取引はとりわけ温室効果ガスの排出に適している。それらが放出されるところならどこでも地球気候変動に同一の影響をもたらすからである。この考えは，全体の上限を設定することによって総排出量を規制することだが，企業は排出削減をどこでどう達成するかを決定するだろう。許容量を取引することにより，全体の排出量削減は可能な限り費用効果が最も高い方法で達成される。企業は，許容される排出量のトン数を，この場合二酸化炭素換算で，割り当てられる。企業は，市場から許容量を購入したり罰金を支払ったりすることによって，許容量割り当てを超えて排出することができる。そして，許容量より少なくしか排出していない企業は，余った許容量を販売できる。割り当てられる許容量が固定されているので，総環境負荷量は変化しない。

## 7　ピグーまたはコース

環境に関連した公共政策は，環境汚染品目の割り当てに関してコースの定理[訳注2]を満たした市場解決策を真似る仕組みを見つけるという問題に苦しんでいる。環境税への標準ピグー・アプローチ[訳注3]は時代遅れと考えられている。というのは，それが費用やそれをカバーする税を正確に見積もらないかもしれないからである。また，環境税は，末端価格が柔軟でない場合，容易に消費者に転嫁され得る。かわりに，いわゆるコースの定理によれば，環境汚染した者とされた者との間の交渉過程は，環境汚染の真の費用またはクリーンな環境を持つことの実価値をつねに示すだろう。どのような方法で環境汚染権が割り当てられているにせよ，分権型アプローチは，環境汚染の効率的なレベル——被害者の環境汚染の費用の増分を，汚染者の価値の増分によってカバーする——を見出し，実施するだろう。

コースの定理の理論面について書かれたものは多くあるが，大規模に実際に実証研究に付されたことはなかった。しかしながら，その代わり京都メカニズ

---

訳注2　外部不経済が存在する場合に，発生者と被害者という当事者間の自発的な交渉によって唯一の最適解がもたらされるというもの。

訳注3　外部不経済を発生させる活動に課税するというもの。

ムの過程をコースの定理の正当性を立証するものとか失敗として考えたりすることも可能である。二酸化炭素排出権取引は本当に機能するのか？ それは温室効果を削減するか？ 二酸化炭素排出権取引は，種々の二酸化炭素減少費用に関して，排出権取引のための国内市場と国際市場の両方を作って運営することを必要とする。

　いくつかの環境 NGO は，二酸化炭素排出権取引を，自由市場の公共スペースや環境政策立案への侵入だと論難する。彼らは，二酸化炭素排出権取引を，会計の失敗や地域住民や環境に対する有害な事業と結びつけて，環境汚染源で削減を行い，地域主導のエネルギー政策が行われることを好む。つまり，政策が市場メカニズムに代わるべきであるという。二酸化炭素排出権取引が環境汚染の問題全体の解決に貢献するのは，合計の上限が制限されている場合だけだ。というのは，環境汚染しないグループは節約分を最も高い入札者に単に売ってもよいからである。いくつかの環境団体が排出権を購入してそれを売ることを拒否しているが，全体として，削減は中央で規制する必要があるだろう。この仕組みがあまりに多くの排出権を発行する場合，環境汚染権市場は，とても小さいものになるだろう。環境汚染者が，政府に対して支払いをさせられるのではなく，政府から自由な許容量を与えられるところには，実際には既得権の慣行がある。批評家は，持続可能な技術の研究開発に利用される収益を付した排出権の競売を提唱している。

　コースのメカニズムではなくピグーの解決策を支持する経済学者は，以下のように指摘する。(1) 取引は，同じ目的を達成するがより複雑な手段かもしれない。(2) 認可価格は不安定であり，したがって予測不可能である。(3) いくつかのキャップ・アンド・トレード・システム[訳注4]は事業への割り当て分を超える。とはいっても既得権であるが（ある程度の排出権は，競売ではなく無料で与えられる）。(4) キャップ・アンド・トレード・システムは，割り当て分について国際取引の基礎となるかもしれず，国境を越えてきわめて大きな移転をもたらすかもしれない。(5) キャップ・アンド・トレード・システムは，税システムより多くの腐敗を生むように見える。(6) キャップ・アンド・トレー

---

訳注4　一定の環境下で許容し得る排出権総量（キャップ）を決め，排出権を発行し，その取引を認める制度。

第 13 章　環境保護と政策——どうやって結びつけるか？　　187

ド・システムの管理費および法的費用は税金によるよりも高い。(7) キャップ・アンド・トレード・システムは，個々の家庭の排出量のレベルでは実用性に欠けるように見える。

　京都レジームの評価は，2012 年に新条約が発効するまで，熱い議論を起こす話題であることは疑いないだろう。京都メカニズムに欠点があるかどうかは，もともとの環境汚染権の配分をどう考慮するかに依存する——もともとの配分というのは，コースの定理では基本的には除外されている。中国およびインドはレジームを構成しておらず，米国の環境汚染権の配分は小さかったので，市場メカニズムを通じて環境政策を立案するという京都レジームが，環境保護陣営以外からも批判を受けていることは驚くまでもない（Hohne, 2006）。

## 8　結　　論

　環境保護と政策がうまくやっていくのは，新しい融合である。政策立案者および環境問題専門家が，政策サイクルに環境への配慮を事前または事後に挿入する方法を探しているからである。これがまさしくどのように行われるべきかは，将来の一連の問題を構成するだろう。環境政策立案は，環境志向を持つ政策立案のように，代替原則に基づくはずだ——これを私は前にメタルールと呼んだ。

　環境保護の持続可能なルールは，一方で粗野な人間中心主義，他方で強い環境保護という，両極端な原理の間の妥協と見られるかもしれない。しかしながら，持続可能性が何を含むのかを詳しく説明できていないし，持続可能性が官僚制や市場型メカニズムの何らかのデザインによってどのように実施されるかも明らかになっていない。京都議定書に基づき，排出権取引市場がいくつかの国々に出現した。しかしながら，京都レジームは，その中にいくつかの重要な国々が入っていないので，グローバルなものではない。京都議定書に代わる新レジームが温室効果ガスを削減するという野心を成功させようとするなら，京都議定書よりもはるかに制限的でかつ包括的でなければならない。

　環境政策立案は，いくつかの国で急速に最優先事項となってきた。しかしその技術は決して明確なものでも，確かなものでもない。というのは，行政によ

る解決策は市場を模倣した解決策と競合するからだ。しかし，明確なことが1つある。それは，富裕か貧しいかにかかわらずすべての国で，環境保護と政策が21世紀には融合するだろう，ということだ。

## 本章のまとめ
1 環境保護は急速に政府経営の重要な側面になりつつある。
2 環境保護を政策立案や政策実施に統合する鍵となるのは，政策が環境に及ぼす影響だけでなく環境が政策に与えるものをよく知っていることである。
3 主要問題は，環境政策立案に使われる指針原則である――警戒の原理とレジリエンスの法則のどちらだろうか。
4 環境政策立案は，政策手段としての立法や規則から離れ，汚染者負担の原則や排出権取引のような市場型インセンティブを用いることへと転じた。


## 参考文献
Boardman, A., D. Greenberg, A. Vining and D. Weimer (2006) *Cost Benefit Analysis: Concepts and Practice*, 3rd ed. New York: Prentice Hall. 岸本光永監訳『費用・便益分析――公共プロジェクトの評価手法の理論と実践』ピアソン・エデュケーション，2004年（第2版の翻訳）。

Coleman, J. and S. Shapiro (eds) (2004) *The Oxford Handbook of Jurisprudence and Philosophy of Law*. Oxford: Oxford University Press.

Cooper, J. (2006) *Global Agricultural Policy Reform and Trade*. Cheltenham: Edward Elgar.

Cooter, R. and T. Ulen (2007) *Law and Economics*. New York: Pearson Education. 太田勝造訳『法と経済学（新版）』商事法務研究会，1997年。

Douglas, M. and A. Wildavsky (1983) *Risk and Culture*. Berkeley: University of California Press.

Douma, W.T., L. Massai and M. Montini (eds) (2007) *The Kyoto Protocol and Beyond: Legal and Policy Challenges of Climate Change*. The Hague: Asser Press.

Glasson, J., R. Therivel and A. Chadwick (2005) *Introduction to Environmental Impact Assessment*. London: Taylor & Francis.

Hohne, N. (2006) *What Is Next After the Kyoto Protocol?: Assessment of Options for International Climate Policy Post 2012.* Amsterdam: Techne Press.

Light, A. and H. Rolston Ⅲ (eds) (2002) *Environmental Ethics: An Anthology.* Oxford: WileyBlackwell.

Mishan, E.J. and E. Quah (2006) *Cost Benefit Analysis.* London: Routledge.

Morris, P. and R. Therivel (2001) *Methods of Environmental Impact Assessment.* London: Routledge.

Posner, R.A. (2006) *Catastrophe: Risk and Response.* Oxford: Oxford University Press.

Slovic, P. (2000) *The Perception of Risk.* London: Earthscan.

Stowell, D. (2004) *Climate Trading: Development of Kyoto Protocol Markets.* Basingstoke: Palgrave Macmillan.

Tietenberg, T. (2006) *Environmental Economics and Policy.* New York: Addison Wesley.

Vig, N.J. (ed.) (2005) *Environmental Policy: New Directions for the Twenty-first Century.* Washington, DC: CQ Press.

Wildavsky, A. (1997) *But Is It True?: A Citizen's Guide to Environmental Health and Safety Issues.* Cambridge, MA: Harvard University Press.

# 第 14 章

# 発展志向国家
―― 第三世界から第一世界へ

## 1 はじめに

　政府をアウトプットやアウトカムの側から分析するためのさまざまな枠組みは，本質的にいわゆる「西欧」諸国に焦点を当てるバイアスがあるのではないかという疑問を持つ者もいるだろう。これまでの章で紹介したさまざまな学派間の論争は資本民主主義国（つまり市場経済と法の支配の両方を尊重する体制）を考察しているが，第三世界をモデル化する試みも行われてきた。

　米国の財政専門家であるアレン・シック（Schick, 1998）は，その興味深い論文において，ニュー・パブリック・マネジメント（NPM）を第三世界に当てはめることはとうていできないと論じている。官僚制組織か外部委託かという制度上の選択肢に直面すると，第三世界諸国は伝統的な官僚制モデルを選択するはずである。もちろん NPM レジームは，契約過程の前，契約中，契約後にかけてその処理における膨大な腐敗を招くが，はたしてシックの主張は本当に筋道の通ったものであろうか？　NPM には 2 つ以上のモデルがあるのではないかという論争もあり得る。ブレア政権は，サッチャー政権やメジャー政権で行われていたのとは異なる NPM のバージョン――ベストバリュー[訳注1]――を，

---

訳注1　強制競争入札に替わって導入された制度。自治体による行政サービスが，最大限の経済性，効率性，効果を追求することを求められることとなり，また住民による検証が求められた。

市民社会や官民パートナーシップと結びつけて明確にしようと試みた。

多くの第三世界諸国における基本的な選択は，腐敗した外部委託とクリーンで伝統的な行政管理との間の二者択一ではなく，2つの形の腐敗が絡む選択に過ぎない。入札過程で起こるものと，非効率な官僚制という形をとるものである。腐敗した官僚制を前にすると，なぜ第三世界政府が穏やかな形のNPMさえ試みることができないのかを理解することは難しい。うまくいけば，外部委託や執行エージェンシーの設置によって，伝統的な公共機関に対して行動を正さなければ大幅な規模縮小に直面するぞという警告を発することができるかもしれない。

ここで，第三世界における行政管理と公共政策立案の主なモデルをいくつか簡単に見てみよう。そこでは，第三世界諸国がクリーンな政府だけでなく一般的な発展，とりわけ経済成長，そして人権や説明責任と結びついている。

## 2　開発行政学

かつての植民地が第二次世界大戦後に自らの国家を設立し始めたとき，「開発行政学」という学問分野が行政学の1つの専門分野として出現した。この細分野の基本モデルは，新しい官僚制と，農村開発，都市開発，貧困削減などの開発目的を持つ政府のレベルとを関連づけようとする試みに基づいていた。開発行政学はアウトプットとアウトカムに強く焦点を当てており，手続きの正統性よりも政府の効率性を追求していた。

開発行政学は行政大学院や行政管理機関で教えられたが，この細分野の焦点はきわめて学際的なものだった。開発行政学は公務員やその他の政府職員について，貧困や伝統から国を解放する大きな努力にかかわる者たちであると考えた。それには近代農業技術，何百万人もが住む都市建設，熱帯病との戦いが含まれていたが，透明性や説明責任の欠如といった第三世界の官僚制の問題にはほとんど注意は払われなかった。

端的に言って，第三世界を第一世界に移行させる優良な開発行政学は発展志向国家モデルにおいて再形成されたと言えるかもしれない。他方で，うまくいっていない第三世界諸国は官僚制の例外として扱われた。発展志向国家のモ

デル——経済ナショナリズム——は，経済発展を促進する強力な役割を国家に提供したが，後になって経済発展に対する社会と市場の貢献を過小評価していると批判された。

### 3　経済ナショナリズム

　発展志向国家のモデル——大なり小なり政府が経済成長過程を導く——は，東南アジアにおいてのみ成功した。これはときに，分権化された資本主義や計画経済と区別して，経済ナショナリズムと呼ばれる。リー・クアンユー首相が急進的に登用したモデルで，貧しく望みのない第三世界の半島を世界で最も裕福で最もダイナミックな国にした「シンガポール・モデル」もある。

　安定的な経済成長を促進する国家のモデルは，絶え間なく国民に高い貯蓄率を強要し，余剰を住宅，医療，教育に回すものであるが，これは西欧の経済学者には受け入れられなかった。発展志向国家は輸入代替型の産業政策を行いがちであり，早晩失敗することになると言われた。他方で発展志向国家モデルを採用したにもかかわらずアジアの奇跡がもたらされたと市場経済学者は論じた。日本，韓国，台湾，シンガポール，香港では，資本を集めて生産的な投資に振り向けることのできる活気に満ちた市場が出現した。平和で腐敗していないビジネス環境を実現するためには，政府が市場経済に不可欠な制度——契約，自由労働市場，証券取引所，株式会社形態——を保証すれば十分であった。

　経済ナショナリズムは他の国——ラテンアメリカ，アフリカ，南アジア——では失敗したが，それは必ずしも産業政策が特殊利益にとらわれて非効率だと判明したからというわけではなく，活気のある市場経済の条件が満たされなかったからである。経済ナショナリズムにおいては，政府が経済成長促進の主要な役割を演じる。もし何らかの理由で政府が失敗すれば，それは国に災害をまき散らす可能性がある。

## 4 官僚制の例外

　政府運営から大きなプラスの結果がもたらされるという望みを開発行政学のモデルは提起したが，それはまもなく多くの第三世界諸国，とくにサハラ砂漠以南のアフリカで，官僚制組織による運営についての絶望へと変わった。政府担当者が農村開発や都市開発の促進に関して無知だっただけでなく，宗主国から独立した数年後には，重大な欠陥の兆候が露呈した。

　開発行政学のモデルでは公務員と政府職員は解決策の一部であるが，第三世界諸国の欠陥を示すさまざまなモデルでは彼らは悪役か，長引く貧困と弱い発展という問題の一部となる。政府は，管理運営職員と専門家という2種類の人間を雇用する。たしかに専門家は，行政管理機関や公共政策大学院以外から雇用される傾向にあるけれども，国家の発展見込みを向上するのに最も有効であるかもしれない。第三世界諸国における欠陥のモデルは政府のさまざまなレベルの公務員や上級官僚をターゲットにしている。

　特定の第三世界諸国における例外モデルのいくつかは，官僚制に関する古典的文献，とくにマックス・ウェーバーの文献においてすでに述べられていたことは興味深い。理念型モデルは現実と一致すると信じることはとてもできなかったので，ウェーバーは，政府が彼の理想とする効率的で公益志向の行政官僚制の特徴から，どのようにかけ離れていったかを分析した。たとえばウェーバーは，中世に近代国家が形成される過程において「プリベンダリズム（受給聖職者主義）」[訳注2]と「サトラップ支配（Satrapenherrschaft）」[訳注3]が起こることを，第三世界の学者が脱植民地国家において同じことを観察するよりずっと前に確認した。

　ポスト植民地国家への批判がひとたび現れると，第三世界政府とその管理組

---

訳注2　カトリック教会において教会の職と結びついて教会財産の所領や奉納物から一定の収益を得る権利を持たせるという主義。

訳注3　アケメネス朝ペルシアの20の属州（サトラッピ）に置かれた行政長官職で太守，総督とも訳される。「王国の守護者」と呼ばれ徴税権をはじめ強大な権限を持っており，世襲化が進んだためのちにはよく中央から離反した。サトラップを監視するため監督官が中央から派遣され，「王の目・王の耳」といわれた。

織の悪事の暴露には際限がなくなったようであった。たとえば，「盗賊」国家，政府の「犯罪化」，「スルタン制」あるいは「家産制国家」が，さまざまな調査や以前の自由の闘志によって突き止められた。

## 5　グッド・ガバナンス（良き統治）

　世界銀行（World Bank）は国際通貨基金（IMF）や国連開発計画（UNDP）とともに，第三世界においてグッド・ガバナンスを要求した。これは部分的には，国家官僚制の膨大な欠陥の露呈に対応するものであった。世界銀行とIMFがグッド・ガバナンスを新しく強調したことは，その初期の開発戦略への批判に対応したものともとらえることができる。グッド・ガバナンスの背後にある主な考えは，人権の尊重と法の支配は，国内的な価値を構成するだけでなく対外的にも役に立つというものである。というのは，グッド・ガバナンスは最も効果的に海外からの直接投資を刺激し安定的な経済成長に通じる経済レジームだからである。

　世界銀行は，主要な意思決定者がどのような学派かによって，堅持する開発戦略あるいは経済成長理論が異なっていた。1970年代後半まではケインジアンが大なり小なり主流であったと言え，膨大な政府投資あるいは国家規制や計画の利用を提唱した。計画の実現に失敗すると，世界銀行は180度方向転換し，シカゴ経済学派に多大な影響を受けたワシントン・コンセンサス型の自由市場経済を唱道した（Serra and Stiglitz, 2008）。グッド・ガバナンスは，世界銀行の三番目の主要戦略として，ワシントン・コンセンサスに典型的である自由放任志向を修正するものと見ることができる。

　グッド・ガバナンスは成長・開発理論における標準的な経済的ゴールに政治的・行政的目標を加える。それゆえ，世界銀行は，行政管理，政策実施，司法的予測性に関するパフォーマンスを含む，国家のさまざまな局面を調査する大規模な研究プロジェクトに出資してきた。この研究戦略は，経済学と政治学の両方における新制度学派の新しい学説に従っており，国家において正しい制度を持つことの明確な意味を強調している。「正しい」制度がある限り，経済的・社会的発展は，政府の介入や規制からというよりも，自由市場の自由な運営と

強力な市民社会から，より多くもたらされる。

　グッド・ガバナンスの発生を計測しようとする最も意欲的な試みは，「世界ガバナンス指標（Worldwide Governance Indicators）1996-2007」という世界銀行のプロジェクトにおいて行われてきた（http://www.govindicators.org）。それは6グループの指標を使用するが，実際はグッド・ガバナンスを2つの面に分割する。一方では「グッド・ガバナンス」は民主主義（「意見の表明と説明責任」）を表すが，他方では国家の安定性，すなわち「暴力不在，政府の有効性，規制の質，腐敗の統制」も表している（Kaufmann, 2003）。

　いくつかの後発開発途上国における政府経営は，政治的暴力を減らし，政府の必要最小限の有効性を達成し，規制による制御を行い，腐敗の制御を実現するために，世界銀行のグッド・ガバナンスのこの第二の側面に焦点を当てている。主にいわゆる経済ナショナリズムを成功裏に行ってきているいくつかの国では，法の支配や意見の表明と説明責任の得点が悪かったが，政府の有効性，規制による制御，腐敗の制御，政治的暴力の不在の得点が良かったことは注目すべきである。

　グッド・ガバナンスが不足しているいくつかのアフリカ，カリブ諸国，太平洋諸国においては，民主主義と国家の安定性のどちらが第一に重要であるべきかという議論があるかもしれない。私は，無政府状態を払拭することや社会道徳規範欠如を払拭することが国民にとって最も重要であり，民主主義よりも国家の安定性が必要だと主張したい。問題は，これら諸国のいくつかにおいて，たとえば軍事支配のような形態の強力な政府が，結局はより多くの不安定，暴力，抗議を引き起こすだけだということである。社会が混乱し国民相互の基本的信頼が不足しているときに，必要最小限の政府経営はどのようにして実現できるのだろうか？

## 6　法による支配あるいは法の支配

　グローバリゼーションのプロセスが進むと，政府を第一世界と第三世界の国家に分類することに意味があるのかという疑問が生じるかもしれない。多くの政府が，とりわけ世界で最も貧しい50の国々においては，うまく運営されて

いないことは否定できない。しかし，いくつかの第三世界諸国は第一世界とのギャップを著しく縮小している。

政府モデルとしてのグッド・ガバナンスという考え方は，一方で民主主義的説明責任を高め，他方で政府の安定性を強める，という矛盾を孕んでいる。世界銀行の主要なガバナンス・プロジェクトにおいては，6指標のうち4つが後者に関連し，2つが前者をターゲットにしている。たくさんの政府が国家における法による支配を充実させたいが，権力分立，連邦主義，政党間競争，司法の独立，違憲審査，公務員や政府職員の評価の究極的なベンチマークとしての人権リストなど，法の支配の欧米的概念を否定する。

政治的安定性が公共経営の慢性的特徴になるのは，国家がもはや法による支配に従って運営されていないときである。すべての第三世界諸国において法による支配あるいは政府の有効性の得点が悪いわけではない。なかには高得点で，国家が巨万の富をもって運営されている湾岸諸国のような国もある。国家の安定性を実現した国が法の支配も進展させるかどうかは，おそらく当然のこととは考えられていない。したがって，政府は世界銀行のガバナンス指標のうち4つは高得点なのに，民主主義と司法の独立に関する他の2つで得点が低いということがあり得る。

## 7　結　論

政府経営の分析フレームワークは，いわゆる第三世界諸国をカバーする概念を含むほど柔軟であるべきである。実際，以前貧しかった国が強力にキャッチアップし始めているので，第一世界と第三世界のはっきりとした区別はほとんど妥当性を失っているかもしれない。政府のプログラムはいたるところで，健康の増進，より高い教育水準，社会問題の減少などの社会的結果への貢献について評価されるかもしれない。農村と都市の状態を改善する公共政策が必ず案出されるであろう。

しかし，開発行政学というアイディアは時代遅れのように思われる。それは政府の間違い，計画立案，その厳正さに偏っている。経済的・社会的発展を促進する公共政策は，さまざまな専門領域で訓練を受けた人々の取り組みを調整

するものであり，まず第一に，行政の仕事ではない。個人が官僚から妨害されずにプロジェクトを追求できる安定的な制度枠組みを国が提供するとき，発展の長期プロセスが生じる可能性は高くなる。行政職員による微細な経営は，硬直化，地方の急務に対応しない公共プログラム，あるいは柔軟性の欠如という危険を生む。世界銀行はガバナンス・プロジェクトにおいて，制度的安定性に必須なものとして政治的安定と民主主義の両方を強調している。

　第三世界におけるグッド・ガバナンスの追求は，これらの国々における代理人の機会主義をもっと完全に抑制する制度を考案する試みにほかならない。第三世界諸国で最悪のシナリオは，ジンバブエのムガベ[訳注4]やマダガスカルのラチラカ[訳注5]のように，不十分な社会保障や低国民所得と政治・行政エリートによる大規模な略奪が同時に起こることである。

## 本章のまとめ

1　政府経営理論はいわゆる資本民主主義，欧米の政治文化を持つ裕福な国々に，より焦点を当ててきた。
2　第三世界の政府経営について理論を立てることで，開発行政学，発展志向国家，プリベンダリズム，グッド・ガバナンスといった多くのモデルが生まれた。
3　グッド・ガバナンスというアイディアは，一方で民主主義と法の支配を，他方で有効な政府経営や政治的安定性をといった両方を含む。

## 参考文献

Bayart, J.-F., Ellis and B. Hibou (1999) *Criminalisation of the State in Africa*. Oxford: James Currey.

Dwivedi, O.P. (1994) *Development Administration: From Underdevelopment to Sustainable Development*. Basingstoke: Palgrave Macmillan.

Farazmand, A. (ed.) (2001) *Administrative Reform in Developing Nations*. Westport, CT: Greenwood Press.

---

訳注4　初代首相（1980-87年），第二代大統領（1987-）。30年以上にわたって権力を独占しており国民の多くは飢餓状態なのにきわめて豪華な生活をしているといわれる。
訳注5　元大統領（1976-93年，97-2002年）。

—— (ed.) (1991) *Handbook of Comparative and Development Administration.* Basel: Marcel Dekker.

Joseph, R. (ed.) (1998) *State, Conflict, and Democracy in Africa.* Boulder, CO: Lynne Rienner.

Kaufmann, D. (2003) "Rethinking Governance: Empirical Lessons Challenge Orthodoxy", http://www.worldbank.org/wbi/govemance/pdf/rethink_gov_stanford. pdf

Schick, A. (1998) "Why Most Developing Countries Not Try New Zealand Reforms", *The World Bank Research Observer,* Vol. 13, No. 1: 1-9.

Serra, N. and J.E. Stiglitz (2008) *The Washington Consensus Reconsidered: Towards a New Global Governance.* Oxford: Oxford University Press.

Singh, B. (2006) *Rural Development Administration.* New Delhi, Bangalore: Anmol Publications.

Smith, B. (2007) *Good Governance and Development.* Basingstoke: Palgrave Macmillan.

WB Governance Project. http://info.worldbank. org/ governance/ wgi/ index/asp (last accessed on 7/11/2008)

# 第15章
# 比較を試みる
―― 異なる国家モデルは存在するか？

## 1 はじめに

　政府経営はさまざまな方法で行うことができる。官僚制，市場化，パートナーシップのいずれかの側面を持つ公共経営というそれぞれの純粋タイプも，また，それらの混成というタイプも挙げられる。たとえば，大学は公式組織に大きく依存するが，高齢者の介護はしばしばパートナーシップを用いる。事業部門はサービスの売買を好む市場制度を取り入れるにつれて変わってきた。国々は政府経営における予測性を高める特定の標準作業手続きに依存するかもしれないが，そのような国家遺制は，公共サービス提供の新しいモデルが世界中に広がるとき，改革にさらされる。政府経営における制度変化は，国家遺制と公共経営の新しい世界モデルとの間の緊張によって促される。

　たとえば，ニュー・パブリック・マネジメント（NPM）の改革の波は，さまざまな国々がどの程度 NPM の原理を採用するかという研究を刺激してきている（Bouckaert and Pollitt, 2004）。欧州大陸ではアングロサクソン諸国に比べて，市場化の側面を持つ公共経営の考えにあまり熱狂的でないことはよく知られた事実である。欧州大陸諸国は，公式組織（法治国家）を強調するか，さまざまな形のパートナーシップを利用するかのどちらかである。政府経営の伝統に何らかの知恵がありはしないかと思われるかもしれないが，これは，予測可能性

や効率性のような非常に重要な理由から制度変化は経路依存的であるということを意味している。

政府経営の比較研究は，さまざまな国家的伝統がいかに強力な傾向にあるかを解明するかもしれないし，代替的な制度形態がどのようにアウトカムに貢献するかを明らかにするかもしれない。主要な問いは，政府経営のモデルが収束するか，あるいは発散するか，すなわち，国々は世界的な経営トレンドの結果として，類似の改革を採用する傾向にあるかどうかである。

## 2 どの国も独自の政府経営スタイルを持つか？

クールマン（S. Kahlmann）はその興味深い文献において，パリ市のガバナンス・システムの主要な改革の背後にはどのような推進力があったかを探っている。彼女は次の3要素から成るモデルを提供する。

1 マクロ的：機能的必要性あるいは経済効率性。古い官僚システムはもはや都市部の移り変わるニーズに対応できなかったことを意味する。
2 ミクロ的：参加している政治的プレイヤー間の戦略と戦術のミックス。
3 歴史あるいは遺制：経路依存性。改革はフランスの行政的伝統によって形成されたことを意味する。

彼女は仮説1に反対し，選択参加者による戦術ゲームと，中央集権化および画一性というナポレオン的遺制のミックスを支持し，プレフェ（知事，国が任命する）ではなく市長（市民が選出する）に焦点を当てている（Kuhlmann, 2006）。行政改革はつねに既存のシステムを考慮しなければならないが，これはつねに経路依存性があるということであろうか？　パリの場合，改革は歴史的に継続するフランス国家の市に対する後見監督（*tutelle*）を終わらせ，1つの改革で地方民主主義を導入した。

では，すべての公共部門改革は必ず経路依存性を見せると言えるだろうか？すべての行政改革が現状から始まると述べることは，単にささいなことに過ぎない。経路依存性の仮説は，それが特定の国家的伝統がどのように未来を形成

するかを示す証拠を指し示すことができるときのみ，妥当で興味深いものとなる。そして，ナポレオンが知事システムを作って以来，システムがフランスの公共部門に及ぼしてきた多大な影響について，もちろんクールマンは言及していた。ただ，これはもう1つの問いを生む。それは，すべての国が行政遺制を持つのだろうかという問いである。

## 3　政府経営モデル

　たとえ経路依存性の原理を認めるとしても，つまり，各国の公共部門改革がそれぞれの過去——文化遺制，行政上の伝統と歴史——によって形成されることを認めるとしても，すべての国がそれぞれ独自の国家モデルを持っているという仮説なり仮定は受け入れられないであろう。それは単に国家が歴史を持つという自明の理となるに過ぎず，それこそ経路依存性が当てはまるものである。

　さまざまな国家モデルの探求を限られた数に求める場合，国家モデル・アプローチはより難しくなる。以下は暫定的な提案である。

・米国，スイス，ドイツのような連邦国家モデル
・米国の猟官制（スポイルズ・システム）
・ウエストミンスター・モデル（英国）
・フランスの単一政府モデル
・旧ソビエト・モデル
・スウェーデンの「中央行政庁」（*ämbetsverk*）モデル
・植民地モデル
・ニュージーランド・モデル（NPM）
・法治国家モデル
・アラブ国家

　このリストは全く暫定的なものであって決定的なものからはほど遠いが，帰納的に作成され多くの国をカバーしている。これらを減らしてより少ない数の理念型セットにする大掛かりな試みはここでは行わないが，これらのモデル

の組み合わせは可能かもしれない．たとえば，オーストラリアは連邦制とNPMのミックスであると特徴づけることができる．

## 4　ニュージーランド・モデル（NPM）

　ニュージーランドの公共部門改革は多大な国際的注目を浴びた．というのは，福祉国家を契約によって公共サービス提供を行う市場経済に移行させるという政策は，筋が通って首尾一貫していたからだ．改革はとりわけエージェンシー理論に焦点を当て，強い経済学的傾向を持つと人々にみなされた．公共サービス組織の終身的地位を代替する2つの契約があった．

　第一に，入札の繰り返しによって最長で6年の期間限定契約が与えられることになる．第二に，各職員はこの期間に自分が何をすべきと考えられているかを詳細に特定する業績契約の交渉を行う．この業績契約は，契約不履行に対する最終的な法的争いにおいて重要な証書となるため，何百ページにもなる．

　ニュージーランドの改革は大変厳格に実施され，大学以外の公共部門のほとんどすべてにおいて契約を交わした．結果として，とくに民営化オプションが実施されたとき，公共部門の職員数は減少した．いくつかの公共企業が設立され，後に民間に売却された．社会保障は同様の精神で変更された．規制緩和，ダウンサイジング，外部委託，企業化，民営化の結果，ニュージーランドは10年も経たない間に民間国家となった．

　しかし，そのような熱狂をもってニュージーランドが乗り出した新しい契約レジームには逆選択もあった．たとえば，訴訟の多くは業績契約が履行されたかどうかに焦点を当てた．ガバナンスの目的のために，行政法ではなく契約法が使用されると，取引コストが増加し始める．最近ではニュージーランドのガバナンスは少し方向を変え，とくに高齢者ケアとソーシャルケアにおいて，サービス提供者との長期的関係における信頼を重視している（Chapman and Duncan, 2007）．しかし，それを新しいニュージーランド・モデルと呼ぶのは時期尚早である．

　他国の政策が自国に波及し，ニュージーランドのような他国の公共部門改革から刺激を受けるときでも，もともとのアイディア，改革，アウトカムが混

ざった政策に至るかもしれない。

　マレーシアの例を取り上げよう（Dass and Abbott, 2008）。マレーシアのマハティール政権下の行政改革においてTQM（Total Quality Management，総合的品質管理）に主要な役割を果たしたのはおそらくマハティール首相本人である。ドーソン（Dawson, 1994）はTQMの6つの構成要素として，(1)すべての職員をカバーするトータルな経営アプローチ，(2)リーン生産計画[訳注1]による絶え間ない変更，(3)さまざまな種類の品質コントロール手法，(4)グループによる問題解決手法，(5)顧客との相互作用の改善，(6)職場における社会関係資本の増進，を挙げている。TQMの構成要素はどちらかといえば些細なアイディアで始まっているので，NPMの文献ではTQMが公共部門改革に絶対必須の部分であったとは述べられてきていないが，マレーシアでは，TQMは民営化，外部委託，企業化と活発に組み合わされた。しかしながら，南アフリカのような国は，海外からの政策波及に刺激されて広範な改革を行うよりも，政府経営を適正規模化し腐敗の脅威にさらされないように修正することに，より傾注しているように思える（Schwella, 2001）。

## 5　政府経営における収束？

　最近，たとえばポリット（Pollitt）やケトル（Kettl）などの学者たちが，異なる国々の政府経営はより類似し始めていると述べている。その理由は，NPMの原理の波及によって生み出された主要な改革トレンドである（Bouckaert and Pollitt, 2004; Kettl, 2005）。しかし，ある国家が現在大なり小なりNPMを採用しているかどうかを話し始める前に，NPMに関して，あるいはおそらくより良い「NPM」に関して2つの重要なことに留意しなければならない。

　第一に，NPMの原理は，同一の方法で実施され得る首尾一貫したアイディアの集まりでは全くなく，すべてを実施する必要はない，いくつかの異なる改革提案から構成される公共部門の漠然とした概要である。たとえば，ある国は

---

訳注1　生産に必要な部品や材料の在庫をできる限り圧縮して効率性を追求する生産システムの計画。トヨタ自動車の生産方式を研究して米国の学者が提唱してつけられた呼び名から一般化した。

他の国とは大きく異なる方法で NPM を是認するかもしれない。

　第二に，NPM の原理は，多くの政府が国家の近代化に乗り出すのと同時に現れた。したがって，NPM と国家の近代化という 2 つのトレンドは混同しやすいかもしれない。NPM に刺激を受けずに始まった多くの公共部門改革があるかもしれないのである。国家の近代化一般と特別な NPM のフレームワークを区別することが，とくに政府経営モデルの収束について語るときには重要である。

　最も進んだ資本民主主義においては，過去 20 年間，政府は国家の近代化に取り組んできた。これらの改革には，(1)権力分散化，(2)分権化，(3)業績評価指標：アウトプットとアウトカム，(4)インセンティブ戦略，(5)規制緩和と企業化，がある。政府を最新のものにするためのこの基礎改革リストは，以下をカバーする NPM 改革とは異なる。(A) 民営化，(B) 外部委託と内製化：入札，(C) 執行エージェンシー，(D) 官民パートナーシップ。

　もちろん (1) ～ (4) (国家の近代化) と (A) ～ (D) (NPM) の両方のリストを実行する国はあるが，多くはない。実際は国によって異なっており，NPM の道を選ぶ国々もあれば，国家の近代化の道に従った国々もあった。ニュージーランド，オーストラリア，英国，北欧諸国のように NPM を選んだ国家は，主として国家の近代化の道を選んだ欧州大陸諸国とは区別できると示唆されてきた。この議論によれば，この区別は部分的には法的伝統の相違，すなわち欧州大陸諸国における大陸法優勢によるものである。より正確に言えば，NPM の原理を誇張する国もあるが，大部分の国はその考えのうちのいくつかを控えめでバランスのとれた方法で取り入れたということである (Halligan, 2004)。

　一般的に言って，NPM の原理はすべての国がそこに向かって収束するような公共経営の普遍的モデルを提供するわけではなく，単に政府が職務を遂行するもう 1 つの方法，すなわち短期契約を加えるに過ぎない。

　NPM 改革についての評価には基本的に相反する 2 つのものがある。

### 政府の再生（プラスの評価）

　オズボーン (Osborne) は，彼の「結果に基づく政府モデル」は市民が欲す

るアウトカムの大部分は負担可能な価格で提供できると主張する。また彼は，市民が価値を見出す結果を特定し定義する試みによって，指導者は政府のすべてのレベルで公共サービスを改善すると同時に，巨額を節約するために競争と顧客による選択を利用できるとさえも述べている。これは事実で現実的であろうか？　オズボーンによれば，地方政府も連邦政府も第二次世界大戦以来最悪の財政危機に耐えている。しかし，政治指導者は，公選であれ任命された者であれ，会計操作，一時的な修正，歳出削減，増税や利用料の値上げによって財政的苦しみをやわらげようとし続けているがうまくいっていない。

1990年代，米国の官僚は減税と税の一部払い戻しを進めていた。今日，同じ指導者たちが驚くべき財源不足と歳出削減を表明している。しかし，大きな財政的困難はいつも大きな機会をともなう。オズボーンは，増税と歳出削減という伝統的な処方に反対し，政府の手札からより多くを絞り出す道を開いてきている革新的手法を推奨する。オズボーンは，より多くのことをより少ないコストで行う数多くの具体的方法を提供すると主張している。行政サービスを損なわないで歳出削減を行う戦略である。だが実際は，公共予算を年々ほとんど一定額削減することを提唱している (Osborne and Hutchinson, 2004)。

オズボーンが開発した政府再生の原理における戦略は，「第三の道」を有権者が求めていることを認める。これは，大きな政府のリベラリズムでも反政府の保守主義でもない，財政的に中庸で非官僚主義的だが活動的な政府である。彼は，そうした優れた政府が望む未来を定義でき，うまくいけば，その未来を創造するために公共組織を調整できるツールとして戦略的経営を推奨する。オズボーンは，コミュニティ構想，成果目標，成果のための予算策定，戦略的評価などの「操舵ツール（steering tools）」を提唱したが，それらの妥当性は組織理論や行政学から疑問視されてきた。コミュニティの構想と目標に活力を与え，政府組織がその目標を達成することを助けるような，新しい戦略的経営システムを目指すリーダーたちにとって，オズボーンは本当に助けになったのかと，私は自問している。

## 国家の空洞化（マイナスの評価）

NPM 政策をとって政府の規模が縮小すれば，「空洞化国家」と呼ばれる状

況が発生するかもしれない。政府の空洞化とは，政府が受け取る資源が大変少なく，もはや適切にサービスを提供できないことを意味する。とりわけ新しい知識やイノベーションの創出を含む長期的な観点においてである。したがって，空洞化国家は単に予算と税収が小さくなった政府だけを意味するのではなく，イノベーションの能力が小さくなり基本的なサービスも提供できなくなることを意味するのである (Weller et al., 1999; Frederickson and Fredrickson, 2006)。国家の空洞化は，政府の縮小が行きすぎて，緊縮財政戦略がきわめて重要な公共サービスの提供を妨げるときに起こる。それでは国家の空洞化はどれくらい広範囲に及ぶのであろうか？

官僚制は政府にとって最良の総体的な制度配置であるとするスレイマン (Suleiman, 2003) は，NPM原理に基づく公務員制度改革へと向かわせる推進力に関して，興味深い比較調査を行っている。彼は，「政府の再生」は予期せぬ結果，すなわち官僚制が公共財を提供する能力を制限したと論じている。官僚制は近年，規模縮小に向けた政治的圧力のもとに置かれているので，非プロフェッショナリズム (deprofessionalism) の増大という予期しない（そしてしばしば認識されない）結果が生じてきている。スレイマンはこの展開を，安定した民主主義社会にも，大なり小なり民主主義制度を組み込んだ国々においても確認している。彼の基本的な教義は，有効な官僚制の積極的な役割を認めないことは，じわじわと民主主義に対する脅威となっていくというものである。ただし，空洞化が起こっても政府の予算は縮小しない可能性があることは指摘されるべきである。というのは，外注化などにともなって新しい契約形態で元公務員が再雇用されるからである。外部委託は実行可能な戦略であり，それは官僚制を代替するものであろうか？

## 6 比較政府経営

政府経営に関する比較研究は2つの目的に役立つかもしれない。第一に，比較研究は国家モデルにおける重要な変化を目立たせるかもしれない。2つ以上の政府経営モデルを比較することによって，特定の国家モデルが時間の経過とともにどのように——他のモデルとより類似してきたり異なってきたりして

――変化するかに関して，より良い洞察が得られるかもしれない。しかし，すべての国家が独自の政府経営モデルを持つと見るべきではなく，国家モデルの数をできるだけ絞って，ウェーバーの概念形成の意味でいう理念型から構成されるように試みるべきである。

第二に，比較アプローチは公共部門改革のアウトカムを検証する場合に不可欠かもしれない。たとえば，あるモデルから別のモデルへの変更は，たとえばNPM改革がサービス提供の効率性を改善するなど，異なるアウトカムをともなうとしばしば言われる。比較研究は，より多くの事例を，しかもしばしば異なる環境における事例を分析者に考察させて，そのようなモデルの主張がどれほど有効なのかを決定するのに役立つ可能性がある。このように比較研究は，政府経営のモデルをある国から別の国に移転することができるかどうか，また，一般的な組織変化やその結果の限界はどこにあるのか，理解するのに役立つ。

NPM革命の結果として起きてきた制度的変化によって，公共サービス提供の変遷を調査し，その過程での類似点と相違点を理解するために国家間比較を含めることは興味深いものとなっている。グローバリゼーションや経済的統合などの国際トレンドによって国は同様の選択をしたがるが，受容性，変化の速度，タイプには明らかな相違があることも確認されてきた。このように，変化は経路依存性，あるいは，各国の歴史的，制度的，政治的，文化的文脈によって，異なる経路の存在を見せてきたのである。

## 7 経路依存性 VS 組織モデルの波及

ある国から別の国への政策波及はよく知られた現象である。これは，福祉国家の高等教育改革や保険において起こっている。現在大いに議論されているのは，NPMの原理が波及してグローバルな改革運動となっているかどうかということだ。国家は，経路依存性を見せるだけでなく，市場化と民営化があまりにも新自由主義的な手法だとして好まないなど，異なる国家近代化の考えを見せることもあるので，私は（NPM原理がグローバルな改革運動となっているという点を）疑わしいと考えている。

政府経営改革における一般的トレンドは，分権，多次元ガバナンス，ネット

ワーキングである。最近，これらの改革は効率性——内部効率性または外部効率性——だけではなく，社会的信頼といったコミュニティの目標を高めるようなゴールを目標にしている。欧州連合（EU）など地域的組織における新しい試みは，国家組織をNPMの理念型モデルへと引っ張るかもしれない。それは，自由化，規制緩和，競争——電気通信，エネルギー，水，交通といった分野で「条件を平等にする」——など，「欧州化」の結果として生じたいくつかのことを良しとしている。

国家が改革を行うときには隣国が何を行っているのか観察するのは確かである。そして，北欧諸国がニュージーランド・モデルを採用し始めたように，波及は遠くまで及ぶ。しかし，組織モデルの改革には国家遺制が大きく立ちはだかる。米国政府の下位レベルではつねに外部委託と公的調達を多用していたので，米国はニュージーランド・モデルをあまり採用しなかった。欧州大陸では，ドイツやフランスは歴史的に埋め込まれた法治国家というモデルを維持しており，経路依存性はほぼ完全である。

## 8 結　論

秩序のとれた社会における政府は，国家を分権化しポスト官僚制組織の多くをより求めるのは確かであるが，すべての国がエージェンシー化や市場化に取り組むわけではない。ある意味，ほとんどの政府は大規模な公共調達スキームにおいて入札を用いるが，内部市場やクアンゴの導入を避けている政府があるのも事実である。公共部門改革に関するグローバルな政策波及に対して，他のモデルより抵抗力のある国家モデルもある。

NPMはもはや政府経営改革のための一般的な政策波及モデルではない。政府経営における2つの新しい主要問題は，環境保護と地域化である。政府は環境保護をすべての政策にそれぞれ取り入れる圧力を受けているが，基本的な環境原則をどうやって政府機関が実施できるであろうか？　先進的なEUにおいてのみならず地域的組織が力強く成長している。そのため，東南アジア諸国連合（ASEAN），カリブ共同体（CARICOM），南米諸国連合（UNASUR）などの地域的組織の運営と政府経営をどのように組み合わせることができるかを政

府は考えざるを得なくなっている。


## 本章のまとめ
1 政府経営における国家モデル間に明確な相違があることは，長い間研究者の関心を惹いてきた。
2 公共部門改革は，政策波及の波によって引き起こされると考えられている。それは，国家の制度にさまざまな方法で影響を与える。
3 いくつかの行政管理の特別な国家的特徴が比較分析されてきた。米国の猟官制，英国のウェストミンスター・モデル，スウェーデンの独立エージェンシー，欧州大陸の政府省庁のルール，党・国家二系統のソビエトモデルなどである。
4 NPM 原理を大いに受け入れる国がある一方，これらの改革アイディアに抵抗してきた国もあった。
5 いわゆる NPM 国家といわゆる「法治国家」とは区別されるが，多くの国では，外注化，外部委託または内製化，法人化，官民パートナーシップなどの戦略を用いてきた。


## 参考文献
Bouckaert, G. and C. Pollitt (2004) *Public Management Reform: A Comparative Analysis*. Oxford: Oxford University Press.
Chapman, J. and G. Duncan (2007) "Is There Now a New 'New Zealand Model'?", *Public Management Review*, Vol. 9, No. 1: 1-26.
Dass, M. and K. Abbott (2008) "Modelling New Public Management in an Asian Context: Public Sector Reform in Malaysia", *Asia Pacific Journal of Public Administration*, Vol. 30, No. 1: 59-82.
Dawson, P. (1994) "Total Quality Management", in J. Storey (ed.) *New Wave Management Strategies*. London: Paul Chapman.
Frederickson, D.G. and H.G. Frederickson (2006) *Measuring the Performance of the Hollow State*. Georgetown: Georgetown University Press.
Gregory, R. (2008) "Breaking Sharply with the Past: Government Employment in New Zealand", in H.-U. Derlien and B.G. Peters (eds) *The State at Work: Development and Structure of Public Service Systems in Comparison, Vol I*.

London: Elgar.

Gregory, R. and L. Zsuzsanna (2007) "Accountability or Countability? Performance Measurement in the New Zealand Public Service, 1992-2002", *Australian Journal of Public Administration*, Vol. 66, No. 4: 468-484.

Halligan, J. (ed.) (2004) *Civil Service Systems in Anglo-American Countries*. Cheltenham: Edward Elgar.

Halligan, J. and G. Bouckaert (2008) *Managing Performance: International Comparisons*. London: Routledge.

Kettl, D.F. (2005) *The Global Public Management Revolution: A Report on the Transference of Governance*. Washington, DC: Brookings Institution.

Kim, P.S. (2008) "A Daunting Task in Asia: The Move for Transparency and Accountability in the Asian Public Sector", *Public Management Review*, Vol. 10, No. 4: 527-537.

Kuhlmann, S. (2006) "Local Government Region between 'Exogenous' and 'Endogenous' Driving Forces: Institution Building in the City of Paris", *Public Management Review*, Vol. 8, No. 1: 67-86.

McCourt, W. (2008) "Public Management in Developing Countries: From Downsizing to Governance", *Public Management Review*, Vol. 10, No. 4: 467-479.

Osborne, D. and P. Hutchinson (2004) *The Price of Government: Getting the Results We Need in an Age of Permanent Fiscal Crisis*. New York: Basic Books.

Picard, L.A. (2005) *The State of the State: Institutional Transformation, Capacity and Political Change in South Africa*. Johannesburg: Wits University Press.

Pollitt, C., S. van Thiel, and V.M.F. Homburg (eds) (2007) *The New Public Management in Europe: Adaptation and Alternatives*. Basingstoke: Palgrave Macmillan.

Pollitt, C. and C. Talbot (eds) (2004) *Unbundled Government: A Critical Analysis of the Global Trend to Agencies, Quangos and Contractualisation*. London: Routledge.

Saravia, E. and R.C. Gomes (2008) "Public Management in South America: What Happened in the Last Ten Years?", *Public Management Review*, Vol. 10, No. 4: 493-504.

Schwella, E. (2001) "Public Sector Policy in the New South Africa: A Critical

Review", *Public Performance & Management Review*, Vol. 24, No. 4: 367-388.

Suleiman, E.N. (2003) *Dismantling Democratic States*. Princeton: Princeton University Press.

Weller, P.M., H. Bakvis and R.A.W. Rhodes (eds) (1999) *The Hollow Crown: Countervailing Trends in Core Executives*. Basingstoke: Palgrave Macmillan.

終 章

# 政府経営
―― 経営戦略の妥当性

## 1 はじめに

「政府VS市場」,「官僚制組織VS民間企業」,「計画VS競争」などの概念を使って,社会が公共部門と民間部門に整然と分けられてから久しい。公共部門は成長し多様化した。規制緩和,企業化,民営化が包括的な公平競争の場をもたらすので,公共部門は以前にも増して民間部門とつながっている。

公共部門が変容する過程においては,行政管理から公共政策と実施さらにはニュー・パブリック・マネジメント（NPM）という,公共部門分析のための多くの理論的アプローチが発展してきた。私は,「政府経営」を公共サービス提供のための一般的概念として使用することを提案する。

## 2 政府経営の要素

政府経営論の目的は,活発な市場経済のなかで運営されている民主的政治制度の存在を前提として,公共サービス提供を説明することだ。公共サービスに関連して次のようないくつかの要件がある。

1 費用効果

2　アクセシビリティー
3　平等性
4　品質
5　量
6　環境的健全性

　政府経営論は，これら要件の評価基準がどのメカニズムに関して，どのような形態のもとで，どのように満たされるべきかという議論を含む。政府経営は次のようないくつかの代替的手法に整理できる。

1　公式組織と階統制
2　市場との関係：入札
3　パートナーシップ：ネットワーク，協力，信頼

　政府経営論は，このような代替手法がどのように機能し，前述の評価基準に従ってどのようにパフォーマンスに貢献するかを説明する。効率的に機能するためには公共サービスの形態ごとに異なる制度が必要である。
　国々は遺制をともなった公共部門を発展させるに際して，一定のサービス提供手法を好む。公共部門の一般的モデルはときにこれらの国家遺制を変化させるが，公共サービス提供の歴史においては経路依存性が強く残っている。
　政府経営は経営と同じではない。一般的な経営理論とりわけ経営戦略論から多くを学ぶことができるが，それは政府経営であるという事実ゆえに，公共経営は独特の特徴を持つ。公共サービスの供給を準備しようとするとき，政治は経営から分離できない。これを，公共部門における経営戦略の概念に関連して説明してみよう。

## 3　公共部門における経営戦略の意味

　先進資本民主主義国における長年に及ぶ公共部門改革を経た現在，公共サービス提供のための経営戦略の概念は，公共組織つまり官僚制組織による運営や

外注化の手法と大いに関連があるだろう。しかし，公共部門の特定の特徴（限定合理性の存在やゴミ缶モデルの決定過程のリスクなど）や法の支配の意味合いを考慮しなければならない。アウトカムの測定は，事実上公共部門における経営戦略の導出する出発点である。「新しい公共組織」が官僚制にとって代わるとき，とくに外注化と組み合わされるときは，フラットで境界のない組織は経営戦略により焦点を当てる必要がある。

経営の概念は民間部門で大企業に関して生まれた。それは，株主と従業員の間に位置づけされた私企業の経営層のための自由裁量範囲を定めている。この経営の上級意思決定は，将来を見据えた目標と主な行動の代替肢の選択に注力するという点で，志向は戦略的である（Brown, S.E. *et al.*, 2004）。この概念は公共部門にどれくらい関連するのだろうか？　政府の政策の執行と実施の研究にとっては行政管理が適切な枠組みだと主張する懐疑論者もいるが，NPMの主唱者は，経営戦略が公共部門のガバナンスにうまく適合すると主張する（Frederickson and Smith, 2003）。行政管理は，公共部門の意思決定のルール指向的性格を強調するとともに，公共部門の目的と手段の決定の際に公共資源の「所有者」たる政治家が強力な地位を持つことを強調する。これとは対照的に，私企業における経営戦略の場合，シニア・マネージャーは株主から一定の距離を置いていることを前提条件とする。というのは，私企業のトップ・マネージャーは将来，組織の目的や手段についての意思決定に関与するのに十分な自律性を持っているからだ。

改革は公共部門を経営戦略の方向に向かわせてきた（Ferlie *et al.*, 1996; Pollitt and Bouckaert, 2004）。とりわけNPMの原理が公式に支持された国々においてはそうである（Pollitt *et al.*, 2004）。政治家がしばしば目標にだけ集中し，政策の実施をいわゆる執行機関に委ねているので，政府機関の自律性は増大してきた。政策目的はときに曖昧かつ複雑になりがちであり，政策を執行する代替的方法の余地を大きく残している。最後に，テクノロジーが発達し，インターネット政府のような代替的手段を選択する自由度が増した。公共部門ガバナンスにおいては，政治家と政府機関の長はときに一緒に働くので，彼らがどのように組織を望ましいアウトカムや業績改善へと導くことができるのかという問題が生じる。シニア・マネージャーが公共組織で直面する典型的な選択は何で

あろうか？　私は，経営戦略の概念が状況を解明するかもしれないと考える。

経営戦略には確立した定義はない。一時的流行のにおいがするため懐疑的なままでいいとする者もいるだろう。しかし問題は，経営戦略が戦略計画，完全合理性，トップダウン経営などの概念に非常に似ていることによって強く批判され，結局，崩壊するかどうかである (Mintzberg, 1993)。むしろ，経営戦略は非対称情報のもとでの契約理論——契約におけるインセンティブを強調する組織経済学理論——をもとにして新しい公共組織理論と結びつけられるべきである (Ricketts, 2003)。

### 戦略 VS 戦術

たしかに戦略という概念は曖昧であるが，軍事関係，私企業経営，ゲーム理論一般などにおける意思決定過程の分析に大変有益であることは真実である (Dutta, 2000)。組織のサイズが大変小さいものから巨大なものまでさまざまなものが存在する公共部門については，公共選択論の文献が，官僚組織の拡大，官僚組織の再形成，官僚組織の自律性，官僚組織の縄張りなどを含むいくつかの組織戦略を分析している。分析の焦点は，ときに官僚組織を非効率なレベルのアウトプットに向かわせる官僚のエゴイズムと，ときに高級な職務に官僚の行動を向かわせる余剰の虜がそれぞれどのような意味を有するかに当てられている (Dunleavy, 1991)。行政管理においては，永続的で頑固な政府機関の，集団的であるが自己中心的な利益が大きく強調されており，必然的に変化に対する抵抗を醸成し，確立した手続きを強化していることがわかる (Kaufman, 1989)。

一方，政策ネットワーク・アプローチは，職務を遂行するために，政府機関と民間パートナーとの相互依存性を強調する (Kickert et al., 1997)。NPM は，政府機関の自律性と非効率性の両方に対する強力な解決策，すなわち，サービス提供の外部委託や公共サービス提供の外部委託を提案した。オズボーンとハッチンソンによる政府再生案 (Osborne and Hutchinson, 2004) は，官僚制の古典的制度を廃止し，ほとんどすべてのサービス提供に短期契約システムを導入することが含まれている。今日，NPM 後の時代においては，外部委託には限界があるという認識がある (Brown and Osborne, 2005)。というのは，政府

機関は，生産性よりも社会目的達成の重要性を強調して，その中核的な活動に焦点を当てたいからである．

　NPM 後の公共サービス提供を評価する過程における経営戦略は，供給という社会目的達成を公共組織設計とその持続的運営におけるガイド指標とみなしており，そこに焦点を当てようとする．何よりも大切なのは，政府機関が社会的責務をどの程度有効に果たしているかである．不断の公共部門改革は，多くの場所で国家の空洞化につながっている（Peters and Savoie, 2000）．公共サービス供給は強い分配への影響をもたらす．これは国家の収縮が不平等の拡大につながり，さらには貧困の増加にさえつながることを意味する．しかし，ゴミ缶モデルの決定過程が起きたからといって，経営戦略に焦点を当てた規範枠組みの妥当性がなくなるわけではない．というのは，ゴミ缶モデルの過程は「そうあるべき」ということは含んでいないからだ．

　同時に，公共部門改革は，どうすれば公共サービス供給が最善になるかについての戦略的選択が重要であるとの認識を増加させてきた．市場は「公共」あるいは「必要不可欠」とされたサービスを提供したり，提供を助けたりするかもしれない．そして，さまざまな入札手法を使うことを通じて，市場による提供を工夫できる方法がいくつかある．

　経営戦略論は，現在の慣習を説明できるとは主張していないが，公共サービス提供の規範的アプローチと見られるべきである．公共サービス提供の規範が存在するかどうか，そして存在するとすればどの程度かは興味深い問いだが，経営戦略はむしろ公共部門改革に関して，何が実行可能かに関するものである．視野狭窄，組織スラック，組織的自律性につながるすべての要因にかかわらず，効率への要求を所与のものとして，経営戦略により携わる傾向を持つ公共組織を設計するにはどうするのが最善かを問うているのである．

　経営戦略の概念は，意思決定の分析に使われる場合には，複雑でおそらく非常に正確なものというわけではない．それはさまざまな種類の意思決定を巻き込んでいる．最も低次の戦略は，スケジュールの基準のように，日常のオペレーションを取り扱うオペレーション戦略である．事業戦略は，1 つの私企業，あるいは予算や新製品に関する決定，雇用の決定，価格決定に責任を持つ（組織の中の半自律的ユニットである）戦略的事業単位におけるオペレーション戦

略の集合である。多角化した私企業では，事業戦略とは選択した市場セグメントの中での競争の方法を意味する。企業戦略は多角化した私企業の非常に重要な戦略で，どの事業で競争すべきか，ある事業にとどまることはどのように企業総体としての競争優位性を増すか，といった質問に答える。ダイナミック戦略という概念は，事業戦略と企業戦略両方の戦略を描こうとするもので，進行中の戦略変更と戦略策定・実施の継ぎ目のない統合を含む。しかし，これらの戦略の概念は，おそらく法人化した公共企業以外においては公共部門の文脈にうまくあわない。必要なのは公共部門による中核的サービス提供に適用できる経営戦略の概念である。

　公共サービスの特殊性と公共サービスのためのアルゴリズム（段階的手順）の限界
　公共サービスは，市場で多目的の私企業が活動している事業分野のサービスのようなものではない。

・公共サービスは，政治主体によって着手され，しばしば民主的政治過程を通して統治される。
・公共サービスの供給は公法で規制されている。これは，サービスを供給する公務員や官僚は法の支配という枠組みの中で行動しなければならないということを意味する（Lane, 1996）。
・公共サービスは，部分的にまたはすべてが税収を財源としている。

　経営戦略はこれらの制限を受け入れなければならない。経営戦略は何を意味するのか？　それは組織の合理性理論に属し，他の合理主義的なアプローチと同様，組織の現実を正確に表していないという弱点がある。公共部門においては，経営戦略は政治的で，抵抗を引き起こすかもしれず，組織的混乱を招くかもしれないと指摘するのは簡単である。しかしここでは，経営戦略の潜在能力，すなわち，公共部門改革の時代において何ができそうかということに焦点を当てよう。
　もちろん，経営戦略は公共部門においては制限を受けるだろう。政治家が本

人となりマネージャーらは単に本人の代理人に過ぎない。公共部門の法的枠組みも，法の支配があるために選択の幅を狭めるであろう。最も重大な制約は，市場部門で取引されていない公共サービスの価値についての，実行可能で検証できる指標が存在しないことである。部分的にまたはすべてが税収を財源とする公共サービスは，たしかに価値を創造するが，それは簡単には計測できない。問題は，経営戦略は選択の制約を所与として価値の最大化を求めるが，価値の計測手段が自動的にあるいは明確に用意されていなければどうすべきかということだ。この場合，公共部門のマネージャーは，たとえば政策目的とこれに対応するアウトカム指標などの代替的な価値測定手法を用いて経営戦略を始めなければならない。また，公共サービスを提供する戦略を計算するときには，よりやっかいなその他のことも考慮に入れなければならない。これらは，行政管理が実際にどのように機能しているかという重要な洞察に由来し，また参加者側の私利追求戦術（視野狭窄）あるいは当惑（曖昧さ）のどちらかの結果であって，操作可能なものにすることが難しい。

### 目的とアウトカム指標の関連性

政治と政治家は，私企業の取締役会よりもより多くの制約を公的組織に課している。公的組織においては，目標が曖昧で複雑になりがちで，これは政府が目的に関する意思決定の多くを政府機関のマネージャーに委ねたがらないことを意味する。公共部門活動は公法によって規制される傾向があるので，変化の余地はより制限される。しかし，同時に，政府機関は単に政治家から渡された目標達成における技術的側面のみを指向するわけではない。政府機関は，既存目標を評価することにより，また新しい将来の目標を提案することによって，目的選択に関する議論に参加する。これは民間部門とは対照的で，民間のオーナーは収益目標が達成されている限り，企業の戦略運営に口を挟まない。もっとも主要な変更には承認を与えたがるが。これは，政府機関レベルにおける経営戦略の多くが，職務達成のためにどうするのが最善かということから構成されていることを否定するものではない。

経営戦略は操作上のものである。すなわち，主な公共サービス活動の構造を対象として，それらがどのように実行されるべきであるかを決定するものであ

る。かつては公共サービスには「税収を財源とする官僚制」という1つの生産様式が存在するのが常であったが，いまでは，供給の代替形式間の選択が慎重な戦略的思考を必要とするのが常である。公共部門の戦略的マネージャーは，政府機関内部に由来する目標や外部で発生した目標を最大化し満たすという問題に直面している。これらの目標を達成できなければ批判を受け，解雇のリスクがある。

これは基本的にアウトカムに焦点を当てた公共経営の考え方であり，アウトカムが何らかの安価な方法で測定され比較でき，その意味が確認される場合のみ実行可能である。社会科学における評価方法の発展によって，いまではさまざまなアウトカム測定尺度の利用が可能である。そのようなアウトカムの尺度は次のものを対象にしている。

・生産されたサービスの数
・サービスの質
・サービスの満足度
・サービスの量と分配
・単位価格

戦略的マネージャーは，アウトカムごとの特定の目的に直面する。それは目的達成のためにマネージャーが従事する必要がある変化の方向を表すので，サービスのアウトカムを改善するものである。

したがって，公共部門において経営戦略を導くべきは，定まったアウトカム指標とその解釈なのである。大部分の中核的公共サービスは税収を財源として無料で提供されるが，これは，戦略的マネージャーにとって，そういったサービスが最終利用者にどんな価値を生み出すのかという情報が必要だということを意味する。これは，指定されたアウトカム測定指標が，公共サービスの最終利用者と利害関係者によって引き出された効用の代替物になることを意味する。アウトカム測定指標は，活動監視のためのベンチマークと，改善を行い得るのはどの点かに関する提案とをもたらす。このアウトカム情報を入手するために，政府機関は専門的な政策アナリストや評価専門家になりたがるかもしれない。

それがなければ経営戦略は暗中模索となり，主なアウトカム照合地点なしに組織の代替モデルを選択することになる。

### チーム生産——安定性と従業員満足度の関連性

公共サービス供給の目的を達成するために，戦略的マネージャーは資源配分を使用する。それは，かつては物理的資源，労働資源の点から測定されたが，現在では財政配分の観点から測定されるので，生産機能の選択の余地がもっと生じる。戦略的観点からは，戦略的公共マネージャーは次のようないくつかの重要な選択に直面する。

・チームの大きさ
・チームの構成
・内部生産と外注化の間の職務配分

契約が交わされ署名されるとき，これらの3つの選択はすべて何らかの形で解決するであろう。要するに，経営戦略は契約に関するものである。民間部門と同様，公共部門においても業績と報酬は契約の必須要素である。それらは一方でマネージャーの交渉力を，他方で被雇用者の交渉力をそれぞれ反映するだろう。

公共部門経営の古典モデルにおいては，マスタープランの実施は，代替的報酬体系，対称情報，戦略的操作不可能な態度とリンクしていた。ここでは，職員の努力レベルを完全に知っていることを前提として業績の最適レートが計算されていた。原理的にはこれらはすべて既知であるかまたは知ることができるので，経営戦略は，選好が誠実に示され合意が自動的に執行されるということを前提とした業績給体系のアルゴリズム（段階的手順）を導く計算の問題に帰着する。しかし実際は，契約にはつねに不確実性，知られていないかまたは知ることすらできないリスク，誠実ではない選好，狡猾な戦術行動，非対称情報が絡んでいる（Hiller, 1997）。経営戦略は，余剰，スラック，重複をともなう合理性に基づいてこれらの限界をやわらげることができるだけである。

終 章　政府経営——経営戦略の妥当性　　221

チームの大きさ

　飛行機で公共サービスを届けるときに，搭乗するクルーの人数を計算できる真のアルゴリズムがあれば，経営戦略は内部に必要なあるいは外注化すべき正確な人数を計算するだろう。理論的には，完全情報があり取引コストがゼロであると仮定すると，最適な人数は労働の限界生産物が労働の限界費用と等しくなったところであり，そこでは，各労働単位は，それぞれの限界価値生産物に応じた報酬を受け取る。しかし，チーム生産機能においては，これら変数の正確な値は不明か，あるいは検証できない傾向がある。その結果，チームは最適水準よりも大きくなり，報酬は限界生産性のレベルに設定されない傾向となる。しかし，総生産の純価値が正であるためには，公共サービス生産の総価値が総費用よりも大きくなければならず，これを実現するためにチームの大きさが削減されなければならないということになる。

　NPMは，積極的な外注化と内製化によってチーム生産の基礎変数を明らかにするという試みを始めた。しかし，そのような形の契約の有用性には厳然たる限界がある。というのは，すべての契約を作り競争を実施するのはとても大きな取引コストにつながるからである。さらに，チーム生産においては，非対称情報のために最適なチームの大きさが完全にわかることはほとんどない（Rasmusen, 2007）。

チームの構造あるいは組織デザイン

　公共サービス供給は労働集約的なプロセスである。つい最近になってから情報技術の多用によって，下位の職員により高度な仕事を行う力を与えつつその分中間監督者を減らすように組織構造を変え始めている。組織論からの新しい洞察が技術の進化に基づいて示すのは，官僚組織の古いモデルは昔ほどは妥当性を持たないということである（Kernaghan et al., 2000）。経営戦略の妥当性は「新しい公共組織」の文脈で評価される必要がある。

　組織デザインとは，機能的，部門的，マトリクス的といった組織構造のデザインである。機能制と部門制は，多くの中・大規模組織で伝統的または古典的なデザインである機械的組織に属する。それは，しばしば明確に描かれた職務，意思決定や管理のための公式命令系統をともなう明瞭に定義された階層をとも

なっており形式において厳格なものである。これに対して，有機的組織はより柔軟で，参加型経営により良く適応できる。1，2段階の経営階層しかないフラットな構造——経営への分権化アプローチを提供する——を持つ有機的組織は，従業員のより積極的な参加を促す。マトリクス組織は，チームが2人以上のマネージャーに報告するものである。マトリクス的な構造は，特別なプロジェクトのために，共通して，機能的，部門的な指揮命令系統を組織の同じ部分で同時に含むかもしれない。境界のない組織はフラットな組織と似ており，チームが重視され，そこでは機能をまたぐチームが水平的な障害を消し，環境変化や最前線のイノベーションに組織がすばやく反応できるようにする。フラットな組織は，チームの協働と情報共有を促し，階統制組織よりも変化にうまく適応するために，学習する組織を必要とする。このデザインは，知識を得て共有し，その情報を意思決定に適用する力を従業員に与える。

いわゆる「新しい公共組織」は，統治する必要のある階統制組織ではなく，フラットな組織構造を有している。公式構造による従属関係が使われないのであれば，おそらく経営戦略だけがチームを目的達成に導き，生産性や有効性，あるいはその両方の点から評価され得る。階統制組織構造からフラットな構造への移行においては，従業員の満足度が重要な役割を演じることは疑いがない。また，テクノロジーは下位の職員に力を与えることを可能にしてきた。このように経営戦略は，より機械的ではなく，より境界のない形式をとり，学習する政府機関の活動を調整するツールを提供するのである（Ashkenas *et al.*, 1998）。

### 契約とチーム——監視 VS 取引コスト

公共サービス供給は，さまざまな人々が絡む巨大な契約状況をともなう契約問題として見ることができる。政治家，上級マネージャー，中間マネージャー，ストリートレベルの官僚制（内部供給の場合），そして請負人（外注化による供給の場合）といった人々である。組織経済学理論の見識からすると（Ricketts, 2003），経営戦略は，チームの大きさと構造を決めるのに使われるとき，組織内生産と外注化をミックスする問題を取り扱うものである。実際これは，すべての形態のチーム生産に存在し，次の3つの異なるタイプの契約とそれらの監視に関連している契約問題である。

- 監視のある長期雇用 VS 定期的な入札による短期の外注化
- 事前,事後の契約の不均衡
- 契約監視コスト(内部供給の場合)VS 切り替え費用(外注化による場合)

　人々がチームに雇用される場合,契約は通常の売買で使用されるスポット契約よりも期間が長くなる傾向にある (Milgrom and Roberts, 1992)。したがって,事後と全く別な事前契約履行の問題が生じる。2つは一致しないかもしれない。両者の不一致は大きく,契約違反の確認と対策に関してあらゆる種類の問題が発生するかもしれない。監視は,解約手続きが始まる前に懲戒的手段をとることをともなって,この不一致を最小化する古典的ツールであった。しかし,それには監視を行い懲戒的行動をとるための多大なコストがともなう。

　NPM の背後にある哲学においては,契約を切り替えるのは,この事前と事後の契約の間の不一致を最小化するための,より良い方法である。したがって,現在の重要な論点は,監視費用が切り替え費用よりも大きいか小さいかということである。NPM の主導者は,代理人同士の衝突はよくあることだとして,切り替え費用は監視費用より小さいと主張したがるであろう。監視に対抗する戦術は実にたくさんあり,監視を実効性のないものにしている。

　行政管理の主導者は,あるチームから他のチームへの切り替え費用を誇張して,監視費用が切り替え費用より小さいと,明確に主張するであろう。この提案は,サービス供給の安定性と従業員満足度という2つを考察することによって強化される。

## 4　経営戦略のマクロ的関連性

　公共部門の経営戦略は,各政策分野における生産性と有効性を目指すミクロな経営にだけ関連するのではなく,環境保護と政策をどう結びつけるかといった全体にかかわる事柄をも反映するかもしれない。環境への関心は,外部性の排除,汚染者負担の原則,環境的リスクに関するレジリエンス(事後的保護)と警戒(事前的除去)のミックスの選択など,一定の規準的原則の確立によっ

てすべての政策分野に導入される可能性がある。

　もしすべての公共政策が環境的含意を持てば，環境保護への関心がさまざまな政策においてどのように機能するかに関するガイドラインとなる，いわゆるメタ政策が考案されるであろう。エネルギー不足が深刻化し環境汚染が増す世紀に直面し，行政はエネルギーと環境保護をともに勘案した意識的な環境政策を打ち出す必要がある。すべての政策は環境評価をともなう必要があるという基本原理をすでに確立させた政府もある。しかし，これは，依然として答えが見つからない問題であり，どの原理を用いるかに関して広く意見の相違がある，政策立案の新しい分野を構成するのである。

## 5　結　論

　経営戦略の概念は本質的に規範的なものであり，公共組織が一般にどのように運営されているかについての現実主義的な仮定が不足していると批判されるかもしれない。それは公共部門における意思決定の合理的アプローチに属し，行政管理において合理的意思決定の可能性や蓋然性へ向けられた反論に直面せざるをえない。

　しかし，公共部門改革の方向性を論じるとき，経営戦略に長所がないわけではない。規範的概念として，経営戦略は官僚制と法の支配へ焦点を当てる行政管理の伝統を補っている。これは，組織デザインと公共サービス提供に責任を持つチームとの契約取扱いを通した目的達成を強調することによって行われる。それは，情報技術を大いに利用する新しい，よりフラットな公共組織──境界のない学習する組織──の理論によく適合する。そのような組織は，法の支配が経営に課する制約に敬意を表しつつも，経営戦略によってなされる目標評価を通して，その根本原理を擁護する必要があるだろう。

　公共サービスのための経営戦略の概念は，公共機関や官僚組織による業務遂行に妥当なものであろう。しかし，公共部門に特有の特徴を考慮し，法の支配の意味合いを含めて考えなければならない。合理的決定モデルに対してなされた批判を前提とすれば，経営戦略は，限定合理性とゴミ缶モデルの決定過程についての行政管理における教訓を考慮しなければならない。アウトカム測定指

標だけが公共部門の経営戦略を導出する出発点となる。チーム生産における重要な決定は，実際の活動の監視とそうした活動の改革の両方のアウトカム測定指標の利用に関連する。「新しい公共組織」が官僚制を代替するとき，フラットな組織は実際には戦略的経営をさらに必要とするかもしれない。

　私は，公共サービスの経営戦略の概念を，すべての組織は合理性の仮定のもとで機能しているとするトンプソン（J. D. Thompson）の考えと結びつける。1967年，彼は，20世紀の組織論に最も影響を及ぼした文献の1つである『オーガニゼーション・イン・アクション——管理理論の社会科学的基礎』（Thompson, 1967）を発表した。組織は，財とサービスの生産のために資源をどのように使うかを周囲に対して説明しなければならない。組織は，効率性としての合理性の達成に失敗するかもしれないが，組織における見返りに関する問題の妥当性は，たとえ組織は偽善的でゴミ缶モデルの決定過程に走るものだと主張する学者によってでさえも，決して否定され得ない。

　経営戦略の概念は，NPMの猛襲の後に公共サービス供給に何が起こっているかを説明するときに大変有望であるように見える。それは，チームの人々（組織の内外にかかわらず）の正常なインセンティブを適切に考慮することによって，アウトカムを出すことができるように公共サービスの提供システムをデザインすることの妥当性を強調している（Koch and Dixon, 2007）。

**本章のまとめ**
1　サービス供給のためにいくつかの組織がネットワークで動いている公共部門においては，責任とコントロールの問題は経営戦略を使って解決できるかもしれない。
2　経営戦略は，制度調整の選択や人事に関する決定といった政策のミクロ的局面と，エネルギー節約や環境保護といった政策のマクロ的局面の両方をカバーする。
3　経営戦略が成功するという保証はない。それは，政策立案の合理的アプローチに属しており，不完全情報や戦略的政策立案者間の個人的摩擦のために失敗するかもしれない。
4　経営戦略は，異なる種類の公共サービスにどの手法を使うべきかを示す制度的政策のニーズに答える。

5 また，経営戦略は，社会関係資本を増進するいわゆる公共領域への政策作成にも利用できる。
6 公共部門改革の時代のあと，公共組織はよりフラットで境界がないものになった。公共組織は代替的なガバナンス手法を使うかもしれない。経営戦略は，公共サービス供給のためのチームをどのように作るか，彼らをどのように動機づけ導くかという疑問に答えるものである。経営戦略は，官僚制組織，政策ネットワーク，入札スキームとしての公共チームを設置し運営することにおける普遍的な本人＝代理人問題を取り扱わなければならない。

**参考文献**

Ashkenas, R.N., D. Ulrich, T. Jick and S. Kerr (1998) *The Boundaryless Organization: Breaking the Chains of Organizational Structure.* San Francisco: Jossey-Bass.

Boyne, G.A., C. Farrell, J. Law, M. Powell and R. Walker (2007) *Evaluating Public Management Reforms: Principles and Practice.* Milton Keynes: Open University.

Brown, K. and S.P. Osborne (2005) *Managing Change and Innovation in Public Service Organizations.* London: Routledge.

Brown, S.E., R.C. Lamming, J.R. Bessant and P. Jones (2004) *Strategic Operations Management* (*Second edition*). Oxford: Elsevier Butterworth-Heinemann.

Dunleavy, P. (1991) *Democracy, Bureaucracy and Public Choice: Economic Explanations in Political Science.* London: Harvester Wheatsheaf.

Dutta, P. K. (2000) *Strategies and Games.* Cambridge, MA: The MIT Press.

Ferlie, E., L. Ashburner, L. Fitzgerald and A. Pettigrew (1996) *The New Public Management in Action.* Oxford: Oxford University Press.

Frederickson, H.G. and K.B. Smith (2003) *The Public Administration Theory Primer.* Boulder, CO: Westview Press.

Hiller, B. (1997) *The Economics of Asymmetric Information.* Basingstoke: Palgrave Macmillan.

Johnson, G. and K. Scholes (eds) (2000) *Exploring Public Sector Strategy.* New York: Prentice Hall.

Joyce, P. (1999) *Strategic Management for the Public Services.* Milton Keynes: The

Open University Press.
Kaufman, H. (1989) *Red Tape: Its Origins, Uses and Abuses.* Washington, DC: Brookings Institution. 今村都南雄訳『官僚はなぜ規制したがるのか――レッド・テープの理由と実態』勁草書房, 2015年。
Kernaghan, K., B. Marson and S. Borins (2000) *The New Public Organization.* Toronto: The Institute of Public Administration of Canada.
Kickert, W.J.M., E.H. Klijn and J.F.M. Koppenjan (eds) (1997) *Managing Complex Networks: Strategies for the Public Sector.* London: Sage.
Koch, R. and J. Dixon (eds) (2007) *Public Governance and Leadership: Political and Managerial Problems in Making Public Governance Changes the Driver for Reconstituting Leadership.* Wiesbaden: Gabler Edition Wissenschaft.
Lane, J.-E. (1996) *Constitutions and Political Theory.* Manchester: Manchester University Press.
McLaughlin, K., S.P. Osborne and E. Ferlie (eds) (2001) *The New Public Management: Current Trends and Future Prospects.* London: Routledge.
Milgrom, P. and J. Roberts (1992) *Economics, Management and Organization.* Englewood Cliffs: Prentice Hall. 奥野正寛ほか訳『組織の経済学』NTT出版, 1997年。
Mintzberg, H. (1993) *The Rise and Fall of Strategic Planning: Reconceiving Roles for Planning, Plans, Planners.* New York: Simon and Schuster. 中村元一監訳『「戦略計画」創造的破壊の時代』産能大学出版部, 1997年。
Mintzberg, H., B.A. Ahlstrand and J. Lamprel (1998) *Strategy Safari.* New York: Free Press. 齋藤嘉則監訳『戦略サファリ――戦略マネジメント・ガイドブック』東洋経済新報社, 1999年。
Osborne, D. and P. Hutchinson (2004) *The Price of Government: Getting the Results We Need in anAge of Permanent Fiscal Crisis.* New York: Basic Books. 小峯弘靖訳『財政革命――終わりなき財政危機からの脱出』日本能率協会マネジメントセンター, 2013年。
Peters, B.G. and D.J. Savoie (eds) (2000) *Governance in a Changing Environment.* Montreal: McGill-Queen's University Press.
Pollitt, C. and G. Bouckaert (2004) *Public Management Reform: A Comparative Analysis.* Oxford: Oxford University Press.

Pollitt, C., J. Caulfield, A. Smullen and C. Talbot (2004) *Agencies: How Governments Do Things Through Semi-autonomous Organizations*. Basingstoke: Palgrave Macmillan.

Rasmusen, E. (2007) *Games and Information*. Oxford: Blackwell. 細江守紀ほか訳『ゲームと情報の経済分析 基礎編』『ゲームと情報の経済分析 応用編』九州大学出版会，2010年，2012年。

Ricketts, M. (2003) *The Economics of Business Enterprise: An Introduction to Economic Organisation and the Theory of the Firm*. Cheltenham: Edward Elgar.

Stacey, R.D. (2007) *Strategic Management and Organisational Dynamics: The Challenge of Complexity*. Harlow: Prentice-Hall.

Thompson, J.D. (1967) *Organizations in Action: Social Science Bases of Administrative Theory*. Piscataway: Transaction Pub. 鎌田伸一ほか訳『オーガニゼーション・イン・アクション——管理理論の社会科学的基礎』国文館出版，1987年。大月博司ほか訳『行為する組織——組織と管理の理論についての社会科学的基盤』同文舘出版，2012年。

# 事項索引

## ア 行

アウトカム　1, 12, 21, 28, 38, 40, 44, 49, 50, 52, 63-69, 71, 74, 79, 90, 110, 126, 143, 144, 149, 172, 174, 182, 190, 191, 200, 202, 204, 205, 207, 214, 218-20, 224, 225
アウトプット　1, 24-26, 28, 40-42, 63, 68, 71, 74, 76, 77, 79, 90, 175, 179, 182, 190, 191, 204, 215
新しい公共組織　214, 215, 221, 222, 225
アドボカシー連合　67-70, 72
アドホクラシー　26
e ガバナンス　29, 30, 34
e デモクラシー　30
イシューネットワーク　143
一件書類　26
入れ子ゲーム　66
インセンティブ　4-6, 17, 23, 33, 42, 43, 56, 60, 69, 71, 87-89, 91, 92, 103, 126, 132, 140, 149, 152, 157, 188, 204, 215, 225
インターネット革命　29, 30, 87
インド　127, 180, 187
ウェーバー＝ウィルソン型モデル　22
ウェーバー・モデル　17, 29
英国　5, 28, 33, 43, 44, 74-76, 80, 81, 86, 88, 90, 96, 97, 111, 112, 114, 120, 123, 125-27, 138, 139, 143, 154, 201, 204, 209
英米法　123
エージェンシー化　70, 71, 73, 75-79, 81, 82, 86, 208
エージェンシーコスト　42
エージェンシー理論　37, 43, 202

X 非効率　40
エッジワース・ボックス　97
エフォート　39, 40, 42, 44, 45, 90, 149, 151, 152
　勤労――　44
　労働――　152
欧州化　131, 138, 139, 144, 145, 208
欧州裁判所　66, 142
欧州連合　66, 67, 97, 101, 112, 123, 125, 129-31, 137-43, 145, 146, 183, 208
応答性　23, 27, 29, 34, 76
オークション理論　98
汚染者負担の原則　184, 188, 223
温室効果ガス　183-85, 187
オンブズマン　169, 170

## カ 行

外注化　13, 23, 43, 81, 142, 206, 209, 214, 220-23
階統制　17, 18, 28, 29, 31, 32, 41, 64-66, 72, 87, 97, 103, 111, 131, 213, 222
開発行政学　191, 193, 196, 197
外部委託　5, 32, 41, 44, 45, 70, 97, 103, 104, 111, 118, 127, 190, 191, 202-204, 206, 208, 209, 215
外部化　11, 32, 34
外部の地域化　130, 131
科学的管理論　17
学習　65, 68-70, 72, 88, 222, 224
寡頭制　20
ガバナンス　4, 9, 10-13, 19, 29, 30, 34, 37, 41-43, 68, 71, 86, 87, 94, 97, 108-10, 112, 116, 126, 129-35, 137-46, 161, 194-97,

200, 202, 207, 214, 226
株主　6, 109-11, 214
環境影響評価　178, 179, 182
環境資源　179, 182, 184
環境保護　10, 178, 180-84, 187, 188, 208, 223-25
　――論者　181, 184
監視費用　223
官民パートナーシップ　32, 33, 44, 45, 69, 77, 78, 84-86, 88, 91, 92, 114, 115, 130, 131, 142, 191, 204, 209
官僚主義化　20
官僚制　3, 7-9, 11, 13, 16-35, 38, 43, 45, 59, 64, 65, 69, 72, 74, 82, 84, 86, 89, 91, 96, 97, 107, 108, 125, 132, 174, 179, 182, 187, 190, 191, 193, 194, 199, 206, 208, 212-15, 219, 222, 224-26
　――の病理　23
　機械的――　25
　専門――　25
　ポスト――　30, 31, 34, 82, 132, 208
官僚組織肥大化　40
官僚の権威　19
「機械仕掛けの神」　44
機会主義　38-40, 42, 45, 46, 69, 102, 103, 111, 124, 127, 183, 197
機会費用　100
企業化　27, 37, 70, 71, 74, 77, 86, 106, 108, 109, 111, 116, 118, 202-204, 212
規制緩和　106-108, 111-13, 116, 119, 120, 125-27, 202, 204, 208, 212
規制政府　122
規制のパラドックス　120
基礎年金　150, 157
期待値の最大化　49
機能的組織　131
機能的分権　133-35
規範性　163-65, 167, 172, 173

規模の経済　5, 125, 158
逆機能　21
逆選択　39-41, 44-46, 60, 202
キャップ・アンド・トレード・システム　186, 187
供給　4-6, 23, 39, 46, 96, 98, 100, 102, 103, 108, 110, 111, 119, 120, 125, 126, 134, 152, 175, 179, 213, 216, 217, 219-23, 225, 226
行政学　1, 13, 16, 22, 23, 29, 69, 161, 162, 191, 193, 196, 197, 205
行政管理モデル　12
行政管理論　1, 9, 12, 44, 85
強制競争入札　95, 97, 190
行政法　7, 13, 16, 17, 81, 96, 109, 115, 161, 202
競争の導入　11
共同意志決定　66
共同経営　85, 110
共同決定の罠　66, 142
共同統治　84, 85
京都議定書　184, 187
京都メカニズム　185, 187
勤労福祉国家　37
クアンゴ　12, 42, 74, 75, 80, 88, 94, 116, 208
グッド・ガバナンス　19, 194-97
クラブ理論　134
経営学　1, 3, 9, 12, 13, 18, 52, 78
「経営革命」論　20
経営管理論　3
経営計画　75
経営者　21, 31, 34, 112
経営戦略　212-26
警戒　126, 180-82, 188, 223
計画立案　50, 51, 63, 65, 94, 196
経済人仮説　57
契約法　7, 39, 163, 202

経路依存性　113, 139, 173, 200, 201, 207, 208, 213
ケインジアン　194
ゲーム構造　22
ゲーム理論　9, 38, 45, 49, 52, 56-58, 60, 71, 81, 100, 215
権限移譲　27, 34
現実主義　165, 167, 170-72, 175, 224
限定合理性　49, 52, 53, 55-57, 60, 180, 214, 224
憲法学　16
権力　6, 11, 20-22, 26, 90, 129, 137, 142, 171, 196, 197, 204
コア・エグゼクティブ・アプローチ　144
行為責任　8
公益　4, 5, 56, 80, 91, 107, 108, 114, 116, 119, 193
――事業　107, 108, 114, 116, 119
公企業　4, 59, 78, 107-109, 115, 116
公共機関　5, 18, 24, 25, 49, 55, 77, 82, 84, 90, 96, 98, 191, 224
公共企業　1, 58, 80, 99, 106-108, 111-16, 119, 202, 217
公共経営　1, 3-9, 12, 13, 16-18, 22, 23, 33, 37, 38, 40, 41, 43, 44, 48-50, 54-56, 58, 59, 63-71, 73, 77, 79, 81, 84-91, 94-99, 102, 103, 106-109, 115, 116, 118, 129, 144, 145, 162, 196, 199, 204, 213, 219
公共圏　10-12
公共サービス　1, 5-8, 11-13, 18, 28, 30-32, 38, 39, 44-46, 59, 64, 66, 71, 76, 78, 81, 82, 84, 86-91, 95, 96, 98-100, 102, 110-13, 115, 116, 118-20, 124-26, 130, 131, 133-35, 140, 149, 157, 158, 161, 162, 174, 175, 179, 199, 202, 205-207, 212, 213, 215-22, 224-26
公共財　4-6, 134, 206

公共資源　9, 19, 214
公共政策　4, 9, 45, 48, 53, 55, 58, 60, 63, 84, 114, 130, 137, 162, 166, 173, 185, 191, 193, 196, 212, 224
公共選択学派　5, 23, 43, 55, 56
公共選択モデル　55, 56
公共調達　44, 94, 98, 101-103, 174, 208
公共部門　1, 3-5, 7, 9, 10, 13, 18, 25, 28-30, 32-34, 37, 38, 40-43, 45, 48, 50-56, 58, 59, 63, 65, 68, 71, 73-81, 85, 87, 95-99, 104, 106, 112, 114-16, 118, 120, 125, 127, 131, 132, 136, 157, 161-63, 174, 175, 200-204, 207-209, 212-20, 223-26
――改革　34
公式組織　3, 7, 8, 16-19, 21, 22, 24, 27-29, 31, 33, 34, 44, 45, 48, 59, 64-66, 70, 77, 84, 86, 94, 97, 161, 174, 199, 213
公的規制　107, 115, 118-20, 123-27
公的組織　29, 49, 77-79, 82, 84, 96, 125, 133, 218
合弁事業　114
公民協働　9, 13
公務員数　43, 44
効用　49, 50, 55, 134, 162, 163, 167, 170, 171, 173, 175, 176, 219
――最大化主体　55
功利主義　158, 173
効率性　8, 18, 21, 23-25, 27, 28, 30, 32, 39, 46, 48, 58, 71, 73, 77, 78, 81, 91, 97, 107, 109, 113, 114, 119, 134, 157, 167, 173-75, 190, 191, 200, 203, 207, 208, 215, 225
合理的意思決定　50, 53, 54, 224
合理的期待革命　58
合理的選択アプローチ　57
コースの定理　185-87
コーポラティズム　85
コーポレート・ガバナンス　37, 109, 110,

112
国営企業　115
国際通貨基金　194
国連開発計画　194
個人合理性　58
国家主義　20, 138
国家中心アプローチ　130, 131
国家の近代化　204
国家の空洞化　11, 12, 86, 205, 206, 216
国家の現代化　28
ゴミ缶過程　54, 55, 60, 125, 214, 216, 224, 225
コミュニティ構想　205
コモンプール財　5
コモンロー　123, 166
コンティンジェンシー理論　26

## サ　行

サービス水準合意書　75
財政連邦主義　133-35, 141
サッチャリズム　23, 96
参入規制　119, 125, 127
「シーソー上でのテント生活」　77, 78, 81
事業部門　26, 106, 109, 115, 116, 199
資源依存組織　143
自己実施組織　69
資産特殊性　99, 100
資産特殊知識　99, 102, 103
市場化　8, 12, 27, 94, 99, 100, 104, 199, 207, 208
市場志向　5
市場メカニズム　7, 186, 187
自然環境評価　179
次善の策仮説　28
自然法　165-67, 170-73
執行エージェンシー　44, 74-79, 82, 191, 204
実施　9, 12, 13, 24, 28, 29, 32, 49, 59,

63-72, 75, 84-88, 90-92, 94, 103, 104, 137, 144, 152, 165-69, 175, 179, 182, 184, 185, 187, 188, 194, 202, 203, 208, 212, 214, 217, 220, 221
——ギャップ　69, 71, 84, 88
——モデル　63, 65
実用主義　162, 165, 167, 170-72, 175
支配戦略　124
支払い不能問題　149
シビルロー　123
私法　3, 7, 32, 39, 80, 108, 109, 115, 162
社会関係資本　10-12, 23, 31, 43, 44, 82, 86, 89, 203, 226
社会指標評価　64
社会扶助　151, 152, 158
社会保障　5, 7, 24, 31, 125, 149, 150, 153-56, 158, 197, 202
社会民主主義　97
社会目的　4, 5, 216
社会立法　150
自由市場主義　23
終身雇用　17, 26, 43, 98
修正された合理性命題　49, 58
集団合理性　58
集団の利益　5
自由放任主義　23, 149
準政府組織　74
条件適合理論派　26
情報革命　29, 87
情報共有　31, 222
情報通信技術　30, 87
情報の経済学　39
情報の非対称性　9, 38, 40
職業訓練プログラム　151
所有者　4, 6, 11, 20, 108, 113, 116, 126, 214
シンガポール・モデル　192
新制度論　172, 174
人的資源管理　56

新保守主義　97, 98, 153, 157
信頼　19, 21, 31, 33, 43, 44, 65, 82, 85, 86, 89, 94, 123-25, 127, 183, 195, 202, 208, 213
――ゲーム　124, 125, 127
スカンジナビア諸国　27, 97, 157
スクリーニング　41
ストリートレベルの官僚制　24, 65, 86, 222
スピルオーバー　135
スポイルズ・システム　201
スラック　40, 216, 220
生活の質（QOL）指数　64
政策合理性　49
政策コミュニティ　134, 143
政策手段モデル　69
政策統合　66, 67
政策ネットワーク　12, 37, 59, 68, 71, 84, 86-89, 91, 92, 94, 119, 137, 139, 143, 144, 215, 226
政策分析　64
政策モデル　48
政策立案　48, 49, 53-55, 57-59, 60, 63, 64, 67, 68, 79, 84, 85, 87, 137, 138, 142, 153, 158, 163, 178-84, 186-88, 191, 224, 225
生産　5, 19-21, 24, 25, 28, 31, 34, 39, 41, 42, 50, 53, 67, 81, 82, 85, 99-103, 113, 125, 134, 143, 145, 179, 192, 203, 216, 219-23, 225
生産性　19, 24, 25, 28, 31, 34, 42, 53, 145, 216, 221-23
政治行政二分論　22
政治経済学　7, 56
政治的忠誠心　19
政治的任命　17
政治と行政の分離　12
製品規制　119, 120, 125, 127
製品保証　120

政府経営　1, 8-10, 12, 13, 16, 28, 34, 43, 45, 49, 57, 59, 60, 63, 71, 82, 84, 92, 104, 109, 115, 122, 126, 127, 129, 132, 140, 146, 149, 156-58, 161, 176, 188, 195-97, 199-201, 203, 204, 206-209, 212, 213
政府の再生　204, 206
政府の能力　27
世界ガバナンス指標　195
世界銀行　194-97
世界貿易機構　97, 113
積極的労働市場　152, 153
説明責任　8, 30, 58, 78, 81, 88-91, 111, 112, 116, 118, 119, 140, 161, 191, 195, 196
漸増主義　53, 54
専門性　17
戦略的操作不可能性　69
総合的品質管理　30, 203
相互作用のルール　21, 22
組織化された無秩序　54
組織経済学理論　215, 222
組織デザイン　221, 224
組織論　19, 26, 52, 221, 225

タ　行

第三世界　149, 155, 182, 190-97
第三セクター　38, 84, 88, 89, 98, 118
第三の道　33, 154, 159, 205
代替戦略　44
ダイナミック戦略　217
大陸法　123, 161, 162, 166, 204
多次元ガバナンス　9, 86, 126, 129-32, 134, 135, 137, 138, 140-46, 207
ただ乗り　6, 134, 182
多文化主義　58
短期契約　44, 69, 204, 215
地域主義　112, 130, 137, 143
チーム生産　41, 220-22, 225
地球環境変動　141

地方分権　27, 34, 37, 43, 68, 129, 132
地方分散　27, 34, 37, 129, 132
中央集権化　27, 200
中央集権主義　28
中国　1, 180, 187
長期契約　39, 43, 44
超国家的組織　129, 130, 141, 145
直営　41
デジタル時代のガバナンス　30
電子行政　30
電子サービス　30
電子政府　28, 30
電子投票　29
ドイツ　17, 66, 111, 121, 138, 201, 208
透明性　30, 58, 91, 97, 102, 111, 119, 140, 169, 172, 174, 175, 191
特殊法人　12, 37, 42, 88, 94, 116, 119
特別保健局　75
トップダウン型　65, 68, 69, 71, 139
とりこ理論　107
取引コスト　41, 98, 100-104, 111, 126, 127, 175, 202, 221, 222
取引部門　78, 82, 106, 108, 112, 114, 125

## ナ　行

内製化　13, 42, 70, 97, 104, 204, 209, 221
内部市場　9, 37, 38, 41, 43, 44, 70, 94, 97-99, 102-104, 109, 174, 208
内部の地域化　130, 131
ナッシュ均衡　124
南欧　27
「なんとか切り抜ける」　53
二元的連邦主義　66, 67
入札　12, 39, 44, 95-99, 101-104, 116, 118, 174, 186, 190, 191, 202, 204, 208, 213, 216, 223, 226
ニュージーランド　5, 44, 96, 201, 202, 204, 208

──・モデル　96, 201, 202, 208
ニュー・パブリック・マネジメント　1, 5, 8, 10, 11, 13, 27, 28, 32-34, 43, 44, 46, 69, 71, 80, 86, 102, 104, 127, 157, 161, 190, 191, 199, 201-209, 212, 214-16, 221, 223, 225
認知限界　52
「ネクスト・ステップス・イニシアチブ」　43
ネットワーク政府　11
ネットワーク組織　31
ネットワーク理論　69, 86, 88, 130, 145
年功に基づく昇進　17

## ハ　行

排出権取引　184-88
発展志向国家　190-92, 197
パレート最適　38, 97, 124, 134
繁文縟礼　21, 40, 53
非営利組織　32, 38, 89
非結束政府　73
非政府組織　74, 86
標準ピグー・アプローチ　185
品質保証　120
フィクサー　19, 68, 70
ブーメラン効果　121
賦課方式　154, 156, 157
複雑系理論　31
負の外部性　184
不服申立て　26, 28
部分的合理性仮説　57
フラットな組織　30, 222, 225
フランス　21, 22, 27, 182, 200, 201, 208
フリーライダー　→　ただ乗り
プリンシパル＝エージェント　→　本人＝代理人
プロフェッショナリズム　26, 206
　非──の増大　206

文化マネジメント　31
分業　17, 18, 29
分権改革　27
ベストバリュー　190
法現実主義　171, 175
法実証主義　162, 163, 167, 170-72
法人化　13, 32, 108, 109, 112-14, 116, 209, 217
法治国家　77, 168, 171, 199, 201, 208, 209
法的エージェンシー　82
法と経済学　125, 126, 162, 175, 188
法の支配　8, 9, 13, 26, 28, 33, 60, 81, 162, 163, 168, 171-73, 175, 190, 194-97, 214, 217, 218, 224
ホールドアップ問題　100
補償請求　26
ポストモダン　29, 30, 91, 120-22, 181
ボトムアップ型　65, 68-72
ホワイトホール　43, 44, 75, 86
本人＝代理人　9, 13, 33, 34, 37-41, 43-46, 59, 60, 76, 81, 82, 91, 124, 127, 149, 158, 226

## マ　行

埋没費用　107, 119
マクロ合理性　50, 55, 60
マトリックス組織　31
マネジャリズム　11-13, 81, 82
マルクス主義　20, 165, 168
マレーシア　203
満足化モデル　52
ミクロ合理性　50, 55, 60
水管理政策　87
ミッシングリンク　12, 59, 63, 71
ミニマックス原理　158
民営化　10, 12, 27, 32, 55, 86, 98, 104, 108, 112, 113, 115, 116, 119, 125, 130, 156, 202-204, 207, 212

民間経営　1, 3-8, 10, 12, 18
民間国家　202
民間セクター　38, 88
目的の転移　21
モラルハザード　39-41, 44-46, 60, 155

## ヤ　行

誘因両立性　40, 56, 71
有限責任　3, 6, 109, 110
予算最大化　40, 55, 96
予測可能性　21, 23, 199

## ラ　行

リーダーシップ　3, 54, 144
利潤最大化　4
リスク　54, 58, 109-11, 114, 115, 120-27, 140, 155-57, 174, 179-81, 214, 219, 220, 223
利得　40, 44, 60, 79, 81, 85
リバタリアニズム　158, 173
リベラリズム　205
留保価格　40, 42
領域的分権　133-35
猟官主義　17
ルービンシュタインの交渉モデル　97
レーガノミクス　23
レジリエンス　180, 181, 188, 223
連合形成　68
レントシーキング　85, 91
連邦主義　28, 66, 67, 133-35, 141, 196
労働組合　58, 95, 97, 99

## ワ　行

ワークフェア　37, 150-55
──国家　37
ワシントン・コンセンサス　140, 157, 158, 194
ワルラス的な競争均衡　97

## アルファベット

CCT → 強制競争入札
EU → 欧州連合
EU法　138, 140, 145
NDPB　74, 75
NPM → ニュー・パブリック・マネジメント
TQM → 総合的品質管理
WTO → 世界貿易機構

# 人名索引

## ア行

アイシェンバーガー (R. Eichenberger) 136
アップルビー (P. Appleby) 22
ウィリアムソン (O. Williamson) 52, 102, 103, 111
ウィルソン (J.Q. Wilson) 24, 25
ウィルソン (W. Wilson) 16, 17, 22
ウィルダフスキー (A. Wildaysky) 53, 64, 122, 123
ウェーバー (M. Weber) 9, 16-22, 24, 29, 30, 34, 43, 44, 94, 96, 127, 165, 172, 193, 207
ウェッテンホール (R. Wettenhall) 11
エツィオニ (A. Etzioni) 21
オーツ (W.E. Oates) 134
オールセン (J.P. Olsen) 54, 174
オズボーン (D. Osborne) 204, 205, 215

## カ行

カラブレイジ (G. Calabresi) 167
ガルブレイス (J. Galbraith) 20
グールドナー (A. Gouldner) 21
クールマン (S. Kuhlmann) 200, 201
グッドセル (C.T. Goodsell) 23
クレプス (D.M. Kreps) 124
クロジエ (M. Crozier) 21-23
グロッシィ (G. Grossi) 31
グロティウス (H. Grotius) 165
ゲインズ (F. Gains) 76
ケトル (D.F. Kettl) 203
ケルゼン (H. Kelsen) 161, 164, 166, 168, 169
コアジン (E.-H. Klijn) 91
コウルズ (M. Cowles) 139
コース (R. Coase) 55, 102, 111, 185-87
コーペンジャン (J. Koppenjan) 91
コールマン (J. Coleman) 10

## サ行

サイモン (H. Simon) 52
サイヤート (R. Cyert) 52
サイン (I. Thynne) 11, 108
サバティエ (P.A. Sabatier) 67, 68
ジェンキンススミス (H.C. Jenkins-Smith) 67, 68
シック (A. Schick) 190
シャープ (F. Scharpf) 66, 142
ジラス (M. Djilas) 20
スキャンロン (T. Scanlon) 172
スレイマン (E.N. Suleiman) 206
セルズニック (P. Suleiman) 21
ゼルテン (R. Selten) 57

## タ行

ダンレビー (P. Dunleavy) 56
ティボー (C. Tiebout) 134
テイラー (F.W. Taylor) 17
ドウォーキン (R. Dworkin) 165, 173
ドーソン (P. Dawson) 203
ドネロン (A. Donnellon) 31
トンプソン (J.D.Thompson) 225

## ナ行

ニスカネン (W.A. Niskanen) 40, 96

ニル（C. Knill） 138
ノージック（R. Nozick） 158

## ハ　行

パーキンソン（C.M. Parkinson） 40, 95
ハーサニ（J. Harsanyi） 57
バーチ（M. Burch） 139
ハート（H.L.A. Hart） 166
バーナム（J. Burnham） 20
ハーバーマス（J. Habermas） 10
ハッチンソン（P. Hutchinson） 215
バリー（B. Barry） 173
バルマー（S. Bulmer） 139
バロン（D.P. Baron） 56
ピグー（A.C. Pigou） 185, 186
フージェ（L. Hooghe） 133
フェアジョン（J.A. Ferejohn） 56
フェイヨル（H. Fayol） 17, 18
ブキャナン（J. Buchanan） 173
フッド（C.H. Hood） 122, 123
フライ（B.S. Frey） 136
フリードベルグ（E. Friedberg） 22
フリードマン（M. Friedman） 158
プレスマン（J. Pressman） 64
フレデリクソン（H.G. Frederickson） 23
ヘクシャー（C. Heckscher） 31

ベッカー（G. Becker） 50
ベック（U. Beck） 121, 122
ホーフェルド（W. Hohfeld） 176
ポスナー（R.A. Posner） 162, 163, 167, 173-76
ポリット（C. Pollitt） 125, 203

## マ　行

マーク（G. Marks） 27, 133, 153, 170, 176, 196, 219
マーチ（J. March） 52, 54
マートン（R. Merton） 21
ミンツバーグ（H. Mintzberg） 25
モラン（M. Moran） 126

## ラ　行

ラドリッヒ（R. Ladrech） 138
リー・クアンユー（Lee Kuan Yew） 192
リッツィ（B. Rizzi） 20
リンドブロム（C. Lindblom） 53
ローズ（R.A.W. Rhodes） 143
ロールズ（J. Rawls） 120, 158, 173

## ワ　行

ワルドー（D. Waldo） 22

**著者紹介**
ヤン＝エリック・レーン（Jan-Erik Lane）
1946年生まれ。スウェーデン・ウメオ大学卒業後，同大学でPh.D.（政治学）を取得。ウメオ大学教授，オスロ大学教授，ジュネーブ大学教授などを経て，
現在：ドイツ・フライブルク大学客員教授。専門は政治学。
主著：*Constitutions and Political Theory*, 2nd ed. (Manchester University Press, 2011), *Comparative Politics: The Principal-Agent Perspective* (Routledge, 2007), *Public Administration and Public Management: The Principal-Agent Perspective* (Routledge, 2005), *Globalization And Politics: Promises And Dangers* (Ashgate, 2006), *New Public Management: An Introduction* (Routledge, 2000), *The Public Sector: Concepts, Models and Approaches*, 3rd. (Sage Publications, 2000) など。


**訳者紹介**
**稲継　裕昭**（いなつぐ　ひろあき）
京都大学法学部卒業。京都大学博士（法学）を取得。姫路獨協大学法学部助教授，大阪市立大学法学部教授，同法学部長などを経て，
現在：早稲田大学政治経済学術院教授。専門は政治学，行政学，人事行政学，地方自治論。
主著：『地方自治入門』（有斐閣，2011年），『自治体ガバナンス』（放送大学教育振興会，2013年），『公務員給与序説――給与体系の歴史的変遷』（有斐閣，2005年）など。
訳書：ギャビン・ニューサム『未来政府――プラットフォーム民主主義』（東洋経済新報社，2016年，監訳），ドナルド・ケトル『なぜ政府は動けないのか――アメリカの失敗と次世代型政府の構想』（勁草書房，2011年，監訳），ジューン・バーナム他『イギリスの行政改革――「現代化」する公務』（ミネルヴァ書房，2010年，監訳），ディヴィッド・ルイス『大統領任命の政治学――政治任用の実態と行政への影響』（ミネルヴァ書房，2009年，監訳）。

テキストブック　政府経営論
2017 年 4 月 20 日　第 1 版第 1 刷発行

著　者　ヤン＝エリック・レーン
訳　者　稲　継　裕　昭
　　　　（いな）（つぐ）（ひろ）（あき）
発行者　井　村　寿　人
発行所　株式会社　勁　草　書　房
　　　　　　　　　（けい）（そう）
112-0005 東京都文京区水道 2-1-1　振替 00150-2-175253
（編集）電話 03-3815-5277／FAX03-3814-6968
（営業）電話 03-3814-6861／FAX03-3814-6854
日本フィニッシュ・中永製本

Ⓒ INATSUGU Hiroaki　2017

ISBN978-4-326-30256-7　Printed in Japan

JCOPY ＜（社）出版者著作権管理機構委託出版物＞
本書の無断複写は著作権法上での例外を除き禁じられています。
複写される場合は、そのつど事前に、（社）出版者著作権管理機構
（電話 03-3513-6969、FAX03-3513-6979、e-mail:info@jcopy.or.jp）
の許諾を得てください。

＊落丁本・乱丁本はお取替いたします。
http://www.keisoshobo.co.jp

―― 勁草書房の本 ――

## なぜ政府は動けないのか
アメリカの失敗と次世代型政府の構想
ドナルド・ケトル　稲継裕昭 監訳

ハリケーン・カトリーナの災害にうまく対応できなかったアメリカ。硬直的な政府をどう改革すべきか？　　2900円

## 官僚はなぜ規制したがるのか
レッド・テープの理由と実態
ハーバート・カウフマン　今村都南雄 訳

「お役所仕事」が煩わしい原因は私達にある？　「岩盤規制を打ち破れ」と言う前に読んでおきたい古典的名著！　　3300円

## 政治学のためのゲーム理論
ジェイムズ・モロー　石黒馨 監訳

ゲーム理論ってどんな学問？　どうすれば政治学に応用できる？　初学者にも丁寧に説明する定番書，待望の完訳！　　5500円

## 自民党長期政権の政治経済学
利益誘導政治の自己矛盾
斉藤淳

衆議院議員の経験も持つ気鋭の研究者による日本政治論。自民党による利益誘導の論理の逆説とは？　日経・図書文化賞受賞。3000円

表示価格は2017年4月現在。
消費税は含まれておりません。